KB135395

디지털 생활금융

디지털 생활금융

서영수 지음

머리말

최근 코로나19로 비대면 사회가 일상화되면서 생활금융 분야에서도 모바일뱅킹 및 대출, 모바일 트레이딩, 언택트 투자상담 등 디지털 기반의 금융활동이 정착되었고, 또 재택근무를 경험한 직장인들을 시작으로 모바일 주식투자 열풍이 주부, 학생 등 모든 세대로 전파되면서 동학개미와 서학개미라는 신조어도 자주 회자되고 있다. 이제는 카페, 지하철, 심지어 여행지에서조차 계좌이체 등 관련 금융활동을 하는 사람들을 흔히 볼 수 있는 완연한 디지털 세상이 되었다.

그런데 디지털 금융은 언제 어디서든 접근할 수 있는 장점이 있지만 기기 작동과정 상의 착오 발생, 개인정보 노출에 따른 금융사기 피해 가능성, 디지털 매체의 지나친 집착 등 여러 형태의 부작용도 나타나고 있으며, 일부 실버세대의 디지털환경 부적응이 지속되면서 피로감도 빠르게 누적되어 가고 있다. 게다가 은연중에 이런 금융환경에 적응하지 못하면 다가오는 미래 사회에서 낙오될지 모른다는 위기감이 퍼지고 있으며, 혹자는 디지털 세대와 아날로그 세대 간의 양극화로도 이어질 수 있다고 경고하고 있다.

이에 우선하여 중장년층과 금융소외계층뿐 아니라 디지털 네이티브인 MZ세대에게도 꼭 필요한 디지털 금융지식을 구성, 전파, 공유하고 싶은 마음이다. 이 책을 통해 디지털 생활금융에 필요한 교양을 넓혀 일상에서 아주 편하게 금융활동을 하고, 앞으로의 디지털 세상에서도 안정적으로 금융생활을 할 수 있다는 자신감을 가졌으면 한다.

본서를 집필하면서 주로 국회도서관과 국립중앙도서관에 비치된 디지털 관련 다양한 서적을 참고하였다. 관련 서적들을 탐독하면서 주요 내용을 발췌, 음미하면서 가능하면 쉽게 재구성하였다. 이 자리를 대신하여 관련 자료들의 저자분들께 무한한 감사를 드린다. 또한 탈고에 깊은 관심을 보여준 한국학술정보 직원분들에게도 심심한 감사를 표한다.

본서의 특징은 크게 두 가지이다. 첫째, 기존의 디지털 금융관련 저서는 주로 핀테크 업체나 금융기관 종사자들에 필요한 실무지식 위주로 기술되었다면, 본서는 순전히 가계경제 입장에서 디지털 금융세상을 조망하였다. 그러므로 다소 금융지식이 부족한 일반인들도 가벼운 마음으로 읽을 수 있을 것이다. 둘째, 전체적으로 디지털 기반의 증권투자, 보험관리, 자산관리 등 일상에서 필요한 부분만 순차적으로 구성하되, 쉬운 내용으로 기술하여 전체를 물 흐르듯 파악할 수 있도록 구성하였다. 따라서 보통의 문해력만 갖춘 독자라면 충분히 소화할 수 있을 것이다.

본서는 2021년 교육부주관 K-MOOC(한국형 온라인 공개강좌) 과제로 선정되어 저자가 수행하였던 '언택트 시대의 생활금융' 강좌의 교안을 토대로 집필, 총 10장으로 구성하였다. 1장부터 3장까지는 주로 디지털 사회경제 저변과 디지털 금융의 특징, 그리고 이에 필요한 핵심지식을 기술하였다. 4장과 5장에서는 디지털 생활금융의 입문단계로 각각 생활 속의 핀테크와 인슈어테크를 다루어 일상에서 바로 활용할 수 있는 내용들로 구성하였다. 6장과 7장에서는 디지털 기반의 투자에 관하여 기술하였다. 6장에서는 기존 아날로그 금융과 연계된 주식투자, 채권투자, 펀드투자를, 7장에서는 파생상품과 가상자산 및 메타버스 투자에 관하여 기술하였다. 8장과 9장은 투자활동에 부수적으로 수반되는 내용들을 다루었는데 8장에서는 투자세상에서 자주 나타나는 다섯 가지 행동심리 유형을, 9장에서는 생활 속의 신용정보에 관하여 기술하였다. 마지막 10장에서는 가상자산의 사기위험과 디지털 평판위험, 사이버 범죄위험 등 주로 디지털 생활 속의 위험에 대하여 다루었다.

본서를 통해 독자들은 디지털 생활금융 행태를 전체적으로 조망할 수 있게 되어 보다 체계적이고 안정적으로 가계경제를 유지할 수 있으며, 특히 디지털 금융지식이 부족한 중장년층의 금융 감각을 키우는 데 아주 유용할 것으로 기대한다. 더 나아가 독자들은 미래 디지털 금융세상에서 나타날 금융현상을 사전에 대비하고 응용함으로써 불식간의 잠재 손실을 미연에 방지할 수 있을 것으로 확신한다.

재삼 이 책이 디지털 세상에 종사하는 모든 분께 도움이 되기를 진심으로 바라며 독자 여러분들의 아낌없는 조언, 질타와 충고도 기대해 본다. 또한 이 책에서 다루지 못하였던 여타 분야는 꾸준히 보완할 생각이다. 끝으로 화사하고 믿음직한 아내 박성애, 듬직하고 총명한 아들 승민, 밝고 이쁜 딸 유나에게도 무한한 사랑과 고마움, 그리고 감사를 보낸다.

2023년 5월

서울 사이버대 연구실에서

저자 서영수

목차

제4장 생활 속의 핀테크(FinTech)

제5장 생활 속의 인슈어테크(InsurTech)

제6장 생활 속의 금융투자 1

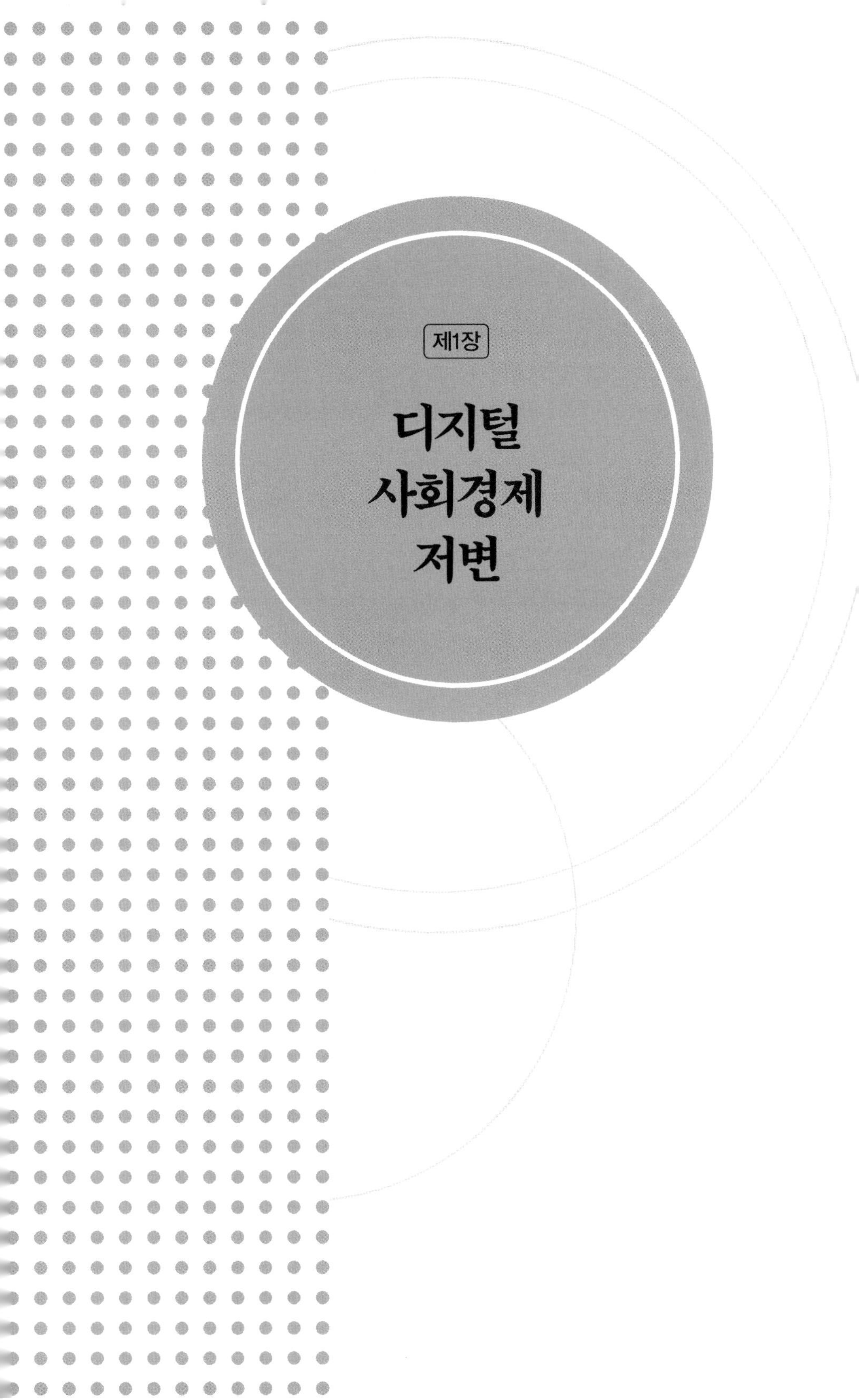

제1장

디지털 사회경제 저변

제1절 디지털 사회경제 활동

1. 비대면 문화

방탄소년단(BTS)은 2020년 4월 '방방콘'이라는 온라인행사를 개최했다. '방에서 즐기는 방탄소년단 콘서트'라는 의미의 방방콘은 기존 콘서트와 팬미팅에서 보여준 콘서트 등을 결합해 스트리밍 형식으로 제공한 행사인데, 재미있는 점은 방방콘 진행 시 집에서 보는 '아미'라 불리는 BTS 팬들은 블루투스로 연결돼 음악에 맞춰 자동으로 색이 변하는 형광봉을 흔들면서 마치 다른 팬들과 함께 콘서트에 참여한 것 같은 기분을 낼 수 있다는 것이다. 이러한 방식 외에도 좋아하는 스타와 영상통화를 하고 영상 통화한 이미지에 스타가 직접 사인을 해주거나, 코로나 때문에 관객 없이 진행되는 프로스포츠들이 랜선응원을 도입해 팬들이 집에서라도 비대면으로 응원할 수 있는 등 다양한 형태의 비대면 방식을 활용한 커뮤니티 활동들을 볼 수 있다.

우리가 사는 세상의 주된 통로는 사람과 사람이 만나는 오프라인 공간이었다. 아무리 온라인이 대세고 전자상거래가 유통을 변화시켰더라도 오프라인은 휴먼터치 포인트, 즉 교감(交感)의 중심이었다. 일터에서 업무를 마치고 나면 오랜만에 친구를 만나 먹고 마시고 쇼핑하고 대화하면서 그동안의 스트레스를 풀었다. 하지만 세상이 하루아침에 변했다. 코로나19 이전에는 몸이 아파도 회사에 출근하거나 학교수업을 받는 것이 정상이었다. 하지만 감염자는 무조건 집에서 쉬어야 한다. 회사에 출근할지 말지 고민할 필요가 없다는 이야기다. 그동안 절대 바뀔 것 같지 않던 암묵적인 일 중 하나를 코로나19가 단 몇 개월 만에 바꿔 버린 것이다. 비대면 방식은 비록 낯설게 보이지만, 이미 우리 주변에서 오랫동안 존재해왔던 삶의 방식이고 또 비즈니스를 해왔던 방법이다. 다만 새로운 디지털기술과 혁신적 업무방식들이 적용됐기 때문에 낯설게 보일 뿐이다.

뉴 노멀(New Normal)이란, '시대 상황에 따라 새롭게 편성되는 질서나 표준'을 뜻하는 경제용어이다. 코로나19 이전에는 중요한 비즈니스 업무는 만나서 결정하고 교육은 오프라인에서 받는 것이 정설이었다. 즉, 만남이 면대면으로 이뤄져야만 모든 일을 진행할 수 있었다. 이것이 우리 사회를 지배해오던 중요 키워드 중 하나였다. 하지만 이제는 온라인회의를 통한 화상 커뮤니케이션이 새로운 표준으로 인식되고 있다. 결국, 제도나 정치가 아닌 바이러스가 우리의 일상과 문화를 바꾼 것이다.

2. 디지털 금융 활동의 일상

코로나19로 언택트 사회 활동이 일상화되면서 생활금융 분야에서도 모바일뱅킹 및 대출, 모바일 트레이딩, 비대면 계좌 및 펀드개설, 비대면 투자 상담 및 자문 등 다양한 디지털 기반의 금융 활동이 확산하고 있다. 또 재택근무가 장기화하자 직장인들을 중심으로 언제 어디서든 주식거래가 가능한 모바일 주식투자 열풍이 학생, 주부, 노년층을 가리지 않고 모든 세대로 확산되면서 동학개미와 서학개미라는 신조어가 일상화되었다. 동학개미는 코로나

〈표〉 코로나19 전/후 일상의 변화

구분	연도	~ 2019년 BC(Before Corona)	2020년 ~ AC(After Corona)
일상	외부활동	언제든지 외부활동이 가능함	특별한 경우를 제외하고는 외부활동 자제
	심리상태	개인의 환경에 따라 다름	코로나19 사태로 심리적인 불안감 가중 (일명 코로나 블루)
	만남	의무감 · 관계를 위한 만남	꼭 필요하지 않으면 만남보다는 비대면 커뮤니케이션 활용(전화, 채팅 등)
	마스크	기관지 또는 건강이 좋지 않은 사람이 착용	대중교통/공공장소 이용 시 누구나 착용(마스크 착용은 나와 타인에 대한 배려)
	병원	몸에 이상이 있을 때마다 방문함	크게 아프지 않으면 병원 방문 자제
	집	휴식 공간	멀티 공간(휴식, 업무, 운동)으로 진화 중
	쇼핑	온 · 오프 병행	가능하면 온라인으로 주문, 신선 식품은 새벽 배송 이용
	교육	대부분의 교육은 오프라인에서 진행	특별한 경우를 제외하고는 온라인으로 진행
회사	근무	정시 출퇴근	재택근무, 유연 근무의 대중화
		몸이 아파도 가능한 한 출근함	몸이 아프면 무조건 집에서 휴식을 취함
	일하는 방식	근무 시간이 중요함	근무 시간보다 일의 결과물이 중요함
	업무 미팅	일반적인 거래처 방문 및 회의는 오프라인에서 면대면으로 진행	특별한 경우를 제외하고는 화상회의로 진행
	회식	필요할 때마다 오프라인으로 진행	특별한 경우에만 특별한 방식으로 진행

* 출처 : 박희용 · 장종희 · 양나영 · 김세진, 「언택트 시대 생존방법」, 2020, p.14

19가 지속되면서 주식시장에서 금융기관과 외국인에 맞서 국내 주식시장에 참가하는 일반 투자자를 말하며, 서학개미는 해외 주식에 투자하는 개인투자자들을 의미한다. 이제는 카페, 식당, 지하철 등 어디서나 모바일트레이딩시스템(MTS)을 조회하는 일반인들을 흔히 목격할 수 있게 됐으며 투자대상도 국내주식, 공모주, 해외 주식, 상장지수펀드(ETF), 가상자산, 메타버스 등으로 확대되고 있다.

그런데 디지털 금융서비스는 언제 어디서든 접근할 수 있는 장점이 있지만, 기기 작동과정 상의 착오 발생, 개인정보 노출로 인한 금융사기 피해 가능성, 혼자만의 시간이 지속되면서 편향된 자기 과신 유발 등 여러 형태의 부작용도 나타나고 있다. 또 일부 중장년층을 포함 실버세대의 디지털 환경 부적응이 지속되면서 디지털화 피로감도 빠르게 누적되어가고 있는데, 이는 디지털 세대와 아날로그 세대 간 양극화로 이어질 수 있다는 우려도 있다. 한편, 디지털 기반의 투자 열풍이 지속되면서 주로 유튜브와 SNS를 매개로 한 일부 투자 매체들의 현혹정보 노출, 왜곡된 종목추천 및 투자기법 전수, 심지어는 허위정보를 이용한 투자유인 등 건전한 금융 질서를 교란하는 각종 불건전 행위가 빈번하게 드러나고 있다.

디지털 금융 경험 역시 새롭다. 종이신문에서 뉴스를 보던 경험과 다음(Daum)이나 네이버(Naver) 포털에서 뉴스를 보는 경험이 다른 것처럼, 핀테크 서비스를 통한 금융 경험은 기존 은행이나 카드를 사용하는 것과 전혀 다르다. 간편결제 서비스를 예로 들어보자. 오프라인에서 신용카드를 이용해 결제하는 것과 비교할 때, 간편결제 앱의 특징은 결제 주도권이 사용자에게 있다는 것이다. 신용카드를 이용할 때는 결제금액을 본인이 아닌 매장의 점주가 입력하고, 본인은 영수증을 받아 결제내역을 확인하게 된다. 하지만 간편결제 앱을 이용하면 본인이 직접 결제할 금액을 입력할 수 있으며, 결제 즉시 결제내역이 담긴 영수증이 간편결제 앱에 자동 기록되어 나중에도 확인이 가능하다. 그리고 배달주문, 영화예약, 택시비결제 등 오프라인에서 서비스를 경험하면서 실제 결제는 스마트폰으로 사전 또는 사후에 할 수 있다. 또한, 각종 포인트 관리와 사용도 편리하다. 신용카드를 이용할 경우 매장별로 일일이 포인트를 적립해야 하고 별도의 멤버십카드를 제시해야 하지만, 간편결제 서비스는 이러한 번거로움을 자동화해준다. 한편, 핀테크 기업들이 제공하는 서비스는 메뉴가 상대적으로 직관적이고 단순해서 사용하기 쉽고 구동이 빠르다. 또한, 각종 개인금융 데이터를 활용해서 본인에게 맞는 최적의 금융상품을 자동으로 추천해주어 손실을 최소화하고 다양한 혜택을 받을 수 있도록 해준다.

앞으로의 세상은 디지털 금융 능력으로 평가받는 시대가 될 것이다. 디지털과 온라인에 익숙한 사람들은 미래 비대면 사회환경이 현재와 크게 다르지 않을 수 있다. 하지만 휴대폰으로 선물을 받아도 어떻게 처리할지 모르는 사람들, 무인판매대에서 방법을 몰라 뒷사람 눈치만 보는 사람들, 애플리케이션 설치에만 며칠이 걸리는 사람들은 앞으로의 세상이 반갑지 않다. 지금은 영화관, 식당 등에서 키오스크로 선택하고 결제하는 것이 어려운 분들을 도와주는 직원이 있지만, 비대면이 필수가 되어버려 사람마저 없어지면 그들은 밥 먹기도 힘들어진다. 과거 컴맹이 재앙처럼 느껴졌던 시대가 있었다. 이제는 디지털 문맹이 그러하다. 아무리 이자가 다른 은행보다 높다고 해도 모바일뱅킹에서 가입해야 하는 상품은 알면서도 가입하기 힘들다. 정보화 사회에서는 정보를 알고 모름에 따라 빈부격차가 만들어졌다. 디지털 사회에서는 기술을 활용할 수 있는지에 따라 빈부격차가 발생할 것이다.

2019년 한국정보화진흥원의 〈디지털 정보격차 실태조사〉 보고서에 의하면 정보 취약 계층의 디지털 정보화 수준은 매년 조금씩 증가하고 있지만 69.9%에 그쳤다. 컴퓨터 · 모바일 기기를 가지고 있고 인터넷 사용 가능 여부를 묻는 '접근성'이 91.7%로 나왔지만 기기를 이용하는 능력은 단지 60.2%로 큰 차이를 보인다. 반면, 20~30대의 경우 디지털 정보화 수준은 120%를 넘는다. 아날로그 세대와 디지털 세대의 격차가 거의 두 배로 벌어진 것이다. 디지털 기기가 학습 도구인 50대 이상의 연령층에게 60% 정도의 이용능력이면 낮지 않다고 생각할 수 있지만, 10명 중 4명은 디지털 공간에서 제공하는 서비스를 똑같이 받을 수 없다고 생각하면 긍정적 신호는 아니다.

실제로 교회에서 알려준 사이트에 클릭해 온라인 예배를 보신 80대 어르신은 데이터 폭탄을 맞았다. 와이파이가 무엇인지, 집에서 가능한 건지, 영상을 보는 게 데이터를 사용하고 있는 건지 몰랐기에 스마트폰 사용요금을 보고 충격을 받았다. 최근 디지털 취약층을 노리는 스미싱 사건들도 부쩍 늘어나 불안해하는 사람들이 많은데 사용법을 잘 몰라 비용까지 발생하게 되면 디지털기기 사용은 더 두려워진다. 점점 더 디지털과 멀어지는 것이다. 사람이 줄어들고 기술로 대체되는 미래에 부자와 가난한 자는 디지털 능력으로 결정될 것이다.

3. 리모트 워크(Remote Work) 시대

사무실이 아니라 제3의 장소에서 일하는 원격근무와 집에서 일하는 재택근무를 통합하는 리모트 워크는 이미 여러 조직에서 실행하고 있지만 코로나19 사태로 인해 더 확대될 것이다. 그 이유는 다음과 같이 세 가지로 요약할 수 있다. 첫째, 구성원의 워라밸 중시 가치가 더 커지고 있다. 특히 직장으로 새로이 들어오는 밀레니얼 세대와 Z세대로 불리는 지금 20~30대들의 가치관에 부합한다. 지금의 젊은 신입사원들은 높은 연봉보다 삶의 질을 우선시한다. 나를 버리고 조직의 모습으로 바꾸기를 원하지 않는다. 자신의 가치를 느낄 수 있는 곳이 회사로 유일했던 과거와 달리 지금은 여러 활동과 장소, 커뮤니티에서 나의 또 다른 존재를 만들고 성장시킨다. 그런 면에서 리모트 워크는 탄력적이며 유연한 근무제도 형식으로 워라밸을 지향하는 사람들을 지원해준다. 둘째, 기업은 투자비용을 늘리고 싶다. 사무실을 줄이면 고정비용을 줄일 수 있다. 사무실에 들어가는 임대료와 사무기기 등 제반 비용이 절감되고 리모트 워크 제도가 안정되면 업무에 따라 파트타임, 단기간 근로 등 구성원들의 요구에 따라 근무제의 다양한 활용방안이 생겨 고정임금도 아낄 수 있다. 셋째, 미래조직의 방향이다. 코로나 팬데믹 이후 일시적으로 재택근무를 한다고 생각할 수 있다. 하지만 리모트 워크는 이미 10년 전부터 진행된 미래조직의 방향이다. 리모트 워크는 업무환경의 변화를 통해 업무효율성과 생산성을 높이는 스마트워크의 하나로 빠르게 확산되었다. 조직의 이익뿐 아니라 사회문제 해결을 위해서도 리모트 워크는 장려되는 분위기이다. 일례로 출퇴근을 하지 않아도 되면 교통혼잡도 줄일 수 있고 차량 이동도 줄일 수 있다. 그로 인한 대기오염, 가스 배출 등이 줄어들고 한편으로 교통사고도 줄어든다. 당연히 일과 삶의 균형을 누릴 수 있는 시간도 늘어난다.

4. 디지털 노마드(Digital Nomad)의 부활

> 정보기술 업계에서 일하는 A 씨는 하루를 아침 6시에 일어나 컴퓨터를 켜는 것으로 시작한다. 국내외에서 온 이메일을 확인한 후 MP3를 들으며 조깅을 한다. 그리고 식사를 한 후 사무실로 출근한다. 하지만 그가 사무실에 있는 시간은 많지 않다. 무선인터넷이 가능한 곳이면 어디서든 업무를 처리할 수 있기 때문이다. A 씨는 무선인터넷이 가능한 노트북과 휴대전화 기능까지 있는 개인 휴대 단말기(PDA), 손가락만 한 크기의 외장형 하드디스크, LCD 프로젝터, MP3 플레이어, 디지털카메라 등 각종 전자제품으로 무장하고 있다. 노트북과 PDA를 수족처럼 부리는 덕에 프레젠테이션 준비도 자동차 안에서 뚝딱 해낸다. 퇴근 후 그는 가족이나 친구와 시간을 보낸다. 친구는 대부분 인터넷을 통해 만난 동호회 회원들이고 A 씨는 즐거운 장면과 맞닥뜨리면 자연스레 디지털카메라를 꺼내 든다. 디지털카메라로 찍은 사진을 인터넷에 올려 친구들과 돌려보는 것은 그의 가장 큰 즐거움 중 하나이다.

위에서 묘사한 A 씨의 하루 일과를 보면 크게 낯설거나 이해가 안 되는 부분이 없다. 하지만 위에서 묘사한 A 씨는 오래 전에 존재했던 직장인의 모습이다. 위의 글은 디지털기술과 기기를 활용해 현대적이고 효율적으로 근무하는 직장인을 묘사한 2006년 10월 18일 자 매일경제 기사 일부이다. 오래된 기사임에도 불구하고 지금 상황과 다른 부분은 A 씨가 사용하는 대부분의 장비들이 스마트폰 하나로 집약됐다는 점이다. 한 가지 더 있다면 사진을 인터넷에 올리지 않고 모바일에서 바로 페이스북이나 인스타그램으로 올린다는 점이다. 매일경제신문에서는 위와 같이 디지털 장비를 활용해 자유롭게 일하는 현대 직장인을 디지털 노마드라고 불렀다. 코로나 팬데믹 이후 디지털 노마드라는 단어가 다시 부활하고 있다. 디지털 노마드로 일하는 방식의 큰 장점으로 자유로운 노동시간, 워라밸(Work Life Balance) 조율 편리, 직장 스트레스 해방, 비용 절감 등을 들 수 있다. 시대 흐름 또한 점점 워라밸을 중요하게 지키려 하고 불편한 대인관계를 피하고 싶어 한다.

제2절 디지털 비즈니스의 확산

1. 디지털 전환(Digital Transformation)의 가속

디지털기술의 발달로 인터넷과 모바일 기기가 보편화함에 따라 오프라인으로 이루어지던 상거래 및 금융거래가 온라인으로 간편하고 신속하게 이루어질 수 있는 환경이 조성되었다. 디지털 전환은 전통적인 방식으로 진행되던 일에 디지털 신기술을 접목해 프로세스를 개선하고 새로운 가치를 창출하는 것이다. 넓은 의미에서는 현재 사업이 디지털기술에 따라 근본적으로 보완 · 혁신되는 모든 활동을 말하며 제4차 산업혁명의 실현으로 '아날로그에서 디지털로', '전통적인 것에서 현대적인 것으로', '버튼에서 터치로, 터치에서 생체인식으로' 바뀌는 것을 의미한다.

디지털 전환의 가장 큰 특징은 속도라고 할 수 있다. 이에 따라 개발, 주문, 출시, 배송, 도착까지의 소요시간이 급격히 단축되고 있다. 산지에서 출하된 식품은 로켓배송이라는 이름으로 다음날 소비자의 식탁에 오른다. 디지털 전환은 한마디로 속도혁명이라고 할 수 있다. 디지털 전환은 해도 그만, 안 해도 그만인 것이 아니라 비즈니스의 생태계를 바꾸는 것이다. 영국에는 붉은 깃발법이 있었다. 19세기 말 영국에서 세계 최초로 자동차를 출시했지만, 당시 마차업자들의 항의가 빗발치자 이들의 이권을 보호하려고 만든 법이다.

이 법으로 인해 영국의 자동차산업은 독일과 프랑스 등에 뒤처지는 결과를 초래했다. 한편, 코로나19로 디지털 전환이 가속화되면서 업종 간 경계도 급속히 무너지고 있다. 인터넷기업이 유통, 금융 등과 같은 전통 산업영역으로 진출하고 굴뚝 산업의 영역은 온라인으로 확장되고 있다. 이제는 유통업체가 자체 브랜드를 만들어 생산하고, 물류 업체는 제품을 기획하여 판매한다. 콘텐츠배급사는 콘텐츠의 유통뿐만 아니라 제작도 한다. 온라인과 오프라인의 경계도 사라졌다. 오프라인 업체는 온라인플랫폼을 구축하고, 온라인회사는 오프라인 플래그십 스토어(Flagship Store)를 만든다.

2. 디지털 비즈니스모델

비즈니스모델이란 크게 가치창출과 이익 실현으로 구성된다. 가치창출은 누구를 대상으로 어떠한 가치를 어떻게 만들어 제공하는가의 문제이고, 이익 실현은 제공된 가치를 어떻게 수익모델로 연결하느냐의 문제이다. 4차 산업혁명 시대의 비즈니스모델은 사물인터넷, 클라우드, 빅데이터, 인공지능 등의 핵심 원천기술을 이용하여 수익모델을 실현하는 것이다. 이 중 디지털 비즈니스모델은 콘텐츠, 고객 경험, 플랫폼의 세 가지 요소가 결합하여 고객가치를 창출하는 비즈니스모델이다. 디지털 비즈니스 유형을 간략히 살펴보자.

1) 홈 블랙홀 유형

홈 블랙홀은 코로나19로 사람들이 전염병에 대한 사전예방, 사회적 거리두기 때문에 모든 활동에 있어 집이 중심이 되는 상황을 말하며, 이와 관련된 비즈니스는 고객이 가장 편한 장소로 여기는 집에서 일어난다. 따라서 다른 장소에서 일어나는 어떤 서비스보다 고객의 라이프스타일과 취향에 맞는 서비스제공이 더욱 필요하다.

〈표〉 홈 블랙홀 비즈니스 유형

구분	유형
OTT(Over The Top) 서비스 및 여가활동	- 넷플릭스, 유튜브 등 영화, 드라마의 콘텐츠를 제공하는 OTT 서비스 - 고객의 세부적인 취향 파악을 통한 개인 맞춤형 서비스 - 클라우드 게임, 랜선 콘서트
가정 간편식	- 집에서 간단히 조리해 먹을 수 있는 식품 - 집에서 쉽게 먹을 수 없는 이색 메뉴, 야식 메뉴, 프리미엄 제품 개발
마음관리 서비스	- 요가, 명상, 힐링 음악 등의 마음관리 콘텐츠 - 집에서 쉽게 따라 할 수 있는 체계적인 마음관리 프로그램
홈트	- 다이어트, 건강관리를 위한 홈 트레이닝 서비스 - 시간, 장소에 관계 없이 이용 가능한 개인 맞춤 프리미엄 서비스 - 온라인 콘텐츠 제공과 오프라인 맞춤 트레이닝 서비스
홈 라이프	- 홈카페, 홈가드닝, 홈퍼니싱 등을 위한 셀프 제품과 키트 - 여성을 타깃으로 집에서 소확행을 즐길 수 있는 제품 및 서비스 - 가사노동을 줄일 수 있는 생활가전 제품

* 출처 : 박경수, 「언택트 비즈니스」, 2020, p.50

2) 핑거 클릭 유형

블랙홀처럼 모든 활동을 집 안으로 끌어들인 코로나19는 핑거 클릭과도 연계되며, 이는 언택트로 오프라인에서의 모든 활동이 중단되면서 모바일과 온라인이 주된 상황을 말한다. 핑거 클릭은 주로 온라인기반 서비스를 바탕으로 이커머스, 헬스케어, 교육 등 다양한 분야로 확산되고 있으며, 모바일기반의 서비스까지 통용되면서 더욱 가속화되고 있는 추세이다.

〈표〉 핑거 클릭 비즈니스 유형

구분	유형
온라인 서비스	- 배달의 민족, 요기요 등 배달 앱부터 쿠팡, 마켓컬리, 오아시스 등 원거리가 아닌 근거리 기반의 이커머스 - 플랫폼 기반의 속도, 가격, 편의성, 킬러 제품 확보
구독경제	- 호텔 · 유통 · 외식 등 프라이빗 서비스, 퍼스널 모빌리티
라이브 커머스	- 셀렉티브, 톡딜라이브 등 실시간 영상 기반 이커머스 - 고객 참여, 간결한 제품 설명, 쌍방향 커뮤니케이션을 통한 고객 몰입 및 경험의 극대화
원격의료	- 스마트폰 기반으로 우울증, 약물중독, ADHD 등을 치료 - 개인의 생체 및 활동 데이터 확보
홈 스쿨링	- 스마트 디바이스를 활용한 교육 콘텐츠 제공 서비스 - 선생님과의 주기적 커뮤니케이션, 수준별 맞춤 콘텐츠 제공, 콘텐츠 몰입 기술 확보
온라인 교육	- 무크(MOOC), 성인교육 플랫폼 등 온라인 기반 교육 서비스 - 교육 프로그램의 세분화, 학습 동기 부여 방안 확보 - 코칭, 문제해결 기반 교육, 소그룹 및 일대일 맞춤 서비스

* 출처 : 박경수, 「언택트 비즈니스」, 2020, p.88

제3절 모든 생활의 데이터화

1. 데이터; 모든 가치창출의 토대

데이터는 디지털라이프 비즈니스에 있어 모든 가치창출의 토대이다. 이때 핵심은 피상적인 데이터보다 심층 데이터이다. 예를 들어 온라인쇼핑몰에서 20대 후반 남성이 가방 하나를 구매했다고 생각해 보자. 그러면 남겨진 데이터는 '어떤 브랜드의 가방을 얼마에 몇 개를 구입했는가'다. 여기에 성별, 연령, 지역 등의 인구통계학적인 데이터는 기본이며 이 역시 중요하다. 하지만 더 중요한 것은 무엇일까? 구매자가 어떤 과정을 거쳐서 이 가방을 구매했는지다. 더 나아가 구매자가 어떤 상황에 처했기에 가방을 새롭게 구매했는지도 중요하다. 똑같은 가방을 구매했더라도 취업을 위해서 혹은 기존 가방이 낡아서 구매했을 수도 있다. 브랜드는 어떤가? 이 남성이 쇼핑몰에 어떤 브랜드 가방을 둘러보다가 가방을 구매했는지, 구매 의사결정에 있어 이 가방은 높은 가격이었는지, 낮은 가격이었는지 말이다. 이처럼 고객이 가방을 구매했을 때의 맥락이 더 중요하다.

2. 데이터플랫폼 시대

블록체인 기반 데이터거래 플랫폼의 한편에는 데이터제공자가 있고, 다른 편에는 데이터수요자가 있다. 예를 들어 인터넷과 연결된 냉장고를 생각해 보자. 동네 편의점주인은 사람들이 냉장고를 자주 여는지, 냉동고를 자주 여는지 알고 싶어 한다. 그 정보에 따라 편의점의 제한된 진열공간에 냉동식품을 더 갖다 놓을지, 냉장식품을 더 갖다 놓을지 결정한다면 수익을 높일 수 있기 때문이다. 소비자가 냉장고 이용정보를 자발적으로 데이터플랫폼에 올려 거래한다면, 편의점주인은 원하는 데이터를 얻어 수익을 올리고, 소비자는 데이터제공에 따른 보상과 함께 더 편리한 쇼핑기회를 얻을 수 있다.

데이터수요자는 자신들이 필요한 데이터가 무엇이고 어떤 조건으로 구매하려고 하는지 명시한 구매요청을 플랫폼에 넣는다. 이 경우 데이터제공자와 수요자가 합의해야 하는 조건은 '데이터를 무슨 목적으로(연구, 통계자료 작성, 마케팅 등) 사용할 것인지', '언제부터 언제까지 사용하고 폐기할 것인지', '얼마를 지불할 것인지' 등이다. 플랫폼은 데이터제공자의 판매조건과 일치하는 구매요청을 자동으로 매칭한다. 쌍방의 조건이 맞더라도 법규상 위법요소가 있는 거래요청은 플랫폼이 자동으로 걸러낸다. 법적 문제가 없는 한 합의된 데이터 사용조건은 스마트계약에 따라 엄격하게 이행되며, 사용에 따른 보상은 즉각 데이터제공자에게 디지털 토큰으로 지불된다. 데이터거래 내역은 블록체인에 기록되어 언제든 검증 가능하다.

〈그림〉 데이터 자산거래의 구조

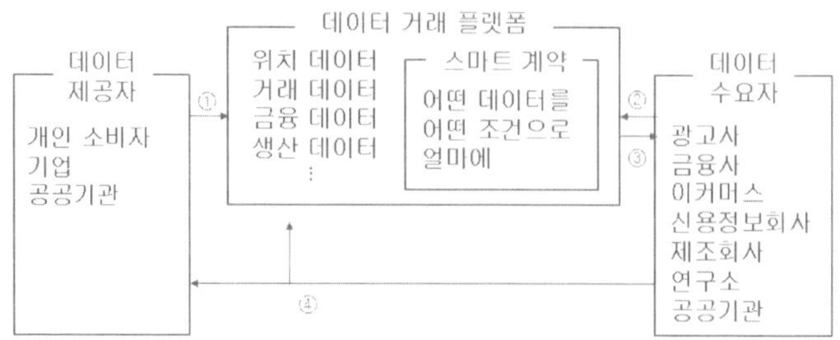

① 개인, 기업, 기관이 자신의 데이터를 스마트 계약과 함께 제공
② 데이터 구매 요청
③ 스마트 계약에 따라 조건에 맞는 데이터 공급과 수요가 자동 매칭 후 데이터 제공
④ 데이터 사용 수수료 지불

출처 : 인호 · 오준호, 「부의 미래, 누가 주도할 것인가」, 2020, p.215.

향후 법제도가 정비되면 가장 빠르게 등장할 것으로 보이는 데이터거래 플랫폼이 건강데이터 플랫폼이다. 의료산업은 환자 개개인을 위한 맞춤형 정밀의료 제공에 초점을 맞춰 발전하고 있다. 그런데 맞춤형 정밀의료를 제공하려면 유전자, 생활환경, 습관, 진료 · 치료 이력 등 환자의 수많은 정보를 수집하고 분석해야 한다. 하지만 의료 개인정보는 특히 민감정보로 분류되어 아예 가명화 처리대상도 되지 않는 경우가 많다. 그런데 환자들의 입장에서, 이런 정보들이 유출되어 사회적으로 불이익을 당하지 않을까 하는 두려움이 큰 것은 당연하다. 그럼에도 환자들의 고통을 덜어줄 더 나은 치료법을 찾으려면 더 많은 데이터 활용이 필요하다. 이때 블록체인 기반 건강데이터 거래소가 해결책이 될 수 있다. 당뇨병 환자라면, 그의 병원 진료 데이터, 손목밴드 등 신체부착 장치를 통해 체크한 혈당 · 혈압 · 스트레스 상태와 같은 일상데이터가 의료기관이나 제약회사에 제공된다. 의료기관과 제약회사는 새 의약품을 개발하거나 인공지능 진단시스템 또는 맞춤형 정밀 의료시스템을 만드는 데 환자의 데이터를 활용한다. 환자에게는 데이터를 제공한 데 대한 보상으로 '헬스 코인'이 지불된다. 환자는 헬스 코인을 병원 진료비로 사용할 수 있고, 건강이 좋아지면 남은 헬스 코인을 처분할 수도 있다.

〈그림〉 블록체인 기반 건강데이터 거래구조

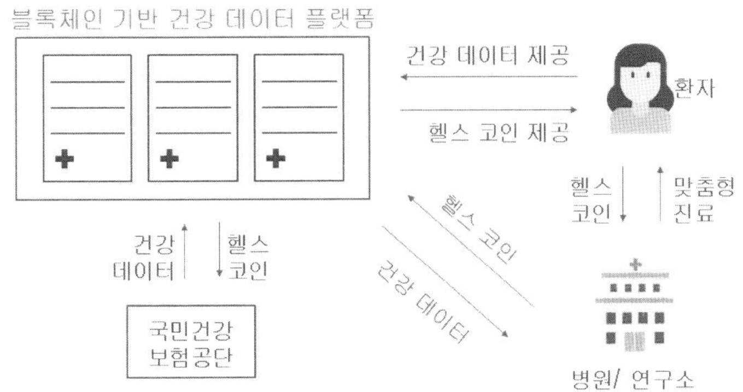

출처 : 인호 · 오준호, 「부의 미래, 누가 주도할 것인가」, 2020, p.217.

자동차제조 기업은 자동차 센서에서 생성된 익명의 데이터를 공개할 수 있다. 정부는 이를 이용하여 특히 위험한 도로를 찾아내 안전성을 개선할 수 있을 것이다. 이와 유사한 방법을 사용하여 농장과 슈퍼마켓에서 수집한 피드백데이터를 이용하여 식품의 안전성을 향상시킬 수 있다. 온라인학습 플랫폼에서 나오는 피드백데이터를 사용하면 공공교육부문의 의사 결정력을 향상시킬 수 있으며, 다양한 거래에 사용된 의사결정 지원 데이터는 시장의 거품을 예측하는 조기경보 시스템에 재사용할 수 있다.

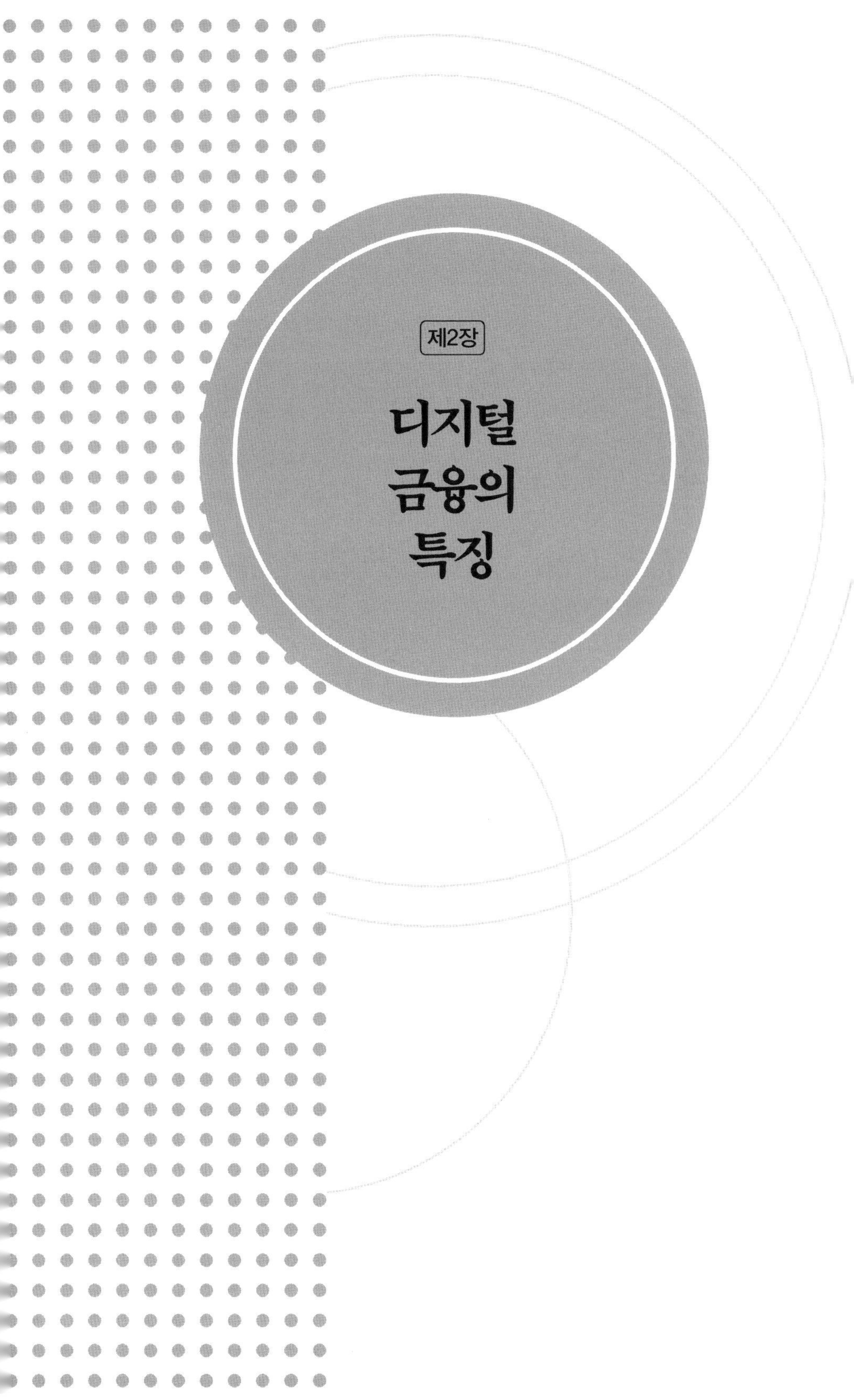

제2장

디지털 금융의 특징

제1절 자산의 디지털화

1. 자산의 디지털 토큰화

자산의 토큰화란 실물자산의 가치를 반영한 블록체인 기반의 디지털 토큰을 발행하는 것이다. 블록체인 기반 토큰은 이중 지불과 위변조의 위험으로부터 안전하고, 얼마든지 작은 가격 단위로 쪼갤 수 있으며, 시공간 제약 없이 글로벌차원에서 거래할 수 있다. 자산가치를 반영한 토큰을 자산토큰이라고 한다. 특히 자산소유권과 연동된 자산토큰을 증권토큰이라고 한다. 일반적인 주식이 기업의 가치를 분할해 부분적인 소유권을 표시한 것이라면, 증권토큰으로 발행할 수 있는 자산은 이론상으로는 한계가 없다. 즉 토지, 건물, 슈퍼카, 대형선박, 천연자원, 미술작품, 주식, 채권, 저작권, 문화 콘텐츠, 데이터 등 자산가치가 있는 것이라면 무엇이든 토큰으로 전환될 수 있다. 자산에 근거해서 증권토큰을 발행하는 것을 STO (Security Token Offering)라고 하며 일반적인 암호화폐 발행, 즉 ICO(Initial Coin Offering)와 차이가 있다. ICO가 토큰 이용 비즈니스의 미래전망을 근거로 암호토큰을 발행한다면 STO는 부동산, 미술품, 천연자원, 채권 등 이미 자산가치를 인정받은 실물에 근거해 토큰을 발행하는 것이므로 투자가치가 훨씬 안정적이다.

그렇다면 자산을 디지털 토큰으로 바꾸는 것은 어떤 이점이 있는가? 첫째,

거래를 분할할 수 있다. 고가의 자산을 소액토큰으로 쪼개어 거래하면 유동성을 증대할 수 있다. 둘째, 거래 신뢰를 제고한다. 블록체인을 이용하면 데이터 위변조를 막고 이해관계자 누구나 거래 내역을 확인할 수 있어서 거래 투명성이 확보된다. 셋째, 거래비용이 감소한다. 블록체인으로 중개자 역할을 없애거나 상당한 부분 대신하면 중개자 몫인 수수료를 최소화할 수 있다. 넷째, 거래속도가 향상된다. 스마트계약을 이용해 서류작성과 확인 및 공증에 드는 시간을 단축하고, 거래와 관련된 법 규제도 블록체인에 프로그래밍하면 자동으로 준수하도록 만들 수 있다. 다섯째, 거래범위가 글로벌차원으로 확대된다. 블록체인 플랫폼은 국경의 제약을 넘어 지구 어디에서나 접속할 수 있다.

2. 자산거래의 자동화

이는 자산시장의 모든 과정, 즉 자산소유권을 판매자로부터 구매자로 이전하는 것, 소유권 지분에 따른 수익권을 행사하는 것 등이 스마트 계약에 의해 자동화된다는 의미이다. 따라서 거래당사자들 사이에 제3자가 끼어야 할 필연적인 이유는 없다. 서로에 대한 신뢰를 보장할 수 없었기에 중개자가 필요했던 것인데, 신뢰를 보장하는 기술인 블록체인을 이용하면 거래는 기본적으로 당사자들이 직접 계약하는 행위가 된다. 그러나 자산거래 과정은 자산가치 평가, 소유권 이전, 계약금과 잔금 지불, 정부 당국에 소유권 등기 등 매우 복잡한 과정을 거친다. 즉 우리나라에서 부동산 스마트계약 플랫폼이 나온다고 해도, 국가의 등기 대장에 등록되지 않는 한 플랫폼 안에서 아무리 거래에 합의하더라도 소유권 이전은 확정되지 않는다. 결국, 법제도의 변화가 필요하다.

한편, 스웨덴은 토지등기까지 온라인에서 원스톱으로 처리하는 시스템을 개발해 실험 중이다. 또 아랍에미리트 두바이에서는 토지등기를 비롯한 각종 공공서비스를 블록체인으로 통합하여, 중개인을 가장해 부당이익을 취하는 토지 브로커들의 개입을 줄여나가려고 한다.

3. 글로벌 자산거래 플랫폼

글로벌 플랫폼에서는 유무형의 모든 자산이 거래된다. 유형자산, 즉 눈에 보이는 자산으로 부동산, 광물자원, 기계나 차량, 농산물, 예술작품 등이 거래될 수 있고, 무형자산, 곧 보이지 않는 자산으로는 특허권, 지식재산권, 브랜드 가치, 음악, 콘텐츠, 데이터 등이 거래될 수 있다. 이 플랫폼에서는 더 이상 국경의 물리적 제약도, 시간의 제약도 없다. 한국에 앉아서, 또는 세계를 여행하면서 아프리카 수단에서 태양광발전 사업에 필요한 토지를 매입하고, 바로 헝가리 부다페스트의 지하철개발 사업에 투자할 수도 있다.

지금까지라면 도심의 고급아파트, 대형빌딩, 펜트하우스를 평범한 직장인이 소유하는 것은 꿈도 못 꿀 일이었다. 하지만 디지털 토큰 경제가 일반화되면 고가부동산이 소액으로 유동화되어 상시로 거래된다. 수백억 원 하는 고가부동산의 토큰을 구매함으로써 평범한 직장인도 공동소유자가 되고, 지분에 따라 임대 수익이나 양도 수익을 얻는다. 토큰을 처분하면 상승한 시세에 따른 수익도 얻는다. 블록체인 기반의 글로벌한 거래플랫폼 덕분에 한국에 앉아서 도쿄의 100만 원어치, 미국의 호텔 200만 원어치 하는 식으로 토큰을 구입해 투자 바구니를 만들 수도 있다.

제2절 금융연금술의 성행

1. 금융상품의 복제

누구나 한 번쯤은 길거리를 지나가다 편안한 노후를 생각해서 "아! 저 정도의 상가건물 한 채만 있으면 참 좋으련만!" 한 적이 있을 것이다. 만약 실제로 생각지도 않게 여유자금이 생겨서 상가를 구입하여 임대를 놓는다고 치자. 무엇부터 해야 할까? 가장 먼저 상가투자로 얼마의 이익을 낼 수 있는지 분석해야 한다. 이후 입지선정에서부터 해당 상가 선정, 유동인구가 얼마나 되는지, 주요 구매층은 누구인지, 현재 돌아가는 경제 상황은 어떤지, 어떤 임차인을 선정할 것인지, 임대료가 지속적으로 들어올 것인지 등 수많은 요인을 검토한 다음 최종적으로 상가 구입 여부를 판단해야 한다. 누가 봐도 말처럼 쉬운 작업이 아니다. 생각보다 골치 아프고 혹시 기대한 만큼 이익이 안 나면 어쩌지? 하는 불안감이 생기거나, 또는 "나는 이런 투자 타입이 아닌가 보다." 하고 아예 접을 마음도 생긴다. 그런데 만약 이런 상가수익을 그대로 복제한 금융상품이 개발된다면 어떻게 될까?

상가라는 실체를 구입하지 않았더라도 마치 상가를 구입한 것처럼 동일하게 임대료와 같은 수익이 창출된다면 상황은 완전히 바뀐다. 골치 아프지 않고 수익을 챙길 수 있는 수단이 생겼기 때문에 여건이 되는 모든 사람은 적극적으로 구입하려고 달려들 것이다. 이런 현상은 기존의 상품을 마치 새로운 금융상품처럼 포장하는 '금융 증권화'라는 기술 때문에 가능해졌다. 2008년 전 세계 금융시장을 강타한 미국의 서브프라임모기지 대출채권이 증권화를 통하여 마치 주식시장에서 거래되는 주식처럼 누구나 쉽게 사고팔 수 있게 되었다. 가만히 앉아 있는 대출이 유동화되면서 움직일 수 있는 증권으로 변한 것이다. 이런 사고방식으로라면 어떠한 금융비즈니스 모델이라도 증권화가 가능하다는 욕심이 들 것이다. 아무리 미래 발생할 현금흐름이 미심쩍더라도 과거 경험실적에 근거한 현재 자산의 현금흐름이 안정되어 있다면 아주 매력적인 증권화 상품으로 포장되어 새로운 금융상품으로 재탄생될 수 있다. 이제는 4차 산업혁명 기술에 힘입어 증권화를 뛰어넘는 모든 자산의 디지털화가 가능하게 되어 소수점 이하의 증권화도 가능해졌다. 동시에 거래 자동화 플랫폼을 통해 누구든지 쉽게 사고팔 수 있는 세상이 되었다.

2. 증권화의 성행

1) 증권화의 의의

대부분의 사람들은 주택 구입 시 일정 금액을 은행에서 대출을 받는다. 이 경우 은행은 개인이 보유한 주택을 담보로 하여 대출을 해주고 이후부터 원하는 날짜에 이자를 정기적으로 받으며 만기가 되면 원금도 돌려받는다. 이때 은행은 이자와 원금을 돌려받는 권리를 확보한 셈이며, 이 권리를 가지고 있으면 돈이 제때 들어오니 돈이 되는 권리, 즉 자산이라 할 수 있다. 그러나 일반시중에 유통되는 자산과는 달리 당장 돈으로 바꿀 수는 없다. 만기까지 묶여 있기 때문이다. 해결방법은 만기 전에 다른 사람이 살 수 있도록 새로운 증권을 만들면 된다. 이를 간단히 증권화라 하는데 이를 통해 다양한 금융비즈니스가 탄생하였고 금융투자시장은 더욱 활성화되었다. 더불어 금융투자상품이 한층 복잡해졌다. 자산의 증권화는 1980년대 채권의 증권화부터 시작되었다. 이후 금융시장에 증권화를 통한 채권시장이 활성화되었으며 2000년대 들어와서 증권화의 붐은 그 당시 정크본드를 가장 인기 있는 채권으로 둔갑시켰는데 수익률이 높았기 때문이었다. 이후부터 리스크테이킹(risk taking)이란 말이 일반화되었고, 고수익/고위험의 금융상품이 쏟아지게 되었다. 높은 수익을 보장하면서도 그에 상응한 고위험은 회피해버리는 금융비즈니스가 등장한 것이다. 점차 증권화의 기술은 계속 새롭게 진전되었으며, 리스크를 전매하는 조직도 우후죽순으로 생겨났다. 자산보유자로부터 유동화 자산을 양도받아 이를 기초로 유동화 증권을 발행하는 유동화 전문회사가 대표적이다. 그러나 고정된 자산을 유동화하여 살아 움직이는 증권으로 변환시키는 참신하고 획기적인 금융기술이 궁극적으로는 치명적인 독으로 다가왔다. 미국의 서브프라임모기지 사태의 근본 원인은 증권화 때문이었다.

2) 증권화의 속성

2008년 미국 금융위기의 주범이었던 서브프라임모기지 대출채권은 다른 대출채권에 비하여 태생적으로 연체율이나 부도율이 높을 수밖에 없었다. 대출대상 자체가 신용도가 하위인 계층에다 담보비율도 대출의 100%까지 이르러 본래부터 신용 리스크가 높은 채권이었다. 그런데 당시 투자자들은 이러한 대출채권이 증권화라는 금융기술을 통하여 리스크가 낮아질 거라고 믿고 샀다. 미국의 경우 2003년부터 2007년 초반까지만 해도 금융공장에서 증권화 상품을 만들어 시장에 내놓기만 하면 없어서 못 팔 정도로 인기가 높았었다. 증권화의 속성을 알았더라면 이런 상황은 오지 않았을 것이다.

첫 번째 속성은 증권화를 통해 액수가 큰 대출채권을 가능한 한 많이 모아서 한데 묶은 다음, 이것을 다시 소액채권으로 만드는 것이다. 소액이면 누구든지 손쉽게 투자할 수 있기 때문이다. 특히 주택가격은 거래단위가 최소한 몇억 원이기 때문에 이런 금액을 그대로 증권화하면 일반 투자자들이 구입하기에는 상당히 부담된다. 대출상품담당자는 이런 점에 착안하여 소액으로 재조립한 것이다. 그러면 노출 자산이 적어지므로 리스크 금액도 소액으로 바뀐다. 하지만 전체 리스크는 전혀 줄어들지 않고 동일하다. 단지 금액만 조정됐을 뿐이다. 예를 들어 증권화 전에는 1명이 리스크 전체를 부담했다면 이것을 10명에게 분배했다는 의미이다. 10명이 느끼는 리스크에 대한 충격이나 강도는 변하지 않았는데 노출된 자산의 규모만 소액으로 변경됐을 뿐이다. 보통 액수가 작고 남들도 하면 대부분의 사람들은 따라 하기 마련이다.

두 번째는 증권화를 통해 소액으로 쪼개지만, 여기에 순서를 매긴다는 것이다. 바로 선순위, 중간순위, 후순위이다. 이를 트렌치(trench)라 하는데 각각의 트렌치에는 순서가 매겨진 채권들로 구성된다. 이 채권의 본질은 똑같은데 단지 순서만 틀린다고 해서 투자은행들이 성격이 다른 채권으로 구분하고 판매하였다. 미국의 경우 보통 모기지 채권은 통상 약 30% 정도가 제때 이자를 못 내는 연체채권이다. 만약 순서를 매기지 않고 그대로 동일하게 증권화해서 판매한다면 투자자는 구입하려고 하지 않는다. 혹시 내가 구입한 모기지 채권이 30% 안에 포함돼서 이자를 받지 못할 수도 있다고 생각하기 때문이다. 이에 착안해서 대출상품개발자는 순위를 매긴 것이다. 그리하여 100%에서 연체율 30%를 제외한 70%는 안전하게 이자를 받을 수 있기 때문에 선순위 채권에 배정한다. 이는 최상위 트렌치 채권으로 가장 안전한 신용등급(예를 들어 AAA등급)을 받고, 대신 그에 상응한 낮은 금리를 적용받는다. 나머지 30%가 연체채권인데 이것이 동시에는 발생하지 않을뿐더러 그중에 과거 실적 등을 통해 거의 연체하지 않을 거라고 판단되는 20%를 걸러내어 중순위 트렌치[1]에 배정하고 상위 트렌치보다는 약간 높은 금리로 판매한다. 나머지 10%로 구성되는 연체채권은 최하위 트렌치로 구분하고 판매하는데, 주로 모기지 채권에서 발생하는 모든 손실을 부담해야한다. 그래야만 애초 예상했던 30%의 연체율이 소화되기 때문이다. 이렇게 순위를 매긴 모기지 채권을 모기지담보부증권(CMO; Collaterized Mortgage Obligation)이라 한다. CMO는 간단히 말하면 채권과 유사한 지급구조를 갖추면서, 전체 리스크 스펙트럼(risk spectrum)을 투자자의 구미에 맞도록(risk appetite) 적절히 배분한 채권이다.

일반적으로 투자자는 양극단이 비대한 투자구조를 선호한다. 즉 리스크 스펙트럼의 양극단에 투자하고 싶은 성향이 강하다. 예를 들어 보유자금이 1,000만 원 있다고 하자. 이 중 900만 원은 가장 안정적인 자산에 투자하고, 나머지 100만 원은 높은 이익/높은 리스크 자산에 넣고 싶어 한다. 이런 형태의 대표적인 투자상품이 근래 펀드 시장에서 인기가 높은 주가지수연계 상품인 ELS(Equity Linked Securities)[2]이다. 최초의 모기지 상품은 이런 양극단의 중간 정도에 해당되었다, 즉 가장 안전한 자산에 투자하는 사람들 입장에

1 이를 흔히 메자닌(mez-zanine) 트렌치라 한다. 메자닌은 원래 건물 1층과 2층 사이에 있는 라운지 등의 공간, 즉 '중간방'을 의미하는 이탈리아어로 자본시장에서는 담보와 신용 사이 혹은 부채와 자본 사이의 경계를 의미한다.

2 이는 개별주식의 가격이나 주가지수에 연동하여 수익률이 결정되는 상품으로 투자원금 중 일부는 우량채권 등 안전자산에 투자하여 만기에 투자원금 상환에 충당하고, 일부는 옵션복제 재원으로 사용하여 수익을 추구하는 파생결합증권이다.

서는 그다지 안전해 보이지 않았고, 고수익을 추구하는 사람들에게는 "요거다." 하는 높은 수익을 제공하지도 않는 말 그대로 어정쩡한 상품이었다. 이런 문제가 증권화를 통해 순서를 매기고 여타조건을 가미하면서 해결되자 이 상품은 폭발적으로 인기를 끌게 되었다. 당시 CMO는 대단한 금융발명품이었고 대출채권시장에 엄청난 영향을 끼쳤다. 순식간에 모기지 대출과 모기지 담보부채권 판매가 돌고 도는 선순환이 계속되면서 대출 시장 전체는 급격히 확대되었다.

그런데 시장이 과열되면서 문제가 터졌다. 누구나 달려들면서 대출영업 경쟁이 치열해지고 대출구조도 복잡해졌다. 구조가 복잡해지다 보니 자꾸 정도를 벗어난 무늬만 현란한 상품들이 등장하였다. 더불어 전산시스템이 갈수록 고도화되면서 CMO 공장에서는 아무도 이해할 수 없는 별의별 트렌치로 조합된 상품을 무작위로 만들어 낼 수 있었다. 이런 형태의 상품들은 아무리 구조가 복잡해도 이자 지급 원천은 모기지 풀(mortgage pool)에 모두 담겨야 한다. 그러다 보니 높은 신용등급의 멋있는 선순위 트렌치를 많이 뽑아낼수록, 밑에 있는 최하위 트렌치에서는 그만큼 모든 손실을 떠안아야 한다. 최하위 트렌치는 정크본드 수준을 넘어 가히 엄청난 뇌관을 안고 있는 핵폭탄으로 변했다.

더욱 문제는 최하위 트렌치에 투자한 사람이 많았다는 것이다. 만약 시장 상황이 좋아져서 애초 예상했던 연체율이 30%가 아니라 20%였다고 하자. 그러면 원래 30%로 예상하고 배정됐던 트렌치에서 10%의 이익이 발생한다. 이 모든 이익을 바로 최하위 트렌치가 다 가져간다. 물론 반대로 손실이 나면 모든 손실도 책임져야 한다. 이것은 일종의 도박이다. 그리고 정크본드 타입의 채권은 엄청 저렴하게 살 수 있어서 더욱 매력적이다. 순식간에 몇백 %의 수익률을 낼 수 있는 전형적인 투기상품이다. 주식보다 오히려 더 화끈한 상품이다.

더더욱 문제는 2007년 당시 최하위 트렌치에 미국의 간판 투자은행인 베어스턴스, 리먼브러더스, 메릴린치, AIG 투자, JP모건 등이 투자했다는 점이다. 그들은 엄청난 규모의 자금을 조성하여 그에 맞는 헤지펀드를 수십 개 운영하고 있었는데 이들 펀드의 대부분이 최하위 트렌치에 배정되는 채권을 엄청나게 보유하고 있었다. 왜냐하면, 싸게 구입해서 비싸게 팔 수 있어 과거처럼 엄청난 수익을 안겨다 주기 때문이었다. 이때마다 최고경영자나 펀드운영자들은 그에 상응한 인센티브로 엄청난 보너스를 챙겼다.

가장 최악의 문제는 헤지펀드 대부분이 자기 자금은 별로 들이지 않았다는 점이다. 당시 모기지 상품에 투자한 헤지펀드들은 통상 자기자본의 5배 내지 10배의 레버리지를 일으켰다. 당시에 베어스턴스나 리먼브러더스는 모기지의 최하위채권에 집중적으로 투자하여 단번에 고수익을 노리다가 상황이 악화되자 바로 파산해 버렸다. 직접적인 원인은 레버리지 때문이었다. 결론적으로 이런 방식의 투자는 여차하는 순간에 손실이 눈 덩어리처럼 불어나는 아주 치명적이고 위험한 투자라는 것이다.

세 번째, 증권화로 인해 여러 채권을 모을 때 성격이 다른 자산, 즉 이질적인 채권을 함께 의도적으로 묶는다. 예를 들어, 서브프라임모기지 담보채권에 미국 동부의 뉴욕저택과 서부 캘리포니아의 주택담보대출을 섞을 경우 상대적으로 리스크가 분산되는 효과가 나타난다. 그 이유는 뉴욕의 금융업 경기가 나빠져도 서부의 IT산업이 해외 신흥국의 수요로 인해 좋을 수도 있기 때문이다. 물론 이것은 현실과 맞지는 않는다. 다만 단순히 그냥 묶는 것보다는 이렇게라도 하는 것이 리스크 관리 차원에서 현명한 대응이다. 모기지 담보상품 개발자는 아무리 신용이 나쁘고 담보도 약하면서 소득확인조차 안 되는 대출채권들만 모았다 하더라도 이들 대출이 동시에 연체되거나 부도가 발생하지 않을 거라는 논리를 주장했다. 통계학적으로 보더라도 대수의 법칙을 적용한 충분히 합리적인 판단이라 할 수 있다. 그러나 실제로는 대부분이 불량한 대출채권이어서인지 한꺼번에 문제가 터져 미국의 서브프라임 사태가 발생한 것이었다.

결론적으로 증권화로 인한 리스크 축소는 책상에 앉아 계산하는 방식대로 되지 않는다는 것이다. 아무리 과학적이고 합리적인 통계모델을 사용하더라도 현실과 맞지 않는다는 것을 분명 인식해야 한다. 증권화로 인한 리스크를 쪼개거나, 순위를 매겨 그 정도를 달리하거나, 의도적으로 다른 지역을 섞어 분산을 유도해도 리스크는 전혀 축소되지 않는다. 리스크가 이쪽에서 저쪽으로 옮겨 갔을 뿐이지 그 자체가 없어진 것은 아니다. 하지만 두 번째에서 지적했듯이 리스크 순서를 바꿔서 조합하면 그렇지 않을 때보다 훨씬 고객의 취향에 맞는 다양한 상품을 제공할 수 있다는 것은 상당히 매력적이다.

3. 금융상품의 포장술

2010년대 들어서면서 헤지펀드나 사모펀드 등 대규모 집합투자 형태가 개인 및 기관투자자의 매력적인 투자수단으로 등장하였다. 그러자 기존 투자은행 외에 전통적인 상업은행까지 가세하여 경쟁은 더욱 치열해졌다. 점차 수익 위주의 투자행태가 확산되면서 심지어 고수익을 위해서라면 어떠한 리스크도 부담한다는 수익 만연주의가 기승을 부렸다. 더불어 4차산업기술의 확산과 금융의 세계화로 세계 어느 곳에서도 금융상품 정보가 실시간으로 공유되어 즉각적으로 투자의사 결정이 가능해졌다. 금융상품개발자[3]의 현란한 금

3 이들은 주로 미국항공우주국(NASA)에 근무하였다 월스트리트로 자리를 옮긴 물리학자와 수학자들이 대부분이었다. 이들을 퀀트(quant)라 하며 흔히 금융상품을 계량적, 수학적 기법으로 분석하는 전문가들이다.

융기법이 빛을 보기 시작한 것이다. 대부분의 펀드매니저는 증권화로 인하여 리스크가 높은 상품에서 안정적인 채권으로 변경되어 동 상품에 내재된 리스크는 충분히 커버된다고 선전하였다. 더불어 상품개발자는 전통적인 투자자산을 보기 좋게 다듬어서 투자자의 입맛에 맞게 가공해 주었다. 이런 것이 가능한 이유는 클라우드 기반의 대용량 컴퓨터를 통해 빅데이터 분석이 대중화되면서 금리와 주가, 환율 등 모든 금융경제지표의 미세한 변화도 추적할 수 있었기 때문이다. 그들은 AI 알고리즘을 이용하여 더욱더 복잡하고 구조화된 금융상품을 광범위하게 선보였다. 복합상품의 판매 포인트는 리스크를 철저히 헤지하여 최적 수익률을 추구할 수 있도록 설계되어 완벽에 가까울 정도로 기대수익률을 얻을 수 있다는 것이다. 문제는 산출과정을 자세히 설명해 주지는 않는다는 데 있다. 어쩌면 최초 상품개발자 외에는 어느 누구도 상품개발과정을 알 수 없을 수도 있다. 그만큼 상품이 복잡하게 구성되었기 때문이다.

제3절 투자 리스크로의 쏠림

1. 리스크 선호형 투자자 양산

투자자의 리스크에 대한 취향은 크게 리스크 회피형, 리스크 중립형, 리스크 선호형으로 분류되는데 일반 투자자들 대부분은 리스크 회피형이나 리스크 중립형에 속한다고 할 수 있다. 그런데 이런 패턴이 2008년 9월 미국의 서브프라임 사태가 터지면서부터 본격적으로 리스크 선호형으로 바뀌기 시작하였고 2010년대 중반 이후 가상자산 광풍이 확산되면서 리스크 선호형의 비중이 훨씬 커졌다. 주된 이유는 금융자산에 기초한 금융상품, 즉 4차 산업혁명 기술을 접목한 디지털 증권화가 가능해졌고, 모바일을 통한 실시간 금융거래 확산, 그리고 단순 투자모형에서 AI 알고리즘을 이용해 투자자의 심리까지 반영한 정교한 투자모형들이 등장하였기 때문이다.

보편적으로 사람들은 투자과정에서 나타나는 리스크를 싫어하거나 아예 회피하는 쪽으로 행동할 것으로 판단한다. 하지만 지금의 금융 세계는 투자 시 예상되는 리스크를 즉각적으로 측정하여 그에 적합한 투자정보를 실시간으로 얻을 수 있기 때문에 누구나 마음만 먹으면 본인이 태생적으로 안고 있는 리스크 유형과 상관없이 투자할 수 있는 환경이다. 그러나 투자 시 필연적으로 수반되는 리스크를 통제하는 다양한 수단이 적용되더라도 리스크가 근본적으로 없어지는 것은 아니다. 투자수단이 원시적이든 지금처럼 최첨단이든 투자결과는 항상 이익 아니면 손실이다. 따라서 투자에 참여하는 누군가는 투자 시 나타나는 손실영역을 부담해야만 비로소 게임이 가능해진다. 그럼에도 사람들은 왜 리스크 선호형으로 바뀌었는가? 바로 증권화라는 금융기술이 전 세계로 확산되면서부터 시장참가자들의 투자패턴도 점차 리스크 선호형으로 바뀌기 시작한 것이다.

증권화 이전에는 금융자산의 거래가격은 장래의 현금흐름을 할인한 현재가치를 기준으로 결정되거나, 최소한 이 기준 하에 높거나 낮은 수준으로 가격이 결정되었다. 그러나 증권화가 가능한 이후부터는 해당 상품의 자산가치를 따지기 전에 그 상품을 더 높은 가격으로 팔 수 있을 것인지 혹은 그렇지 않을지 하는 관점에서 현재 가격이 적정한지 또는 그렇지 않은지가 결정되었다. 《버블경제학》의 저자 오바타 세키(Obata Seki)는 이를 리스크 관점에서 진단하였다. 그는 증권화로 인해 투자를 위한 의사결정 초점이 장래 현금흐름을 확실히 얻을 수 있는지에 관한 리스크가 아니라, 다른 투자자에게 팔 수 있는지에 관한 리스크로 이동한 것이라고 하였다. 단순히 리스크가 이동한 것뿐인데 투자자들은 리스크가 소멸하였거나 축소되었다고 착각한다는 것이다. 투자자들의 리스크 착시현상은 증권화 상품이나 금융 공학 상품에서 유독 강하게 나타나는데 이는 그만큼 다른 금융상품에 비해 매력적으로 포장되었기 때문이다.

한편, 투자자에게 노출된 리스크 중에서 가장 가슴 졸이는 일은 보유자산을 팔고 싶어도 팔 수 없는 상황에 직면하는 유동성 리스크에 노출되는 경우이다. 그런데 증권화를 이용하면 가지고 있던 유동성 리스크가 마법에 홀린 것처럼 없어져 버린다. 그 전에는 전혀 거래되지 않았던 보유자산이 증권화를 통해 마치 제조공장의 금형 기계에서 자동화된 상품을 찍어 내듯이 상품화되어서 다수의 투자자들을 현혹시킨다. 대부분 이런 유형의 금융상품은 실체가 있는 금융상품보다 수익률을 높게 설정하기 때문에 더욱 구미를 당긴다. 이런 과정을 거치면서 결국 수요자가 늘어나고 시중의 풍부한 유동성으로 인해 자산가치는 빠르게 상승한다. 요약하면 투자대상 자산의 증권화를 통해 이를 표준화하게 되면 덩달아 구매하는 투자자층도 급증한다는 사실이다. 심지어는 투자자들 입맛에 맞게 아예 원천적으로 상품을 가공할 수도 있다. 즉, 증권화를 통해 소액으로 쪼개고, 여기에 순서를 매겨 선순위, 중간순위, 후순위로 구분하여 투자자 선호에 따라 상품을 조립하는 것이다. 오바타 세키는 이를 리스크 오더메이드(risk order made: 리스크 주문형 상품)라 명명하였는데 이런 유형의 상품이 2008년 미국 금융위기를 촉발한 주범이다. 결국, 이 상품으로 인해 미국 내 최상위 투자은행이었던 베어스턴스(Bear Stearns)나 리먼브러더스(Lehman Brothers)가 사라졌다. 당시 미국에서는 이런 증권화 붐을 타고 금융시장에서 가장 부도 가능성이 커 어느 누구도 취급하지 않던 불량채권인 정크본드가 몇 번의 증권화 과정을 거치면서 높은 수익률과 안정성이라는 가면으로 포장되어 가장 인기 있는 채권으로 둔갑하였다. 이후부터 금융시장에서는 리스크 테이킹(risk taking)이란 말이 일반화될 정도로 증권화된 금융상품이 쏟아지게 되었다. 교묘하게 높은 수익을 보장하면서도 그 속에 내재된 높은 리스크를 회피하는, 즉 리스크가 없는 것처럼 포장하는 희한한 금융비즈니스가 등장한 것이다. 증권화를 거친 금융상품은 일반 투자자 입장에서 보면 과거 전통적인 금융상품보다 훨씬 빠르게 예상수익과 그에 따른 리스크의 균형점을 찾을 수 있게끔 설계되어 있어 그만큼 투자판단이 쉬웠으며 그 결정도 빨라졌다. 그러니 대중적인 금융상품으로 명성을 얻기 위해서는 애초부터 증권화된 상품으로 설계할 수밖에 없으며 이는 갈수록 현란하게 포장되어야만 한번 맛 들인 금융소비자의 입맛을 계속해서 끌어올 수가 있다. 포장기술은 내재된 리스크를 어떻게 조립하느냐에 달려 있다. 여기에 각종 4차 산업혁명 기술이 접목되면서 디지털 기반의 다양한 포장기술이 새롭게 나타나고 있다.

2. 리스크 착시현상 심화

금융상품에 가입할 때 리스크 착시현상이 일어날 수밖에 없는 우선적인 원인은 역시 증권화 때문이다. 증권화로 인해 그 상품에 내재된 리스크의 실체를 제대로 파악할 수가 없다. 증권화된 상품은 다른 상품을 추가하여 재차 증권화되기 때문에 증권화 과정이 자연스럽게 반복된다. 마치 끊임없이 금융상품을 만들어 내는 마술 도구와 같다. 따라서 지금 구입하려고 하는 금융투자상품의 원재료가 무엇인지 당연히 모른다. 금융상품의 원재료는 구입하려고 하는 금융자산이 창출하는 미래 현금흐름이다. 결국, 증권화된 상품을 구입하는 것은 마치 원재료가 무엇인지 모르고 단지 제품의 기능에 대한 설명만 듣고 물건을 구입하는 것과 똑같은 이치이다.

대출의 경우를 생각해 보자. 우선 대출회사의 가장 큰 골칫거리는 대출자에게 빌려준 원금을 못 받는 경우이다. 이를 신용 리스크라 하는데 대출회사가 고스란히 떠안고 있다. 그런데 이 신용 리스크가 증권화로 인해 새롭게 탄생한 증권을 구입하는 투자자에게로 옮겨간다. 또한, 만기 때까지 대출원금이 묶여 있어 유동성이 없는 대출자산을 증권화로 유동성을 다시 부활시켜 시장에 유통할 수 있다. 이 역시 대출자가 안고 있는 유동성 리스크를 투자자에게 전가한 것이다. 2008년 당시 월스트리트 금융기관은 최첨단 금융 공학 전산시스템에 근거한 통계모델을 이용하여 기존자산에 내재된 리스크를 잘게 쪼개거나, 리스크별 순위를 매겨서 리스크별 정도를 달리하거나, 지역별로 달리 묶는 등 의도적으로 리스크를 분산하거나 아예 없애 버린 것처럼 금융상품을 그럴싸하게 포장하여 시장에 내놓았다. 그런데 사실은 증권화로 인해 단지 리스크가 이전된 것뿐이고, 전체적인 리스크가 줄어들거나 없어지거나 하는 것이 아니다. 아무리 리스크를 잘게 쪼개거나, 리스크 부담 주체를 바꾸어도, 더 나아가 리스크별로 순위를 매겨 통계적으로 재조립한다 해도 리스크 총량 자체는 변할 수 없는 것이 금융자본주의의 기본원칙이다. 금융시장에서 수익이 존재하는 한 그에 상응한 리스크는 항상 동전의 양면처럼 따라다닌다. 그러면 무슨 일이 일어난 건가? 단순히 리스크가 이동한 것뿐이다. 포장하는 사람과 설명하는 사람에 따라 투자자들은 리스크 착시현상에 빠져든 것이다.

투자자라면 누구든지 한 번쯤은 펀드투자의 경험이 있을 것이다. 그런데 펀드투자 성과는 펀드매니저의 중개를 통한 해당 자산운용사의 운용실적에 달려 있다. 결국, 운용의 열쇠는 펀드매니저에게 달린 셈이고 그런 수고의 대가로 펀드투자자는 운용수수료를 기꺼이 부담한다. 사실 펀드매니저는 투자자와는 다른 측면에서 비즈니스를 한다. 펀드매니저 수익의 근원은 투자자가 내는 운용수수료이다. 당연히 수수료를 최대한 받으려고 노력한다. 간혹 일반인들은 유명 펀드매니저의 자금모집에 관한 적극적인 노력과 투자 운용에 관한 과장설명에 그대로 현혹된다. 그런 과정에서 펀드매니저들은 리스크가 없는 것처럼 포장하거나 그럴듯한 논리로 운용전략을 설명하고픈 유혹을 스스로 견디지 못한다. 이는 펀드매니저의 펀드 운용상에 내재된 리스크를 일반인들이 전혀 통제하지 못한다는 의미이다. 이런 면에서 간접투자의 대명사인 펀드투자 역시 투자 리스크를 줄이고 있다는 펀드매니저의 설명을 단순히 착시하고 있는지도 모른다.

〈Tip〉 금융 세상에는 절대 공짜가 없다.

금융 세상에서 절대 공짜는 없으며 원하는 수익을 얻기 위해서는 그만한 고통, 즉 리스크를 부담해야 한다. 그런 점에서 가장 영리한 투자사기극은 안전성과 높은 수익률을 동시에 보장한다는 금융상품 속에 숨어 있다. 지금까지 알고 있는 모든 투자이론의 근간은 수익과 리스크가 반드시 함께한다는 것이다. 여기서 '반드시'라는 말을 눈여겨봐야 한다. 세상을 살아가면서 주위 어르신들이 흔히 말하기를 '공짜처럼 무서운 것은 없다'라고 말하는데, 금융에는 기본적으로 공짜가 존재하지 않는다. 즉 '리스크를 취하지 않는데 특별한 수익이 생긴다.'라는 이야기는 있을 수 없다. 결국 수익 극대화를 추구하는 동시에 리스크를 최소화하는 금융기법은 존재하지 않으며 감내할 수 있는 리스크 범위(risk tolerance) 내에서 수익을 극대화하든지, 목표수익률을 달성하면서 리스크를 최소화하는 전략 중 하나를 선택해야 한다. 이런 맥락에서 리스크 관리의 필요성과 중요성을 실감할 수 있다. 사실 금융기관, 특히 은행은 자금수요자와 자금공급자 간의 각자 이용금액과 만기, 그에 따른 위험부담을 상호 중개하는 역할을 하고 있어 태생적으로 리스크 관리를 하지 않을 수 없다. 그러면서도 오랜 기간 누려왔던 리스크 관리 노하우(know how)를 일반인에게 공개하지 않고 있다. 리스크 관리업무가 수익과 직결되기 때문이다.

이제 수익을 내기 위해서는 리스크를 감수하는 것 이외에는 어떠한 방법도 없다는 것을 인정해야 한다. 그러면 어느 정도까지 리스크를 감수해야 하는 걸까? 이는 얻을 수 있는 기대이익과 리스크의 크기를 비교하여 자신이 만족할 균형점을 찾는 데서 해결된다. 보통 균형점은 각자가 안고 있는 리스크 성향에 따라 다르다. 이를 〈그림〉으로 나타내면 다음과 같다.

〈그림〉 리스크 성향별 유형

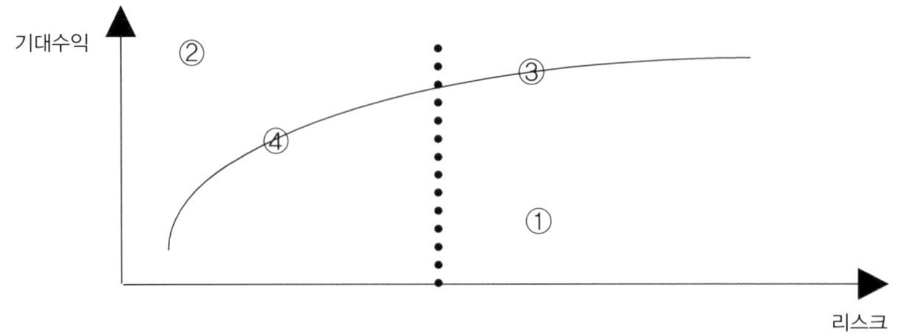

위 〈그림〉에서 ① 유형은 상당히 바보스러운 사람이다. 기대수익은 낮으면서 그에 상응한 리스크는 많이 부담하기 때문이다. 반면에 ② 유형은 공짜점심만 기대하거나 그것이 아니면 거의 투자사기에 가깝다. 리스크가 낮으면서 동시에 기대수익이 높은 투자는 현실적으로 존재하지 않기 때문이다. 한편, ③, ④ 유형은 아주 합리적인 유형이다. 금융의 근본 속성인 고위험과 고수익 또는 저위험과 저수익을 추구하기 때문이다. 일반적으로 ① 유형은 투자자산의 최적 포트폴리오를 통하여서만 ③, ④ 유형으로 옮겨 갈 수 있는데, 이런 행위는 부단한 시행착오를 통하여 가능해진다. 또한, ③ 유형이 ④ 유형으로 옮겨 가는 것은 스스로 보유한 리스크 버퍼(buffer) 이내로 감당할 수 있을 만큼만 리스크를 취하려고 할 때 가능하다. 쉽게 말하면 투자할 때 자기 분수대로 한다는 의미이다.

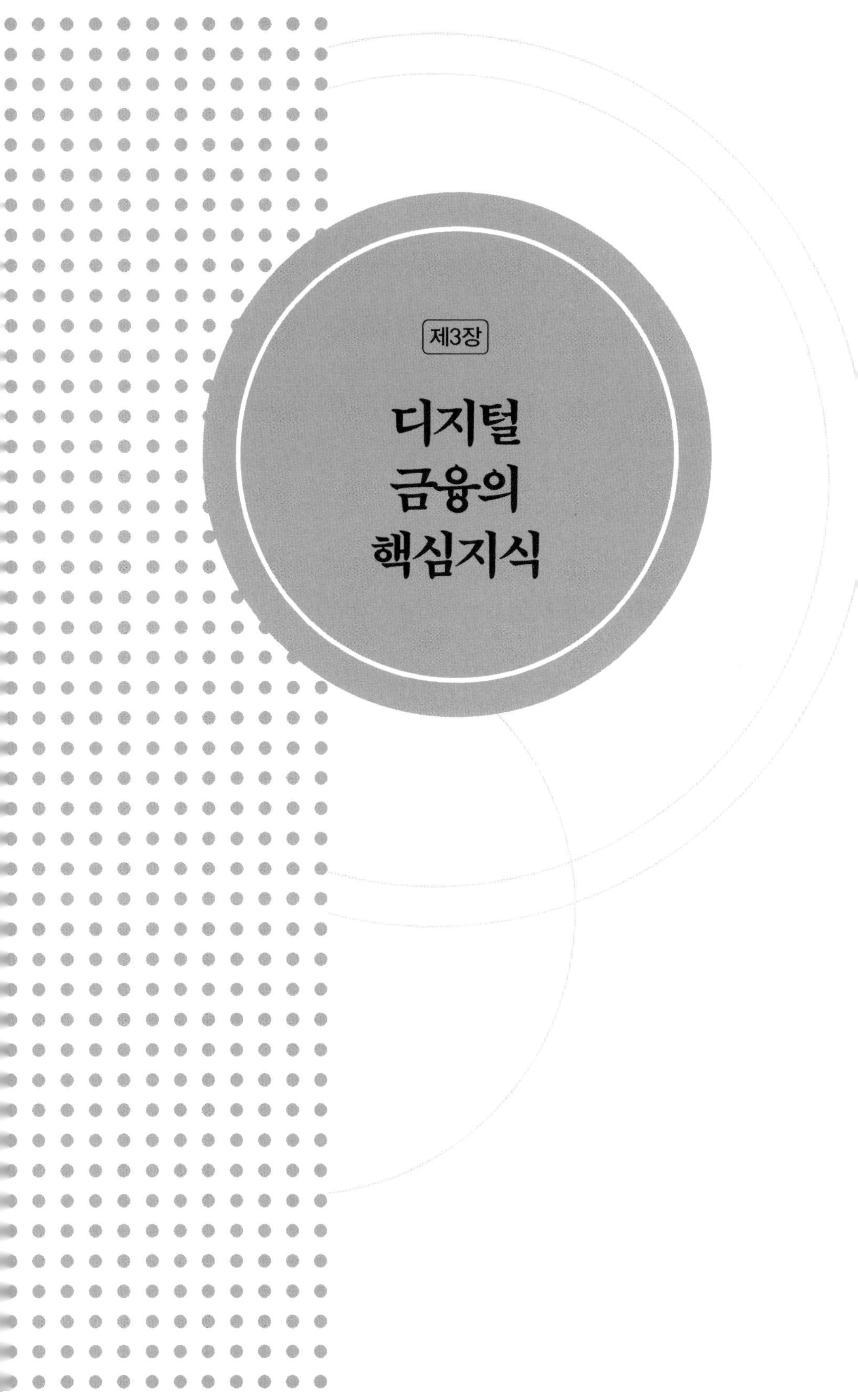

제3장

디지털 금융의 핵심지식

제1절 금융시장

1. 금융시장의 태동

금융이란 한마디로 '자금의 융통'을 말한다. 자금이란 돈, 화폐, 지폐, 통화 등을 총칭한다. 일상생활에서 흔히 자금이 넘쳐나거나 부족한 사람이 생기게 마련인데 자금 여유가 있는 사람을 자금공급자라 하며, 반대로 자금을 필요로 하는 사람을 자금수요자라 한다. 자금수요자와 자금공급자가 서로 필요해서 거래하는 전부를 금융이라 한다. 그러면 쌍방이 왜 거래를 할까? 자금공급자는 우선 번 돈을 소비하고 남은 돈을 현금형태로 보관하고 있을 경우 그에 따른 기회비용 발생과 인플레이션에 의한 화폐 가치 하락을 우려하기 때문이다. 반대로 자금수요자는 빌린 돈으로 투자하여 이자를 갚고도 수익이 남을 거라고 확신하기 때문이다. 쌍방 간에 원하는 자금 규모와 빌려주고 빌려 받는 기간이 일치한다면 큰 문제 없이 거래가 이루어진다.

그러나 현실적으로 다양한 거래조건 및 이해관계자가 존재하기 때문에 누군가 중재하는 사람이 필요해진다. 중재자는 이용하는 금액이나 이용 기간이 달라 거래가 성사되지 못한 경우에 양자 간의 희망 사항을 조율하여, 거래가 가능하도록 요구조건을 변환해 준다. 이러한 중재 역할을 하는 곳이 지금의 금융기관이다. 금융기관은 점차 쌍방 간의 중개과정을 표준화하고 다양한 거

〈그림〉 만기로 구분한 금융시장

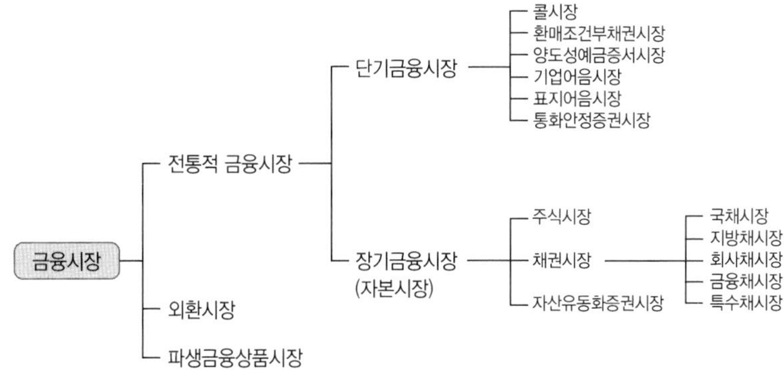

출처 : 김학은(2007), p.711

래를 일괄적으로 중개하기 위해 금융상품을 제공하게 된다. 금융상품은 시간이 흐르면서 예금상품, 금융투자상품, 보험상품, 자산운용상품 등 목적별로 세분되면서 다양한 이해관계자들의 수요를 충족시켜 주었다. 이후 금융기관의 금융상품을 매개로 하는 중개과정이 복잡해지면서 점차 자금공급과 수요에 관계된 모든 이해관계자, 즉 기업, 가계, 정부, 금융기관 등이 한데 어우러진 조직화된 장소라 할 수 있는 금융시장이 형성되었다.

금융시장은 자금 사용 기간에 따라 단기금융시장(money market)과 장기금융시장(capital market)으로, 거래의 책임소재에 따라 직접 금융시장(대표적으로 주식과 채권 등)과 간접금융시장(대표적으로 예금시장 등)으로, 거래의 범위에 따라 국내금융시장과 국제금융시장으로 구분된다. 또한, 거래되는 금융상품의 형태에 따라 예금과 대출 시장, 외환시장, 파생상품시장 등으로 나뉘며, 거래단계에 따라 발행시장인 1차 시장과 유통시장인 2차 시장으로, 거래절차에 따라 거래소 시장과 장외시장으로 분류된다. 이처럼 금융시장은 분류기준에 따라 다양하다. 위의 〈그림〉은 우리나라 금융시장을 만기로 구분하여 정리한 것이다.

2. 금융시장과 실물시장

18세기 영국의 산업혁명 이후 자본주의가 탄생하기 이전부터 이미 더 넓은 시장이 형성되어 있었는데 바로 생산요소시장과 생산물시장이다. 흔한 표현으로 실물시장이라 하는데 이 시장은 사회에 필요한 수요에 비해 상대적으로 한정된 자원을 배분하기 위해 탄생하였다. 생산요소시장은 가장 기초적인 시장으로 노동, 토지 및 자본의 생산요소가 혼합되어 배분되는 시장으로 고용시장과 원자재시장으로 나뉜다. 생산물시장은 제품이 거래되는 도매시장과 소매시장으로 나뉜다. 생산요소시장과 생산물시장을 통하여 일차적으로 자금이 넘친 사람과 부족한 사람이 생기게 된다. 이 두 부류를 연결하여 주는 곳이 바로 금융시장이며 이곳에서 궁극적으로 금융자산의 가격과 이자율이 결정되고 신용창출이 파생되면서 현재의 금융 제도로 정착되었다. 그러므로 금융시장은 생산요소시장과 생산물시장을 활성화하고 유지하는 핵심역할을 하는 셈이다. 결국, 금융자산에 투자함으로써 얻게 될 미래이득은 실물자산의 투자성과에 달려 있다고 할 수 있다. 여기서부터 자본주의 시장은 포괄적으로 금융시장과 실물시장으로 나뉘기 시작했으며 서로 뒤섞이기도 하면서 상호 보완적으로 발전하였다. 그리하여 투자대상에 따라 실물자산과 금융자산으로 자연스럽게 구분되었다.

실물자산이란 토지, 기계 등과 같이 제품을 생산하는 데 필요한 유형자산과, 생산과정에 동원되는 인적자원의 지식과 기술 등을 모두 포함한 무형자산으로 나뉜다. 금융자산은 그 자체가 제품을 생산하는 데 직접 사용되지 않고, 실물자산의 이용으로부터 얻어질 미래소득에 대한 청구권을 나타내는 자산을 말한다. 금융자산은 경제발전에 따라 화폐가 본격적으로 유통되면서 주로 금융기관의 일시적인 자금과부족을 메워 주는 화폐 금융자산과 실물투자에 필요한 자금을 장기로 조달하는 비화폐 금융자산으로 나뉘게 된다.

화폐 금융자산이 거래되는 시장이 오늘날 만기 1년 이내의 단기금융시장으로, 이곳은 주로 금융기관이나 중앙은행이 수익보다는 유동성 거래와 국가의 통화신용정책을 실행하는 곳으로 자리 잡게 되었다. 따라서 시중의 통화량이나 자금흐름 정책을 파악하려면 단기시장에 관한 지표나 관련 통계를 이해해야 한다. 대표적으로 콜[4](call), 환매조건부채권[5](RP; Repurchase Agreement), 양도성예금증서[6](CD; Certificate of Deposit) 등이 있다. 비화폐 금융자산을 흔히 증권이라 부르며, 주식과 채권이 대표적이다. 이러한 자산이 거래되는 시장을 단기금융시장과 구분하여 장기금융시장이라 한다. 흔히 단기금융시장을 화폐시장, 장기금융시장을 자본시장이라고도 한다. 자본시장은 만기 1년 이상인 금융청구권이 거래되는 시장으로 저축을 장기적인 생산적 투자로 연결하는 것이 주된 목적이다.

한편, 비화폐성 금융자산은 해당 자산으로부터 실현되는 미래수익의 불확실성 여부에 따라 무위험자산과 위험자산으로 구분된다. 무위험자산이란 미래수익에 대한 불확실성이 없는 자산을 말한다. 가장 대표적인 무위험자산은 만기가 짧은 정부보증 채권이다. 반면에 위험자산이란 미래수익이 불확실한 자산을 말한다. 예를 들어 주식투자에서 얻을 수 있는 수익은 기업의 영업실적에

---

4 콜시장은 금융회사 간에 1일 내지 수일 이내의 초단기자금을 주로 전화 또는 통신망을 통해 차입(call money)하거나 대여(call loan)하는 시장이다.

5 이는 특정한 유가증권 즉 주로 채권을 매매한 뒤 일정 기간 후 매매 당시의 가격에다 소정의 이자를 더한 가격으로 되사거나 되팔 것을 약정한 매매 당사자 간의 계약을 의미한다. 현재 RP시장은 자금의 원활한 수급조절을 통해 단기금융시장의 자금흐름을 원활히 하고, 수익성이 높으나 유동성이 낮은 채권을 유동화할 수 있다는 장점이 있다. 금융회사 간 RP거래는 단기자금 과부족 조절을 목적으로 은행, 자산운용사, 증권회사, 보험회사, 상호저축은행 등 콜시장 참가기관이 참여하고 있다.

6 이는 은행의 정기예금에 대해 무기명으로 발행된 증서로서, 금융시장에서 자유롭게 매매될 수 있으며, 주로 은행 간의 자금 조달이나 단기자금 조달 수단으로 많이 활용된다.

따라 달라지며, 부동산에 투자하여 얻을 수 있는 수익은 경제 상황에 따라 달라진다.

3. 금융자본주의 시대

시간이 지나고 경제가 발전할수록 개인투자자들이 설비 · 기계 등 실물자산에 직접 투자하는 기회는 줄어들게 되나 금융자산으로의 투자기회는 증가하게 된다. 장기적으로 볼 때 금융자산에 대한 투자는 국가 경제를 발전시키는 실물자산에 대한 투자를 촉진한다. 예를 들어 어느 기업이 1,000억 원의 자금이 소요되는 공장을 건설하려 할 때 이 기업은 자금을 마련하기 위해 은행에서 차입하거나 자체적으로 주식이나 채권을 발행하려고 한다. 이때 은행에서 차입한 자금은 은행이 판매하는 예금에 투자자들이 투자하는 자금이며, 채권이나 주식을 발행하여 조달한 자금은 투자자들이 해당 증권을 직접 매입한 자금이다. 그러나 자원의 희소성과 개발 여력 한계로 인하여 점차 실물자산에 대한 투자보다는 금융자산 자체의 투자가 증가하고, 그 속도가 빨라지면서 서서히 금융자산이 실물자산을 앞지르는, 즉 금융경제가 실물경제를 좌우하게 되는 금융자본주의 시대가 도래된 것이다. 이러한 현상은 시대적으로 불가피할 수밖에 없다는 주장과 오히려 부작용이 많아져 자본주의가 피폐할 수밖에 없다는 비관적인 주장이 지금도 팽팽히 맞서고 있다. 아무튼, 국가가 선진화될수록 금융경제가 상대적으로 발전할 수밖에 없다는 것은 누구나 인정하고 있다는 사실을 주목할 필요가 있다.

제2절 화폐의 속성

1. 화폐의 등장

《자본의 전략》 저자인 천즈우(Chen Zhu Wu)는 금융의 핵심은 시공간을 초월한 가치교환이고 가치를 지닌 모든 것, 혹은 수입을 다른 시간과 공간 사이에서 효율적으로 운용하기 위한 거래를 모두 금융거래라고 하였다. 그는 금융거래의 실체인 화폐로 인해 시간을 초월한 가치의 저장과, 공간을 초월한 가치의 이동이 가능해졌으며 그로 인해 세계 경제가 혁신적으로 발전했다고 주장한다. 또한, 그는 시간을 초월한 가치교환은 미래에 일어날 일과 관련되어 있다는 것과, 공간이라는 것은 미래에 나타날 많고 적은 이익이나 손실 및 기타 다양한 상황들을 뜻한다고 하였다.

돈은 화폐 또는 통화라고도 한다. 시중에 돌아다니는 돈은 실로 엄청나며 다양한 역할을 한다. 무엇보다 물건값을 매기고 부자냐 가난한 자냐를 가르는 기준이 된다. 자본주의가 발달하기 전에는 금이나 은이 돈의 역할을 했었다. 현재는 어느 나라에서나 정부가 종이에 인쇄한 지폐나 금속에 무늬를 새긴 주화를 돈으로 쓴다. 이 돈은 옛날처럼 정부가 금, 은으로 바꾸어 주지 않아서 불태환 화폐라고도 한다. 간략히 살펴보자. 1971년 달러를 매개로 한 세계 각국의 통화가치를 금으로 묶어두었던 브레턴우즈 협정이 붕괴하면서 화폐를 금으로 교환할 수 있도록 해주는 안전장치가 사라져버렸다. 그 결과 미국을 포함한 세계 여러 나라는 너무나 자연스럽게 아무런 제재도 받지 않고 화폐를 발행할 수 있게 되었다. 통화발행 시스템 자체가 완전히 바뀌게 된 것이다. 붕괴하기 전에는 해당 통화가치를 평가절하하고 싶을 때 해당 통화와 금 사이의 교환비율을 낮게 조정해야 하는데 금 보유가 여의치 않을 경우 그렇게 할 수가 없었다. 그러나 협정이 붕괴하면서 굳이 금이 필요 없게 되자, 평가절하를 마음껏 할 수 있게 되었고, 덩달아 대내외에 발표할 필요도 없이 반복적으로 할 수 있게 되었다. 사실 이런 화폐가 등장하면서 인플레이션이 탄생하게 된 것이다. 협정 붕괴 이전 체제에서는 인플레이션이나 디플레이션 등의 용어 자체가 존재하지 않았다.

그런데 돈은 한갓 종이 쪼가리여서 정부가 마음만 먹으면 얼마든지 찍어낼 수 있다. 무슨 문제가 있어서 정부도 무작정 돈을 찍어내지 못할까? 바로 인플레이션 때문이다. 돈으로 물건을 살 수 있는데 돈만 찍어 내면 상대적으로 물건값만 비싸진다. 심한 경우 빵 한 개 사는데 몇십만 원씩 내야 하는 심각한 상황도 올 수 있다. 그쯤 되면 사람들은 필수품조차도 제대로 못 구하게 되는 어려움에 직면하고, 더불어 돈도 제구실을 못 하게 된다. 돈을 매개로 돌아가는 경제에서 돈이 제구실을 못 하게 되면 그 경제는 붕괴하고 만다. 실제로 세계 경제사에서 정부가 돈을 마구 찍어 쓰는 바람에 국민경제가 파탄나는 경우도 많았다. 바로 돈 가치 하락과 물가 오름세가 단기에 빠른 속도로 진행되는 인플레이션 공황으로 말이다.

2. 화폐의 신용창조

금융거래는 반드시 돈이 따르게 마련이므로 돈의 흐름, 좀 더 크게는 화폐의 신용창출 과정을 알아야 한다. 이를 이해하면 바로 자본주의, 특히 금융자본주의에서 왜 투자해야 하는지, 그로 인해 왜 빈부격차가 발생하는지를 한눈에 파악할 수 있게 된다. 화폐란 상품을 매매하고, 채권 · 채무 관계를 청산하는 일상 거래에서 일반적으로 통용되는 지불수단을 말한다. 따라서 지폐와 동전 이외에 금융기관의 예금을 포함, 다양한 금융자산을 화폐로 볼 수 있다.

한편, 통화란 어떤 특정 경제사회에서만 통용되는 화폐를 의미하고, 어느 일정 시점에서 국민경제에 유통되고 있는 화폐량을 통화량이라 하며, 통화량을 측정하는 기준이 되는 지표를 통화지표라 한다. 그런데 통화는 금융상품의 입장에서는 자산이지만 금융상품의 발행자 입장에서는 부채가 된다. 따라서 금융기관 입장에서 통화는 '유동성 부채'로 파악되며, 현행 한국 통화는 금융기관별로 유동성의 정도에 따라 분류한다. 우선 본원통화(RB: reserve base)이다. 이는 중앙은행만의 유동성 부채를 통화로 간주하는 것으로 지준예치금과 화폐발행액을 합한다. 다음으로 중앙은행과 예금은행의 유동성 부채를 통화로 간주하는 것으로 M_1(통화), M_2(총통화) M_3(총유동성)으로 나뉜다. 숫자가 커질수록 통화의 범위가 넓어진다. 그만큼 시중에 통화량이 많음을 의미한다.

통화공급은 중앙은행에서 처음 발권하는 본원통화에서 시작되며 실제로 눈에 보이는 화폐이다. 이후 각 시중은행에 유통되며, 은행은 다시 일반개인들에게 화폐를 유통시킨다. 이 과정에서 눈에 보이지 않는 새로운 화폐가 만들어지는데 이를 본원통화와 구분하기 위해 신용통화라 한다. 따라서 시중에 흘러 다니는 통화량은 본원통화와 신용통화를 합친 것을 말한다.

〈표〉 통화지표의 범위

구분	내용
M_1 (통화)	현금통화 + 요구불 예금 + 수시입출식 저축성예금
M_2 (총통화)	M_1 + 2년 이하 정기 예 · 적금, 실적배당형 상품, 금융채 + 시장형 상품 + 기타
M_3 (총유동성)	M_2 + 만기 2년 이상 정기 예 · 적금 및 금융채 등 + 한국증권금융㈜의 예수금 + 생명보험회사의 보험계약준비금 등
MCT	총통화(M_2) + 양도성예금증서(CD)발행액, 은행 금전신탁

신용통화는 어떻게 만들어지는가? 간단한 예를 들어보자. 우선 중앙은행인 한국은행이 본원통화 1,000원을 시중에 공급하는데 편의상 A 은행에만 준다고 하면 아래 〈그림〉처럼 A 은행에 본원적 예금 1,000원이 입금된다. 은행은 고객이 예금한 돈을 가지고 다시 대출할 때는, 일정 비율의 돈을 지불준비금 형태로 금고에 비치해야 하는데 이 비율을 지급준비율이라 한다. 만약 예금에 대한 지급준비율이 10%일 경우, A 은행은 지급준비금 100원을 금고에 예치하고 남은 잔액인 900원을 신규로 대출해 줄 수 있다. 900원을 대출받은 개인이 자기의 거래은행인 B 은행에 다시 예금한다면 B 은행은 A 은행과 마찬가지로 지급준비금 90원을 남겨둔 잔액 810원을 또다시 대출해 줄 수 있다. 810원을 대출받은 개인은 또다시 자기의 거래은행인 C 은행에 예금하는 등 계속해서 예금-대출 과정이 이루어지게 된다. 이런 반복적인 과정을 화폐의 신용창조과정이라 한다.

〈그림〉 화폐의 신용창조과정

A 은행	
금고 100 대출 900	예금 1000

B 은행	
금고 90 대출 810	예금 900

C 은행	
금고 81 대출 729	예금 810

앞의 예를 일반화해 보자. 중앙은행이 S원을 발행, 동시에 동일금액이 A 은행에 요구불 예금으로 예치되고, 지급준비율 r을 제외하고는 전액 대출된다고 가정한다. S는 최초로 시중에 유출된 돈이다. 그리고 $S(1 - r)$는 A 은행에서 지불준비금만큼 남기고 또 다른 은행에 대출된 돈이다. 앞의 예처럼 이런 과정이 지속된다면 전체 시중의 통화량은 다음과 같은 식으로 계산된다.

$$\text{통화량} = S + (1 - r)S + (1 - r)^2S + (1 - r)^3S + \cdots\cdots\cdots$$

위의 식은 두 번째 항부터 $(1 - r)$을 각 항마다 곱한 다음 이를 모두 합하게 되어 있다. 이를 수학적으로 무한한 수가 일정 비율만큼 곱해져 모두 더해졌다고 해서 무한등비급수라 하며 이의 합을 구하기 위한 공식은 다음과 같다. 이에 의하면 전체 합은 처음 항과 공통의 항만 알면 계산할 수 있다.

$$\langle\text{무한등비급수}\rangle\ \text{합산 공식} = \frac{\text{초항(처음 항)}}{1 - \text{공비(공통의 항)}}$$

공식에 의하면 통화량 전체의 합은 다음과 같이 계산된다.

$$\text{통화량} = \frac{S}{1 - (1 - r)} = \frac{S}{r}$$

앞의 간단한 예에서 최종적으로 새로 창조된 예금은 위의 공식에 대입해 계산해 보면, 본원 예금 1,000원의 10배인 10,000원 된다. 따라서 신용통화 9,000원이 새로 만들어진 셈이다. 만약 지급준비율이 5%만 되면 신용통화는 20배로 늘어나게 된다. 늘어난 10배 또는 20배를 통화 승수라 한다. 통화 승수는 본원통화와 광의통화인 총통화금액의 비율로 시중은행이 신용창조를 얼마나 했는지를 나타낸 지표이며, 한국의 경우 매월 한국은행에서 통화 유동성 통계지표에 통화 승수를 고시하고 있다. 결국, 시중통화량은 통화정책 당국이 통화량에 결정적인 영향을 미치는 본원통화의 지급준비율을 어떻게 결정하는가에 달린 것이다. 한편, 은행의 화폐를 통한 신용창조, 즉 대출금의 창조로 개인들은 빚, 즉 부채가 새로 형성되고, 이 빚은 또 다른 수익을 내기 위해 재투자되거나 단순소비를 위해 투자되면서 금융거래의 윤활유 역할을 한다. 그러므로 한 나라의 은행은 국가 전반적인 경제 흐름에 상당히 중요한 역할을 하는 셈이다.

〈Tip〉 이자율, 수익률, 할인율의 의미

금융시장에서 불태환 통화가 등장하면서부터 금리, 즉 이자율이 중요해지기 시작하였다. 이자율의 상승과 하락으로 인해 통화량의 과부족이 발생하면서 물가에 직접적인 영향을 미치기 때문이다. 이자율은 다양한 종류가 있지만 가장 중요한 것이 명목이자율과 실질이자율이다. 명목이자율은 물가상승률에 따른 화폐구매력의 감소를 보전하기 위한 보상을 포함한 이자율이고, 실질이자율은 물가변동이 없는 순수이자율을 말한다. 물가가 상승하면 실질이자율은 명목이자율에서 물가상승률만큼 차감해야 한다. 저축자나 투자자의 관심은 명목이자율에 있는 것이 아니라 실질이자율에 있기 때문에 저축과 투자의 결정요인은 실질이자율의 증감이다. 이를 식으로 표현하면 다음과 같으며 피셔 방정식이라고도 한다.

명목이자율 = 실질이자율 + 기대인플레이션

위의 식에서 기대인플레이션이 명목이자율보다 높으면 실질이자율은 마이너스(-)가 된다. 이는 저축을 하면 할수록 손해라는 뜻이다. 반대로 돈을 빌린 입장에서는 이익이 된다. 즉 부채를 보유하고 있는 경제주체는 인플레이션으로 뜻하지 않게 이익을 본다는 의미이다. 그래서 부채 과다 보유자는 이러한 인플레이션을 기다리고 있거나 오히려 인플레이션을 유발하는 행위도 조장한다. 결국, 인플레이션으로 인해 이익을 보는 사람과 손실을 보는 사람이 생긴다. 이익을 보는 집단은 주로 주식, 채권, 부동산 등 실물자산을 소유하고 있거나 화폐 부채를 소유한 사람들이다. 반면, 손실을 보는 집단은 주로 예금이나 현금 등 화폐 자산을 소유한 사람들이다. 인플레이션은 경제 사이클상 필수불가결하게 나타나므로 승자와 패자 간 수익률 싸움은 불을 보듯 뻔하며, 이로 인한 사회 후생적인 부작용은 이루 말할 수 없다. 한국의 경우 70년대 초반부터 정부주도의 대대적인 경제개발 사업이 시작되었는데 이후부터 부동산을 통하여 자산증식을 꾀한 투자자는 인플레이션 덕을 톡톡히 봐서 대부분 엄청난 이익을 보았다. 단순하게 보더라도 집값이 계속 상승하다 보니, 그 집을 담보로 빌린 대출금 이자율이 물가상승률, 즉 인플레이션을 초과하였고, 그 차액이 고스란히 이익으로 남게 된 것이었다. 그 대신 은행 등 금융기관에 정기예금이나 정기적금을 꾸준히 불입한 사람들은 인플레이션만큼 손실을 보았다.

한편, 돈을 빌려주는 대신 부동산이나 주식, 채권 등에 투자하기도 한다. 이 경우 투자는 원금보장이 담보되지 않는 대신 실적에 연동하는 사용료를 기대하는 행위를 의미한다. 만약 실적이 좋으면 사용료가 많을 것이고, 반대로 실적이 나쁘면 사용료가 적을 것이다. 이처럼 기대하는 돈의 사용료를 수익이라 하며, 투자금액 대비 수익의 비율을 수익률이라고 한다. 한마디로 수익률은 투자라는 행위에 돈을 사용하면서 기대하는 사용료를 의미한다. 돈을 투자한 시점이 우선인지 혹은 사용료를 받는 시점이 우선인지에 따라 부르는 용어가 달라진다. 수익률은 돈을 사용하는 시점에서 얼마의 사용료를 받게 될 것인가에 주안점을 두고 있다. 반대로 할인율은 사용료를 받는 시점에서 얼마의 돈을 사용했느냐에 우선을 둔 의미이다. 즉 돈을 투자한 시점을 기준으로 할 때는 수익률이라 표현하고, 돈의 사용료를 받는 시점을 기준으로 할 때는 할인율이라고 표현한다.

또, 선(先)이자를 뗄 때 적용되는 이자율을 할인율이라고도 한다. 일반적으로 이자는 만기가 되어 원금을 갚을 때나 매달 또는 정해진 기간이 지난 후 돈을 사용한 대가로 지급하는 게 보통이다. 하지만 가끔은 돈을 빌려줄 때 이자를 먼저 공제하는 경우가 있다. 이 경우의 이자를 '선(先)이자'라고 한다. 즉 110만 원을 빌려주기로 하고 실제로는 100만 원만 주는 것이다. 그런 다음 1년 후 만기가 되면 원금인 110만 원을 받는다. 여기서 차액 10만 원은 先이자로 미리 떼어낸 것이다. 일반적으로 선이자 방식은 어음이나 채권을 받고 돈을 빌려줄 때 많이 사용한다. 그래서 사람들은 이를 어음할인, 할인채(채권)라고 표현하는 것이다.

3. 빈부격차의 발생

결론적으로 화폐의 신용창조로 인해 부자와 가난한 사람 간의 빈부격차가 발생하였다. 만약 돈이 필요해서 부득불 은행을 통하여 돈을 빌렸다면 정해진 때에 은행에서 빌린 돈의 원금과 이자를 갚아야 하며 만약 제때에 갚지 못하면 담보로 잡혔던 자산을 은행에 넘겨주어야 한다. 자산을 지키고 싶다면 다른 누군가의 돈, 즉 원금을 가져와야 한다. 시장에 있는 돈은 오로지 원금뿐이기 때문이다. 결국, 이자는 허상일 뿐이고 실제 존재하지도 않는 돈이다.

이런 현상은 의자 뺏기 게임과 비슷하다. 모두 의자에 앉으려 하지만 사람 수만큼 의자는 충분하게 준비되어 있지 않다. 당연히 의자에 앉지 못하는 사람이 생긴다. 전체적으로 항상 빌린 금액보다 갚아야 할 금액이 더 많아지는데 이를 '빚의 무한 순환'이라고 한다. 결국, 이러한 시스템에서는 누군가는 파산할 수밖에 없다. 이는 개인이나 기업, 심지어 정부도 해당된다.

만약 정부가 경기부양을 위해 추가 재정지출을 결의할 경우 재원, 즉 돈이 필요하다. 이 돈은 지금 있는 국민들에게서 추가로 세금을 걷거나 혹 여의치 않다면 미래의 후손들이 내야 할 세금을 담보로 증권, 즉 국채를 발행하여 돈을 조달한다. 집행될 돈은 누군가 언젠가는 갚아야 할 빚인데 대부분 미래의 후손들에게 떠넘겨진다. 정부 역시 화폐 신용 창조시스템의 단지 일원일 뿐이다. 그렇다면 이런 시스템에서 화폐가 줄어들 경우는 없는가? 두 가지 경우가 있는데, 하나는 누군가 부도가 나서 돈을 갚지 못해 그 액수만큼 돈이 허공으로 날아가는 것이고, 다른 하나는 은행, 엄밀히 말하면 중앙은행이 시중의 돈을 회수하는 것뿐이다. 이 두 가지 모두 금융경제 생활에서는 자주 발생하지는 않는다. 일단 돈은 한번 풀리면 그 나름대로 자생력을 갖추고 흘러가기 때문이며 물리적으로 방해하려고 하면 저항력이 생겨서 마찰을 불러오기 때문이다.

4. 인플레이션

인플레이션은 물가가 지속적이면서 현저하게 상승하는 현상을 말한다. 반대로 물가가 지속적으로 하락하면 디플레이션이라고 한다. 한 나라의 경제가 성장하는 과정에서는 일상적인 인플레이션이 발생하는데 이는 경기 사이클상 염려할 필요가 없는 안정적인 단계로 그 나라 경제에 부정적인 것보다는 긍정적인 영향을 더 많이 준다. 한편, 물가가 하락하는 경제후퇴기, 즉 디플레이션은 나라 경제에 부정적인 영향만 미치므로 위정자들이 가장 경계해야 하는 경기사이클이다. 대표적인 예가 일본의 '잃어버린 20년'이다. 한편, 경제성장률이 하락하면서, 즉 경기가 불황이면서 물가가 상승하는 현상이 나타나기도 하는데 이런 특이한 경기 현상을 스태그플레이션(stagflation)이라 한다. 물가는 우선 물건을 만드는 데 필요한 원자재의 수요와 공급에 의하여 결정된다. 만약 원자재 공급이 어떤 이유로 인해 줄어들게 되면 당연히 물건 개수가 줄어들게 되고 따라서 물건값은 상승하게 된다. 사실 물가의 상승과 하락은 자본주의 경제에서 충분히 예견된 사안인 만큼 어느 경제주체이든지 사전에 충분히 대처 가능한 일이다. 더군다나 자본주의 역사상 수많은 시행착오를 겪으면서 축적된 노하우가 있기 때문에 물가 문제는 대부분 해결할 수 있었다.

그러나 원자재 이외의 요인으로 물가가 상승한다면 문제는 복잡해진다. 가장 대표적인 것이 시중의 통화량이다. 통화량의 많고, 적음으로 인해 물건의 구매력을 나타내는 화폐 가치가 요동친다면 물가 자체의 변동 때보다 훨씬 더 요동을 치게 된다. 만약 물건의 생산량이 화폐량과 같은 속도로 증가한다면 물가는 안정될 것이다. 더구나 소득증가에 따라 사람들이 화폐를 보유하고자 한다면 시중에 돈이 줄어들어 오히려 물가는 점진적으로 하락할 수도 있다. 화폐 측면에서 인플레이션은 화폐증가율이 물가상승률보다 높은 경우에 나타난다. 이는 화폐증가율만 조절하면 충분히 인플레이션을 조절할 수 있다는 의미이다. 그러나 이게 만만치 않다. 밀턴 프리드만(Milton Friedman)은 그의 저서 '화폐 경제학'에서 '인플레이션은 화폐가 직접적인 원인이고 물가상승은 그 결과이다'라고 주장하였다. 그는 단적으로 인플레이션은 화폐량이 생산량보다 더 급속히 증가할 때 발생하는 화폐적 현상이라고 하였다. 그러면서 화폐의 과도한 발행이 가장 큰 문제라고 지적하였다. 그는 인플레이션과 알코올 중독을 교훈적으로 비유하였다. 알코올중독자가 술을 마시기 시작하면 처음에는 기분이 좋아진다. 그러나 다음 날 아침 숙취에서 깨어날 때야 비로소 나쁜 효과가 있었음을 깨닫는다. 그리곤 후회한다. 다시는 먹지 않겠다고 말이다. 인플레이션도 마찬가지이다. 한 나라가 인플레이션 과정에 처음 들어설 때 그 효과는 좋게 보인다. 화폐증가는 그 처분권을 가진 자가 누구건 간에 다른 어느 누구의 지출감소를 강요하지 않고서도 지출을 늘어날 수 있게 해준다. 이에 따라 일자리가 늘어나고 사업이 활기를 띠면서 거의 모든 사람들은 행복해진다. 처음에는 그렇다. 사회경제적으로도 좋은 효과이다. 그러나 점차 지출이 증가하면서 물가 상승압박이 나타나기 시작한다. 근로자들은 비록 명목임금은 상승하였지만, 그에 상응한 화폐구매력이 떨어지는 것을 알게 되고, 사업가들은 매출이 증가했더라도 생산비가 상승하여 제품의 가격상승 없이는 예상했던 수지가 맞지 않는다는 점을 알게 된다. 서서히 가격 인상과 소비감소 등 나쁜 효과들이 나타난다. 알코올중독자의 경우처럼 화폐발행을 더욱 늘리고 싶은 유혹이 생긴다. 더군다나 어느 누구도 화폐발행 건을 반대하지 않기 때문에 이런 유혹을 물리치기가 결코 쉽지 않다.

인플레이션을 처방하는 방법은 알코올 중독을 처방하는 것과 거의 유사하다. 금주를 결심하는 알코올중독자는 처음에는 거부반응에 대한 심한 통증을 느끼다가, 점차 한 잔 마시고 싶은 욕구를 느끼지 않는 행복한 상태로 된다. 인플레이션의 경우도 마찬가지이다. 화폐증가율 감소에 따른 효과로 경제성장 둔화, 일시적인 실업 증대가 나타나지만, 1~2년이 지나면 비로소 인플레이션의 진정, 안정적인 경제성장과 같은 좋은 효과가 나타나기 시작한다.

제3절 금융위기

1. 전통적 금융이론의 한계

2008년 미국 서브프라임 사태는 금융에 관심 없는 일반인들조차도 무언가 이상하다고 느꼈었고 이는 금융자본주의 기본원칙마저 믿을 수 없다는 불신으로 확산되었다. 의구심의 종착지는 포트폴리오 이론이었다. 현대 금융이론의 초석은 1952년 해리 마코위츠(Harry Markowitz)가 그의 논문에서 발표하였던 포트폴리오 이론이다. 그는 이 공로로 1990년에 노벨경제학상을 수상하였다. 그의 저서 《포트폴리오 선택(portfolio selection)》은 재무관리 발전의 획기적인 전기를 마련하였다는 평가이다. 그가 발견한 것은 리스크가 있는 주식들을 일정한 방법으로 포트폴리오를 구성하면 전체 포트폴리오의 리스크는 그 안에 포함된 개별주식의 리스크보다 작아진다는 것이다. 포트폴리오 이론은 주어진 리스크 하에서 가능한 한 가장 높은 수익률 혹은 주어진 기대 수익하에서 가능한 한 가장 적은 리스크를 얻는 최적의 자산군을 선택하는 것이다. 문제는 포트폴리오 이론에 전제된 두 가지 가정에 있었다.

첫 번째 가정은 오늘의 증권가격은 내일의 증권가격 변화에 영향을 주지 않는다는 것으로, 가격변화들이 서로 독립적이라는 것이다. 이는 오늘 주가는 오늘의 모든 변동요인들을 반영하여 형성된 것이고, 내일 주가는 내일의 변동요인들을 반영할 것이므로 오늘과 내일의 주가는 상호 독립적으로 움직인다는 것이다. 따라서 어떠한 기술적 방법에 의한 모든 주가예측은 의미가 없으며, 한마디로 주가예측은 불가능하다는 것이다. 이는 1900년 프랑스 수학자인 루이 바슐리에(Louis Bachelier)가 당시 확률이론 분야에 신기원을 기록한 랜덤워크(random walk) 이론에 근거한 것이었다. 랜덤워크는 임의의 과정을 통해서 생성된 연속 숫자들을 의미한다. 예를 들면, 가지고 있는 동전을 던졌는데 10회 연속해서 뒷면이 나왔다 하더라도 다음번에 뒷면이 나올 확률은 여전히 50%라는 것이다. 이를 '무작위적 가격변화', '갈지자로 멋대로 걷는 것'이라고도 표현한다. 이 이론은 유진 파마(Eugene F. Fama)가 주창한 '효율적 시장가설[7](EMH; Efficient Market Hypothesis)'을 통해 그 영향 정도에 따라 약형, 중형, 강형 시장으로 변형되어 근래까지 금융시장에 존재하는 모든 상품의 자산가격 모델링의 핵심이론으로 정착되었다. 그러나 실제 현실에서는 금융자산의 가격변화들이 서로 독립적이지 않다는 것이 속속 드러나기 시작하였다. 〈시장변화를 이기는 투자〉의 저자 버튼 맬킬(Burton G. malkiel)은 이 책의 부제로 '랜덤워크가 월스트리트에 추락했다'로 인용할 만큼 랜덤워크 이론을 다양한 증명과 함께 부정했다. '시장이 완벽한 랜덤워크는 아니다'라고 주장하였다. 또한, 효율적 시장이론에 대해서도 부정적인 시각을 나타냈다. 이 이론의 불합리성에 결정적 일침을 가한 사람은 〈프랙털이론과 금융시장〉의 저자 브누아 만델브로트(Benoit B. Mandelbrot)이다. 그는 많은 금융시장에서 결정된 일련의 가격들은 일종의

7 이상적인 자본시장에서는 모든 정보가 이미 그날 자본가격에 반영되어 있다는 가설로 자본시장의 효율성 여부를 이용 가능한 정보 범위에 따라 약형, 중형, 강형으로 구분된다. 약형 시장의 정보 범위는 역사적 정보, 중형시장은 과거 자료 외에 공시자료까지, 강형은 비공식적인 내부자료까지도 포함한다.

기억을 갖고 있어, 만약 오늘 가격이 크게 오르거나 내린다면 내일도 그처럼 심하게 움직일 가능성이 눈에 띄게 커진다고 하였으며, 이의 근거로 프랙털[8]이론을 제시하였다. 예를 들어보자. 어떤 기업이 오늘 하는 일, 예컨대 인수합병, 신제품 개발 등의 일은 그 기업이 지금부터 10년 뒤에 어떤 기업이 될 것인지에 영향을 미친다. 마찬가지로 오늘날 그 기업의 주가 움직임은 내일의 주가 움직임에도 영향을 미칠 것이다. 오늘 어떤 기업에 나쁜 소식이 발생하면 어떤 투자자는 재빨리 반응하는 반면, 이들과 다른 경제적 목표와 좀 더 장기적인 안목을 갖고 투자하는 사람들은 한 달이나 1년 동안 아무 반응을 보이지 않을지도 모른다.

현대 금융이론의 근간인 포트폴리오 이론의 두 번째 가정은 금융시장에서 가격의 변화는 정규분포를 따른다는 것이다. 보통 어떤 사건이 발생할 확률과 그 결과값은 일정한 분포[9]를 갖는다. 평균적으로 가장 자주 일어나는 사건은 확률이 높은 반면, 사건의 빈도가 줄어들면 확률도 낮아진다. 이처럼 사건의 빈도와 확률이 일정한 상관관계를 가지는데, 그중 '종' 모양의 확률분포를 정규분포라 한다. 이는 확률 분야에서 가장 많이 적용되고 실제로 가장 많은 사회현상을 대변하고 있어 금융이론에서도 절대적으로 인용되었다. 대표적으로 랜덤워크, 효율적 시장가설(EMH; Efficient Market Hypothesis), 자본자산가격결정[10](CAPM; Capital Asset Pricing Model), 리스크가치[11](VaR;

---

8 눈송이를 자세히 들여다보면 마치 나뭇가지와 같은 형상을 하고 있는 것을 알 수 있다. 눈송이를 구성하는 가지를 다시 더 크게 확대해서 보면 역시 비슷한 가지가 나타난다. 이처럼 자기복제에 의해 부분이 전체를 형성하는 것을 프랙털이라고 한다.

9 이를 확률분포라 하며 금융 세상에서 자주 사용하는 분포로 균등분포, 정규분포, 로그 정규분포가 있다.

10 CAPM은 시장의 초과수익률만으로 해당 투자안의 수익률을 간단하게 알 수 있는 도구로 투자뿐만 아니라 경영에 수반되는 광범위한 투자의사 결정에도 활용되는 현대금융이론의 초석이다..

11 VaR는 정상적인 시장 여건하에서 주어진 신뢰수준으로 목표 기간 동안 발생할 수 있는 최대손실금액을

Value at Risk), 옵션가격결정모델[12](OPM; Option Pricing Model) 등 대부분 금융모델이 정규분포를 기본가정으로 채택하고 있다.

그러나 결론적으로 금융의 가격변화는 정규분포를 따르지 않는 경우가 자주 발생한다. 이에 대한 연구결과는 이미 수많은 학자들이 제시하여 더 이상 거론할 필요조차 없다. 이 분포에 따르면 수많은 조그만 변화들은 가운데로 집중하여 모여있는 반면, 간헐적으로 발생한 큰 변화들은 분포의 양쪽 가장자리에 모여 있음을 알 수 있다. 따라서 대부분 통상적인 가격변화는 정규분포의 평균과 분산을 통하여 가격변화에 대한 가능성을 예측할 수 있으며 다행스럽게도 대부분 잘 들어맞는다. 그러나 양쪽으로 갈수록, 즉 분포의 꼬리 부분으로 갈수록 이러한 예측은 빗나간다. 문제는 여기서부터 시작된다. 지금까지 발생하였던 대부분 금융위기는 바로 정규분포상의 꼬리 부분에 있었다. 특히 두꺼운 꼬리 부분이 가장 중요한데 그만큼 충격이 강하다. 예를 들어보자. 1987년 미국의 블랙먼데이 당시 S&P500 지수는 하루에 무려 20% 이상 폭락하였다. 이를 정규분포에 대입해보면 분포곡선에는 거의 나오지 않을 만큼 맨 왼쪽으로 치우친 곳까지 가야 겨우 확인할 수 있는 위치이다. 그만큼 일어나기 어려운 사건이다. 문제는 이 같은 극단적인 가격변화가 표준모델이 제시한 것보다 훨씬 더 자주 발생하고 그 강도도 커질 것이라는 데 있다. 그러므로 꼬리 부분이 점차 뚱뚱해지는 것을 주목해야 하며, 특히 레버리지를 이용한 포트폴리오에서는 더욱 세밀한 관심을 가져야 한다.

말하며, 1994년 J.P.Morgan이 리스크 측정기법으로 처음으로 도입하여 사용하였다. VaR 모델의 형식은 다양하지만, 그 기초는 리스크 측정 도구로서 표준편차를 공통으로 사용하고 있다

12 1973년 피셔블랙과 마이런 숄즈 교수가 발표한 모델로 보유자산의 현재 가격, 가격 변동성, 만기 시 옵션의 권리행사가격 등을 기초로 시장에서 거래할 수 있는 옵션 가격을 산출하는 모델이다.

2. 금융위기의 발생원인

금융 세상에서 거품생성이나 붕괴만큼 드라마틱한 현상은 없다. 금융은 자의든 타의든 순환과정을 거치면서 성장과 축소를 반복한다. 그동안 우리가 알고 있는 대부분 금융사건은 다음과 같은 순환과정을 거쳐 왔다.

> 상식선의 투자 → 지나친 투자 → 투기 → 광적인 투기(버블, 거품) →
> 거품붕괴 → 금융위기 발생 → 구조조정 → 상식선의 투자

금융거래에서 문제의 발단은 순환과정의 투기단계를 넘어선 광적인 투기에서부터 시작되었는데, 이미 수많은 과거 사례를 통해 투기를 통한 버블 조짐이나 내재된 거품이 결국에는 터졌다는 것을 익히 알고 있다. 그럼에도 또 당한다. 금방 이익이 날 것 같은 환상은 그동안 경험하였던 학습효과를 한순간에 마비시켜 버리기 때문이다. 일반적으로 버블은 어떤 이유로 인해 그 자산의 가격이 계속 폭등한다는 것인데, 이에는 마땅히 합리적인 이유가 없다. 그럼에도 굳이 이론적으로 표현하자면 버블은 자산의 내재가치보다 거래되는 가격이 높아지는 현상을 말한다. 《버블경제학》의 저자 오바타 세키(Obata Seki)는 버블이란 금융이론으로는 설명할 수 없는 가격폭등이라고 지적했다. 흔한 예로 어떤 주식이 고평가되었다, 또는 저평가되었다 할 때 고평가가 버블의 원천이다. 일단 버블이 되면 버블 자체가 상승 동력으로 작용하여 또 다른 버블을 키운다. 이는 '사니까 가격이 오르고, 가격이 오르니 다시 사는' 머니(money) 게임으로 확산되는데 주된 이유는 시장참가자의 군중심리 때문이다.

거품붕괴 후 찾아오는 금융위기는 누구나 피하고 싶어 한다. 금융위기는 주식시장 붕괴, 자산가격의 버블붕괴, 통화위기 및 외채위기 등 다양하게 나타난다. 그중 자산버블 위기가 가장 흔한 패턴으로 주로 경기부양을 목적으로 시중에 돈을 푼 경우에 나타난다. 그럴 경우 유동성이 넘쳐나고, 이는 다시 신용팽창 및 자산가격 상승으로 이어져 버블을 형성한다. 만일 경제적 충격이 발생하여 자산가격이 폭락하면, 이는 다수 기업 및 가계 부도를 발생시키고, 이어 은행 및 외환위기로 전이되어 전 세계적으로 엄청난 악영향을 미친다. 한국도 예외는 아니다. 1997년 IMF 외환위기 이후 2002년 벤처 열풍으로 시작된 닷컴버블 붕괴, 2004년 신용카드 사태, 2008년 미국의 서브프라임 사태 및 2009년 동유럽 재정적자로 시작된 유로존의 계속된 재정위기로 인한 국내 외환시장의 불안 등 크고 작은 금융위기가 반복적으로 발생하였다. 이 중 특이한 것은 미국의 서브프라임 사태를 받아들이는 시장참가자들의 반응이었다. 심지어 금융에 관심이 없는 일반 사람들조차 무언가 이상하게 흘러가고 있다는 것을 깨달았다. 이는 점차 지금까지 금융자본주의 근간이 되었던 이론적인 명제나 기본원칙에 문제가 있지 않나 하는 의구심으로 확산되었다. 종국에는 금융 세상에 엄청난 후폭풍을 몰고 오는 계기가 되었다. 2018년에는 국내에 가상자산 광풍이 일었다. 심지어 학생들마저 공부는 뒷전으로 하고 가상자산 시장으로 몰려들었는데 혹자는 이를 두고 18세기 네덜란드의 튤립 광풍 시장으로 회귀하였다고 신랄하게 비판하였다.

금융시장에서 전혀 예상치 못했던 큰 사건을 금융용어로 블랙스완(black swan)이라고 한다. 이는 금융 세상에서 수익을 추구하는 투자자들의 노력을 한순간에 물거품으로 만들어 버린다. 블랙스완은 월스트리트의 투자전문가이자 새로운 현자로 떠오른 나심 니콜라스 탈레브(Nassim Nicholas Taleb)가 그의 베스트셀러인《블랙스완》에서 처음 사용하였는데 이는 서구인들이 18세기 오스트레일리아 대륙에 진출했을 때 '검은색 고니'를 처음 발견한 사건에서 가져온 은유적 표현이다. 당시 흑고니의 발견은 백조는 곧 흰색이라는 경험법칙을 완전히 무너뜨린 획기적인 사건이었다.

〈Tip〉 미국의 서브프라임 사태 전말

미국 서브프라임 사태는 지금까지 발생하였던 금융위기하고는 전혀 차원이 달랐다. 2007년 들어 미국의 서브프라임 문제가 불거지기 시작하다가 2008년 9월에 리먼브러더스 투자은행이 파산했다는 소식에 세계 금융시장은 일제히 혼란에 빠졌다. 말 그대로 패닉이었다. 1929년 미국 대공황 이후 무려 80년 만에 나타난 금융 혼란이었다. 그간의 금융사태는 1차 금융상품, 즉 대출, 예금 등의 거래 과정에서 거품이 조성되고 이러한 거품이 결국 폭발하면서 발생하였다. 그러나 서브프라임 사태는 1차 금융상품을 기초자산으로 한 2차, 3차 등 연속해서 발행된 파생상품의 거품이 조성되면서 터진 사건이었다. 지금껏 보지 못했던 한 가지 상품에 다양한 이해관계자가 얽혀있어, 한번 사건이 터지면 핵폭발처럼 그 파급효과가 커진 것이다.

서브프라임은 '최고급의 다음 가는'이라는 의미로 신용 능력이 다소 떨어진다는 뜻이다. 모기지는 주택을 담보로 한 대출이다. 따라서 서브프라임모기지는 신용 능력이 낮은 채무자를 위한 주택담보대출인 셈이다. 상식적으로 저신용 대출은 금융기관에서 꺼린다. 그런데 미국 금융기관들이 모기지 대출상품을 자꾸 판매한 것은 특별한 기술이 있어서가 아니라 단순히 미국의 집값이 계속 오를 것으로 판단했기 때문이다. 웬만한 사람이라면 그 당시 집값이 오를 수밖에 없었음을 알고 있었다. 중앙은행 격인 연방준비제도이사회가 경기부양을 위해 금리를 계속 내렸고 그래서 시중에 넘쳐나는 돈이 부동산으로 몰렸다. 덩달아 남미 이민자와 흑인들까지 가세하여 평생소원이던 집을 구입하는 이른바 미국판 드림 현상이 확산하면서 너도나도 담보대출로 집을 구입하였다 그러니 계속해서 집을 지어도 그 수요를 따라가지 못했다. 당연히 집값이 오를 수밖에 없었다. 점차 사람들은 '집을 사면 오르고, 오르니 다시 사고' 하는 머니게임에 빠져들었다. 이런 분위기를 금융기관이 놓칠 리 없었다. 설령 신용등급이 기준치보다 모자라도 대출은 얼마든지 가능하였고 심지어는 주택가격 전액을 융자해 주는 파격적인 행사도 자주 있었다. 실제 대부분의 서브프라임 대출자의 신용등급은 엄청나게 낮았다. 단지 서류상으로만 거짓 기재했을 뿐이다. 물론 대출자가 한 게 아니라 중간에 대출 브로커들이 속인 것이었다. 그들은 신용등급이 중요한 것이 아니라 오로지 대출중개수수료밖에 안 보였기 때문이다. 이것도 서브프라임 사태가 터진 큰 원인이었다. 그런데 금융기관은 고정수입 한 푼 없는 대출채무자가 서브프라임 대출금으로 자동차를 구입하고 쇼핑하는 등에 흥청망청 탕진해 버렸다 해도 전혀 걱정하지 않았다. 대출이자가 연체되면 즉시 집을 가압류하여 시중에 팔면 대출금을 충분히 회수하고도 남았기 때문이었다. 이 모든 것은 집값이 꾸준히 올랐기 때문에 가능하였다. 반대로 주택가격이 떨어지면 파산은 불 보듯 뻔하였다. 문제는 여기서 그친 것이 아니었다. 모기지대출 상품을 이용한 새로운 금융상품들이 추가로 개발되어 판매되었다. 대출상품은 금융기관이 채권자이고 일반개인은 채무자이다. 채권자인 금융기관은 만기까지 이자를 받는데 원금을 회수하려면 만기(통상 30년)까지 기다려야만 했다. 그러나 증권화 또는 유동화로 만기이전에도 원금회수가 가능해졌다. 2000년대 이후 은행 위주의 전통적인 금융기관들은 투자은행들의 시장 확충에 방어하고 기존의 수익기반을 더욱 견고히 하고자 대출 위주 영업에서 유동화를 통한 증권영업으로 변경하였다. 그러면서 1차 대출상품보다 2차, 3차 등 다차원 금융상품 판매에 주력하였다.

증권화로 인해 서브프라임 대출채권이 주식처럼 누구나 쉽게 사고팔 수 있게 된 것이다. 가만히 있는 대출이 움직일 수 있는 증권으로 변한 것이다. 더구나 증권화된 상품에 다른 상품, 즉 자동차 할부채권이나 상업어음 채권 등을 추가하여 다시 사고팔고 하였다. 또한, 기존 금융상품보다 상대적으로 수익률이 높다 보니 이런 상품에 전 세계의 기관투자자와 개인투자자들이 달려들었다. 결국, 서브프라임모기지 사태가 터지면서 전 세계로 확산하였고 피해를 본 사람들도 대부분 일반 투자자였다. 만약 증권화만 아니었어도 서브프라임 사태는 미국 내부의 문제로 끝났거나 충격의 강도가 현저히 떨어졌을 것이다.

제4절 주요 금융지표

일반적으로 금융시장에서 인식하고 있는 대표적인 금융경제 지표는 금리, 주가, 환율이라고 할 수 있다. 그 외에 통화량, 물가 등이 있으며 이들 지표에 직간접적으로 영향을 미치는 원자재 가격, 외국인투자자금 등이 있다. 금융경제지표는 상호 간에 영향을 미치는데 그 미치는 정도는 실로 복잡하다. 또한, 영향을 주는 쪽과 받는 쪽의 순서도 항상 같지 않다. 따라서 금융경제지표 상호 간에 미치는 파급효과나 예상 경로를 파악하는 것은 다분히 어렵다. 그래서 경제주체 중 가장 대표성을 지닌 기업의 경영성적표가 반영된 주가를 중심으로 다양한 금융경제지표 간의 상관관계를 파악하는 것이 오히려 이해하기 쉬우며 이를 응용하는 데도 도움이 된다.

1. 금리와 주가

투자 세상에서 자금을 빌린 대가로 이자를 지급하는데 이때 사용원금에 대한 이자의 비율을 금리 또는 이자율이라고 한다. 이자율이 변동하는 요인은 크게 경기변동, 인플레이션, 화폐공급, 국제수지, 환율, 국제금리 등 주요 거시 경제변수와 금리자유화, 자본자유화 등 제도적 요인, 그리고 세금납부, 명절 등 계절적 요인으로 구분된다. 일반적으로 다른 여건이 동일하다면 금리와 주가는 반비례 관계에 있다. 즉, 금리가 상승하면 주가는 하락하고, 금리가 하락하면 주가에는 긍정적으로 작용한다. 그러나 항상 그런 것은 아니다. 만약 금리와 주가가 동일한 방향으로 움직인다면 어떻게 할 것인가? 간단한 판단지표가 Yield Gap이며, 이는 흔히 주식과 채권 중 어느 상품에 투자하는 것이 유리한지도 보여준다. Yield Gap은 다음과 같다.

$$\cdot \text{Yield Gap} = \text{채권수익률} - \frac{1}{PER}$$

만약 Yield Gap이 양수이면 주식보다 채권에 투자하는 것이 유리하며, 반대로 음수이면 채권보다 주식에 투자하는 것이 유리하다. 위 식에서 PER(price earning ratio)의 역수는 주식을 매수했을 때 투자자가 이론적으로 얻을 수 있는 이익의 정도를 나타낸다. PER는 주가수익률이라고 불리는데 주식의 1주당 시장가격인 주가와 1주당 순이익의 비율을 말한다. 이 비율이 높으면 회사의 이익에 비해 주가가 상대적으로 높다(고평가)는 의미이며, 비율이 낮으면 주가가 이익에 비해 낮다(저평가)는 의미이다.

PER를 달리 표현하면 시가총액을 당기순이익으로 나눈 수치이다. 즉 해당 기업을 현재 주가 수준에서 인수한다면 매년 당기순이익만으로 투자원금을 회수하는 기간을 뜻한다. 예를 들어 PER가 4이면 4년 치 당기순이익만으로 투자원금을 회수할 수 있다는 의미이다. 달리 표현하면 매년 25% ($\frac{1}{4}$×100)의 투자수익률을 기대할 수 있다는 의미이다. 그러므로 대부분의 투자자들은 시중금리와 비교해서 상대적으로 PER값이 낮은 주식을 선호한다. 한편, 금리 스프레드는 장기금리에서 단기금리를 차감한 것으로 장기금리가 단기금리보다 높은 장고단저 현상이 일반적이다. 이론적으로 장 · 단기 금리 스프레드가 축소되는 경우 혹은 역전되면 경기 침체와 이에 따른 주가 하락 가능성이 커짐을 의미한다.

2. 환율과 주가

일반적으로 환율은 외환시장에서 외환의 수요와 공급으로 결정된다. 그러나 실제로는 각국의 이자율, 물가, 국제수지 등 복합적인 요인에 의해 결정되며 동시다발적으로 영향을 미치기 때문에 환율예측은 상당히 어렵다. 이러한 환율의 움직임은 주가변동에 바로 영향을 미친다. 대체로 한국처럼 수출주도형 국가에서는 환율과 주가는 같은 방향으로 움직인다. 또한, 한국을 포함 신흥국으로 외국인 투자자금이 국내에 유입되면 해당 주가는 상승하고, 반대로 유출되면 해당 주가는 하락한다. 국내 투자자인 경우에는 주가 등락에만 관심을 가지지만, 외국인 투자자들은 환율을 고려하여 자국 화폐로 환산한 주가에 관심을 두고 투자를 결정한다.

3. 물가와 주가

물가와 주가는 정부의 물가정책, 물가상승의 요인, 물가상승의 형태 등에 의해 영향을 받는다. 우선 물가가 불안하면 중앙은행은 긴축정책을 구사해 시중의 유동성을 흡수하기 때문에 주식시장에는 부정적인 영향을 미친다. 물가상승 유형에 따른 주가의 영향을 살펴보면 다음과 같다. 우선 완만한 인플레이션 경우이다. 수요가 상승하여 발생하는 완만한 물가상승은 실물경기의 상승을 수반하며 기업수지의 개선과 기업 자산가치를 증대시킴으로써 전반적으로 주가가 상승한다. 두 번째로 급격한 인플레이션 경우이다. 이런 상황은 금융저축을 위축시키고 투자자로 하여금 부동산 등의 실물자산을 선호하게 하여 주가를 하락시키는 요인으로 작용한다. 세 번째로 스태그플레이션 경우이다. 이는 경기침체하의 물가상승을 의미한다. 이런 상황에서는 공급이 위축되어 기업수지에 악영향을 주어 주가의 하락을 초래한다. 또한, 물가상승으로 인하여 소비자의 실질 소득수준이 감소하여 구매력이 위축됨으로써 주가가 하락하게 된다. 네 번째로 디플레이션 경우이다. 물가가 하락하거나 물가상승률이 둔화되는 시기에는 저물가와 저금리 현상이 동반되기 때문에 민간은 실물자산보다는 예금과 주식 등의 금융자산을 선호하게 되어 주가의 폭등을 초래하는 경우가 대부분이다.

4. 경기변동과 주가

경기변동은 국민경제 전체의 활동수준이 반복적인 규칙성을 지니고 변동하는 것으로 호황(회복, 활황), 불황(후퇴, 침체) 등으로 구분하며 이는 단기변동, 중기변동, 장기변동 등 세 가지 유형이 있다. 이러한 경기변동에 따라 산업별로 움직이는 방향이 다르다. 주로 경기변동과 같은 방향으로 움직이는 산업은 반도체, 건설, 제조업 등이며, 경기변동에 대한 민감도가 낮은 산업은 음식료품, 의약 등이 분류되고 경기변동과 반대 방향인 산업으로는 주로 열등재, 즉 소득이 많아질수록 수요가 줄어들게 되는 재화 산업 등이 있다. 한편, 경기변동에 따라 기업의 주가가 가장 영향을 크게 받는다. 주가는 대표적인 경기 선행지표이며 약세시장(bear market)에서는 경기후퇴, 강세시장(bull market)에는 경기회복을 의미한다. 대표적인 선행지표로는 종합주가지수, 총

유동성, 기업경기실사지수 등이 있으며 경기 동행지표는 산업생산지수, 수출액, 수입액 등이 있으며, 후행지표로는 상용근로자 수, 가계소비지출, 회사채 유통수익률 등이 있다.

5. 통화량과 주가

통화는 통화 범위에 따라 M1, M2, M3로 구분하고 숫자가 커질수록 통화의 범위가 커진다. 일반적으로 통화량과 주가는 같은 방향으로 움직인다. 즉 시중에 통화량이 많아지면 기업 · 민간측면에서는 자금 확보가 용이해져 이를 활용하는 횟수가 많아지고 결과적으로 매출 신장과 투자성과가 나타난다. 이는 주가 상승으로 연결된다. 이를 표현하면 다음과 같다.

- 기업부문 : 통화량증가 → 자금 확보 → 시설투자 → 수익성 향상 → 주가 상승
- 민간부문 : 통화량증가 → 자금 확보 → 투자자 주식매입 증가 → 주가 상승

6. 부동산 가격과 주가

이론적으로 주가는 경기에 선행하고 부동산은 경기에 후행한다. 한국의 경우 1990년대 중반까지 대체로 '주가 상승 → 경기회복 → 부동산가격 상승'의 선순환 사이클을 유지하였다. 일반적으로 부동산부문은 경기와 밀접한 관계에 있기 때문에 부동산경기를 조절함으로써 내수경기와 고용을 쉽게 통제할 수 있게 된다. 예를 들어, 주택건설에 1조 원 투자 시 자체 1조 원

이외에 간접적으로 약 1조 1,000억 원이 유발되어 총 2조 1,000억 원의 생산유발 효과가 있고, 약 9,000억 원의 부가가치 창출, 약 24,000명의 고용이 창출되는 효과가 있다. 부가가치와 고용 면에서는 반도체, 자동차, 조선업종보다 월등하다.

7. 국제원자재 가격과 주가

자원이 풍부한 나라인 러시아, 아프리카, 남미 국가들의 경우에는 원자재 가격과 주가가 같은 방향으로 움직이는 경향이 많다. 그러나 한국처럼 원자재가 부족한 나라는 원자재 가격과 주가는 반대로 움직인다. 원자재 가격상승은 바로 국내 물가에 영향을 미쳐 경제 전반의 흐름을 둔화시킨다.

- 원자재 가격상승 : 국내 물가상승 → 판매량 감소 → 주가 하락
- 원자재 가격하락 : 국내 물가하락 → 판매량 증가 → 주가 상승

8. 외국인 투자자금과 주가

외국인 투자자금이 국내에 유입되면 해당 주가는 상승하고, 반대로 유출되면 해당 주가는 하락한다. 보통 국내 투자자인 경우에는 주가 등락에만 관심을 가지지만, 외국인 투자자들은 환율을 고려하여 자국 화폐로 환산한 주가에 관심을 두고 투자를 결정한다. 그들은 주가 차익도 중요하지만, 환차손익도 무시할 수 없기 때문이다. 때에 따라서 투자한 주가에서 이익이 발생하고 동시에 이를 해당 국가 통화로 환산하면서 이익이 발생하기도 한다. 물론 그 반대일 때도 있다. 그래서 외국인 투자자들은 실시간으로 두 가지 요인을 고려

하여 국내 시장에 참가하고 있다. 보통 상승 장세에서는 주가 상승률이 환율 상승률보다 높을 경우 외국인들의 투자자금 유입이 많아진다. 반면, 하락 장세에서는 오히려 환율하락률이 주가 하락률보다 높으면 투자한 주식에서 발생한 손실을 환차익이 만회해 주기 때문에 이 경우에도 외국인들의 투자자금 유입이 많아진다.

· 상승장세 : 주가 상승률 〉 환율 상승률 → 외국인 투자 ↑
· 하락장세 : 주가 하락률 〈 환율 하락률 → 외국인 투자 ↑

제5절 포트폴리오 이론

1. 의의

포트폴리오 이론의 핵심은 개별종목들을 모아 포트폴리오를 구성하면 개별주식 간에 내재된 리스크가 서로 상쇄되어서 전체적으로는 리스크가 줄어든다는 것이다. 그러나 항상 줄어들지는 않으며 일정한 조건을 충족해야 하는데 이는 개별종목 간 상관관계를 통해 알 수 있다. 상관관계를 알기 위해서는 분산(variance)과 공분산(covariance)을 알아야 한다. 분산은 평균에서부터 얼마나 떨어져 있는가를 나타내는 수치이다. 예를 들어 두 변수 X_1, X_2의 평균과 분산은 다음과 같이 구할 수 있다.

· 평균(기대치) : $E(X_1 + X_2) = E(X_1) + E(X_2)$

· 분산 : $V(X_1 + X_2) = V(X_1) + V(X_2) + 2COV(X_1, X_2)$

공분산은 두 가지 이상의 변수가 있을 때 그 변수들이 함께 움직이는 정도를 나타내는 숫자로 변수들이 서로 독립일 경우에는 0(zero), 서로 같이 움직일 경우 숫자가 점점 커지고, 그 반대일 경우 숫자는 마이너스로 바뀐다. 공분산 값은 그 자체가 절댓값이기 때문에 높고 낮음을 비교할 수가 없다. 따라서 공분산을 두 변수의 표준편차로 나누어 버리면 두 변수 간의 상관관계를 표준화시킬 수 있는데 이를 상관계수라 하며 산출식은 다음과 같다. 상관계수는 항상 -1에서 +1 사이의 값만 취한다.

$$상관계수 : \rho(X_1, X_2) = \frac{두\ 변수의\ 공분산(COV(X_1, X_2))}{X_1의\ 표준편차(\sigma_1) \times X_2의\ 표준편차(\sigma_2)}$$

2. 포트폴리오 효과

상관계수가 +1이면 즉, 상관관계가 동일한 방향으로 모두 같다면 전혀 분산효과가 발생하지 않으므로 리스크 상쇄 효과는 없다. 상관관계가 1 미만이어야 리스크 감소 효과가 나타나며 점차 숫자가 줄어들수록 그 효과는 커진다. 극단적으로 상관계수가 -1이라면 포트폴리오를 통하여 내재된 리스크 전부를 상쇄시킬 수 있다.

〈표〉 상관계수와 분산투자의 리스크 감소 효과

상관계수	분산투자의 리스크 감소 효과
+1.0	리스크 감소 불가능
+0.5	리스크 감소 약간만 가능
0	리스크 감소 상당 수준 가능
-0.5	리스크 대부분 제거 가능
-1.0	리스크 전부 제거 가능

출처 : 서영수, 「투자 리스크 관리 길잡이」, 이담북스, 2013, p.132

3. 최적 자산배분

이는 포트폴리오 기대수익률을 그대로 유지하면서 분산을 최소화시키는 방법에서 출발한다. 분산을 최소화하려면 앞의 분산공식에서 공분산 항을 마이너스

(-)로 바꿔버리면 된다. 그러면 두 변수의 분산 값(리스크)은 각각의 개별 분산 값보다 오히려 줄어들게 된다. 그러나 현실적으로 포트폴리오를 통한 분산투자로 투자자산에 내재된 모든 리스크를 제거할 수는 없다. 따라서 분산투자를 하면 리스크의 일부분은 줄일 수 있지만, 전부를 줄일 수 없다는 것을 알아야 한다.

4. 자본자산가격모델(CAPM; Capital Asset Pricing Model)

금융시장에 거래되는 모든 자산은 크든 작든 리스크가 있으며 최소한 무위험자산이 가진 무위험 수익률보다는 높아야 한다. 그렇지 않다면 굳이 위험자산에 투자할 필요가 없다. CAPM은 위험자산의 투자수익률을 시장 전체의 수익률과 비교하여 간단하게 보여 준 식이다. 이에 의하면 위험자산의 초과수익률(위험자산수익률 – 무위험 자산수익률)은 시장의 초과수익률(시장 전체 수익률 – 무위험 자산수익률)과 선형관계이며 이의 기울기를 베타(β)라고 한다. 이를 식으로 나타내면 다음과 같다.

위험자산의 초과수익률 = 베타(β) × 시장의 초과수익률

위의 식에서 베타가 1이면 위험자산의 초과수익률은 시장의 초과수익률과 같아진다. 만약 1보다 크면 위험자산 초과수익률은 시장초과수익률의 증가보다 더 많이 증가하게 되고, 1보다 작으면 그 반대이다. 즉 베타가 크면 클수록 수익률의 변동 폭은 커지므로 그만큼 리스크도 커진다고 할 수 있다.

5. 주요 투자자산별 비교

	개별종목	인덱스 펀드	주식형 펀드	ETF
분산투자	×	○	중립	○
종목선택	투자자 본인이 종목선택	지수 선택	펀드매니저가 종목선택	종목이 아닌 지수 선택
유동성	상장되고 거래가 쉽다	상장 안 되고 거래가 불편하다	상장 안 되고 거래가 불편하다	상장되고 거래가 쉽다
운용보수	×	다소 낮다 0.35~1.5%	높다 1.8~3.5%	매우 낮다 0.15~0.5%
증권거래 수수료	○	가끔 있다	종목 교체에 비례	○
중도환매 수수료	×	3~6개월 내 환매 시 이익금의 30~70%	3~6개월 내 환매 시 이익금의 30~70%	×
투명성	실시간 시세 확인 및 매매	보통	투명성이 낮다	실시간 시세 확인 및 매매
거래세	○ (매도시 0.3%)	종목 교체 시 조금 있다	종목 교체에 비례	×
위험	시장 평균보다 높다	시장 평균	시장 평균보다 높다	시장 평균

출처 : 강흥보, 「ETF 투자의 신」, 2019, p.125

〈Tip〉 확률에 기초한 장기투자

불확실한 세계에서는 모든 현상이 확률을 동반한다. 올바른 방식으로 올바른 결과가 나오는 것도, 실력이 있는 쪽이 이기는 것도 모두 확률적인 현상이다. 하지만 늘 그렇게 되는 것은 아니다. 단기간으로 보면 확률대로 결과가 나오지 않는 일은 비일비재하다. 확률은 횟수가 거듭되어야만 비로소 모습을 나타내므로 단기적인 일보다 장기적인 일에서 안정되게 나타난다. 그러므로 불확실한 세상에서는 장기적인 관점으로 접근해야 한다. 일반적으로 실력이 있는 사람이 단기전에서는 이길 수 없는 경우도 있지만, 장기전에서는 거의 실력대로 결과가 나온다. 시간이 흘러가면서 수많은 우연이 생겨

나지만 서로 그 영향을 상쇄하기 때문에 차츰 불확실성의 안개가 걷힌다. 투자자라면 그때부터 비로소 투자의 맥을 느끼기 시작한다. 시장에서 타이밍을 알아 간다는 의미이다. 사실 시장의 타이밍은 투자에 있어서 가장 논란을 불러일으켰던 화두이다. 시장에 내로라하는 투자전문가들이 투자 경험을 이야기할 때 빼놓지 않는 부분이 투자 타이밍이다. 이익과 손실에 직결되는 부분이기 때문이다. 전설적인 금융가의 한 사람인 존 모건(J. Pierpont Morgan)은 시장을 예측해 달라는 질문에 "앞으로 시장은 등락을 거듭할 것입니다."라고만 대답하였다. 시장 움직임에 타이밍을 잡아 저렴한 가격으로 주식이나 채권을 구매하고 비싼 가격에 되팔기란 모래밭에서 바늘 찾기처럼 참으로 어렵다. 그런데 이 어려움은 투자자의 지식이나 근면함이 모자라서가 아니라 시간의 틀을 잘못 짜고 있기 때문에 주로 발생한다. 단기적인 시간의 틀 속에서 시장의 타이밍을 잡으려 한다면 인간으로서 느끼는 감정 때문에 이성적으로 올바른 방향에서 벗어나는 행동을 하게 된다. 더불어 단기간에 나타나는 다양한 금융경제 통계는 무작위인 경우가 많아 매수 또는 매도에 일정한 방향성을 잡는 데 방해될 뿐이다. 그럼에도 투자자는 투자의 타이밍을 잡기 위해 부단히 노력해야 한다. 방법은 장기적인 시각을 가지는 것이다.

제4장

생활 속의 핀테크 (Fintech)

제1절 대면 금융과 비대면 금융

1. 대면 금융

우리가 은행이나 ATM 앞에 가는 횟수는 한 달에 몇 번이나 될까? 또 신용카드회사에 방문하거나 카드사 홈페이지에 접속하거나 고객센터에 전화하는 것은 1년에 몇 번이나 될까? 스마트폰 이전에 일상에서 경험하는 금융서비스는 크게 결제, 송금 그리고 카드 사용내역이나 계좌 거래내역을 확인하는 정도이다. 그 밖에 대출이나 저축 등의 금융상품을 이용하는 정도가 1년에 한두 차례이다. 모바일뱅킹 이전에는 이런 금융 경험을 하려면 반드시 은행에 가거나 ATM을 찾아야 했다. 또 현대인들이 가장 많이 이용하는 금융서비스는 카드결제인데, 신용카드를 매장의 VAN(Value Added Network) 단말기에 긁기만 하면 바로 결제되기 때문에 큰 불편함이 없다. 이런 카드결제 과정을 좀 더 살펴보자.

일례로 편의점에 가서 물건을 고른 후 신용카드를 점주에게 내밀면 점주는 VAN 단말기에 카드를 꽂는다. 그 순간 VAN 단말기에서 카드를 인식하고, 온라인 지불과 결제를 대행해 주는 PG(Payment Gateway)사에 정보를 넘겨준다. PG사는 국내 주요 신용카드사와 제휴를 맺고 있어 인식된 신용카드가 거래중지 카드인지 아닌지를, 신용거래가 가능한지 아닌지를 확인해서 승인해주고 승인된 금액에 대한 정보를 신용카드사에 보낸다. 신용카드사는 이렇게 승인된 정보를 기반으로 카드소유자에게 SMS나 카카오톡으로 승인내역을 보내준다. 월말이 되면 소유자가 지정해둔 은행에서 신용카드사로 최종 결제할 금액이 정산된다. 이후 VAN사는 신용카드사와 PG사의 수수료를 공제하고 남은 금액을 점주에게 결산해준다. 대면 거래의 경우 대부분 소비자와 점주 사이는 가깝지만, 실제 거래가 이루어지는 과정에서 카드사 업무를 대행하는 VAN사, PG사, 신용카드사, 은행의 총 4개 게이트웨이가 존재한다. 점주 입장에서는 이 과정에서 발생하는 수수료에 대한 부담을 안아야 하고 최종결산까지 시간이 걸린다는 불편함이 있다.

2. 비대면 금융

1) 의의

종이신문에서 뉴스를 보던 경험과 다음이나 네이버 포털에서 뉴스를 보는 경험이 다른 것처럼, 핀테크 서비스를 통한 금융 경험은 기존 은행이나 카드를 사용하는 것과 전혀 다르다. 간편결제 서비스를 예로 들어보자. 오프라인에서 신용카드를 이용해 결제하는 것과 비교할 때, 간편결제 앱의 특징은 결제 주도권이 사용자에게 있다는 것이다. 신용카드를 이용할 때는 결제금액을 본인이 아닌 매장의 점주가 입력하고, 본인은 영수증을 받아 결제내역을 확인하게 된다. 하지만 간편결제 앱을 이용하면 본인이 직접 결제할 금액을 입력할 수 있으며, 결제 즉시 결제내역이 담긴 영수증이 간편결제 앱에 자동기록되어 나중에도 확인이 가능하다. 또 같은 쇼핑몰을 이용하더라도 공인인증서를 이용해 결제하는 것과 모바일 간편결제를 이용하는 것도 다르다. 간편

결제를 이용하면 결제내역을 단지 SMS로만 받아보는 것이 아니라 간편결제 앱을 통해 쉽게 검색하고 관리할 수 있다.

이처럼 주문이나 예약 시 바로 간편결제가 연동되어 서비스되면, 서비스를 제공하는 사업자도 노쇼(no-show)를 걱정할 필요가 없다. 그뿐 아니라 에스크로 시스템 등을 연동해 서비스품질을 유지함으로써 사용자만족도를 더 높일 수 있다. 에스크로는 구매자와 판매자 간 신용관계가 불확실할 때 제3자가 해당 상거래가 원활하도록 중개해 주는 매매 보호 서비스를 말한다. 한편, 배달주문, 영화예약, 택시비결제 등 오프라인에서 서비스를 경험하면서 실제 결제는 스마트폰으로 사전 또는 사후에 할 수 있다. 또한, 각종 포인트 관리와 사용도 편리하다. 신용카드를 이용할 경우 매장별로 일일이 포인트를 적립해야 하고 별도의 멤버십카드를 제시해야 하지만, 간편결제 서비스는 이러한 번거로움을 자동화해준다. 핀테크 기업들이 제공하는 서비스는 메뉴가 상대적으로 직관적이고 단순해서 사용하기 쉽고 구동이 빠르다. 또한, 각종 개인금융 데이터를 활용해서 본인에게 맞는 최적의 금융상품을 자동으로 추천해주어 손실을 최소화하고 다양한 혜택을 받을 수 있도록 해준다.

2) 국내 비대면 금융서비스 현황

(1) 토스의 금융서비스

송금할 때 은행 앱을 이용하는 것과 토스를 이용하는 것을 비교하면 토스를 이용하는 것이 속도도 훨씬 빠르고 간편하다는 것을 알 수 있다. 송금할 상대의 계좌번호를 카카오톡에서 복사하고 토스를 실행하면, 토스의 송금계좌 입력창에 복사한 계좌번호가 자동으로 나타나며 송금절차와 메뉴구성도 단순하기 때문에 그만큼 속도가 빠르다. 토스에서 제공하는 해외 주식 투자서비스도 마찬가지다. 토스가 자체적으로 제공하는 것이 아니라 외부증권사의 서비스와 연계해서 제공하는 것인데도, 사용자가 확인하고 싶어 하는 것만 명확하게 보여주기 때문에 해당 증권사의 앱을 통하는 것보다 더 편리하다.

(2) 카카오뱅크의 금융서비스

카카오뱅크는 계좌개설과 적금, 예금, 대출 등을 모두 비대면으로 서비스한다. 카카오뱅크 앱 하나로 기존에 오프라인에서 하던 은행 경험을 대체할 수 있으며, 게다가 더 편리하기까지 하다. 기존 오프라인 점포에서는 먼저 번호표를 뽑아야 하고 금융서비스를 받을 때까지 많은 기다림과 서류가 필요하지만, 카카오뱅크는 그런 시간과 과정이 최소화된다. 또한, 기발한 서비스 경험도 가능하다. 일례로 카카오뱅크의 모임 통장은 동호회나 동창 등의 회비를 관리하는 데 아주 유용하다. 모임구성원 전원이 카카오뱅크를 이용하지 않아도 회비의 잔액과 사용내역을 쉽게 확인할 수 있다. 또한, 회비입금일이 되면 회비입금 현황을 한눈에 파악하고, 미입금자들에게 미입금 사실과 입금할 금액을 메시지로 쉽게 전달할 수 있다.

제2절 금융 디지털 플랫폼

1. 플랫폼 비즈니스

1) 플랫폼의 의미

전통적 의미에서 플랫폼은 수많은 승객이 교통수단을 이용하기 위해 기다리는 곳을 의미한다. 예컨대 버스라면, 승객과 버스사업자는 플랫폼을 통해서 서로 만나게 된다. 승객은 목적지까지 이동하는 것이 목적이고 버스사업자는 승객을 목적지까지 이동시키고 교통비를 받는다. 두 이해관계자는 플랫폼을 통해서 가치를 주고받는다. 기본적으로 플랫폼은 둘 이상의 이해관계자를 필요로 하며 이들이 주고받을 수 있는 가치가 있어야 한다. 즉, 거래할 수 있는 무언가가 있어야 이해관계자들이 플랫폼을 통해 주고받으면서 플랫폼의 지배력도 높아진다. 그리고 이해관계자들이 모이는 공간인 채널이 필요하다.

현대적 의미에서 플랫폼은 양면성과 확장성이라는 두 가지 특성으로 요약된다. 양면성은 하나의 플랫폼에 서로 다른 유형의 이용자가 존재한다는 것을 의미한다. 방송과 신문도 양면성을 가지는 플랫폼이다. 아마존(Amazon), 에어비앤비(Airbnb), 카카오택시, 넷플릭스(Netflix)도 마찬가지다. 플랫폼에서 두 유형의 이용자는 크게 소비자와 공급자로 구분할 수 있다. 플랫폼에는 이를 구성하는 서비스 · 소비자 · 공급자 사이의 원활한 상호작용을 위해 서비스에 대한 소비자의 니즈 파악, 해당 서비스를 제공하는 공급자 파악, 이들 간의 매칭기능 등이 요구된다. 고객데이터 수집, 고객행태 분석 및 니즈 파악 등 관련 모든 기능이 4차 산업혁명 기술 덕분에 가능하게 되었다.

확장성은 하나의 플랫폼에서 다양한 서비스를 복합적으로 제공할 수 있다는 것을 의미한다. 예를 들어 아마존은 처음에 도서판매를 중개하다가 사업범위를 지속적으로 확장하여 영화나 드라마콘텐츠까지 중개하고 있다. 다만 플랫폼은 전략적 선택에 따라 확장성을 포기할 수도 있다. 예를 들어 에어비앤비는 아고다(Agoda)처럼 숙소 · 항공 · 공항 셔틀 · 렌터카 등 여러 서비스를 제공하지 않고, 오직 숙소예약에만 집중한다. 플랫폼이 확장성을 가지는 이유는 플랫폼에 수요자가 많을수록 플랫폼은 더 많은 서비스를 제공할 것이며, 또 수요자가 많은 플랫폼에 서비스공급자도 더 많이 참여할 것이기 때문이다.

2) 플랫폼 비즈니스

플랫폼 비즈니스에서는 참여자가 증가할수록 네트워크 효과(Network Effect), 규모에 비례한 수익증가(Increase Return to Scale), 승자독식의 경제(Winner-Takes All) 효과가 뚜렷하게 나타난다. 이의 종류로 네이버, 카카오톡, 페이스북 등은 서비스플랫폼, 안드로이드와 아이폰은 모바일플랫폼, 앱스토어와 플레이스토어는 소프트웨어플랫폼으로 구분할 수 있다. 이 외에도 하드웨어플랫폼과 네트워크플랫폼 등도 새로운 비즈니스플랫폼으로 주목받고 있다. 한편, 플랫폼 비즈니스모델과 더불어 주목할 모델로 롱테일(Long-tail) 비즈니스모델이 있다. 이 법칙은 예를 들어, 1년에 단 몇 권밖에 팔리지 않는 흥행성 없는 책들의 판매량을 모두 합하면 놀랍게도 잘 팔리는 책의 매상을 추월한다는 온라인판매의 특성을 나타내는 개념이다. 이는 20%의 핵심 고객으로부터 80%의 매출이 나온다는 파레토법칙과 반대되는 의미여서 역(逆) 파레토법칙이라고도 한다.

플랫폼 비즈니스의 성공 요인은 크게 세 가지이다. 플랫폼의 성장에서 첫 번째 요인은 사용자층의 저변을 넓히는 것이다. 플랫폼은 철저하게 네트워크 효과로 성장한다. 따라서 더 많은 사용자확보 여부가 플랫폼의 진입장벽이 된다. 이를 위해서는 플랫폼의 이용자를 명확히 정의한 후 그런 사람들이 더 많이 모이도록 해야 한다. 예를 들어 배달의 민족은 음식점과 배달주문을 하는 사람, 11번가는 판매자와 소비자, 유튜브는 동영상을 촬영해 업로드하는 유튜버와 이 영상을 보는 시청자들이 플랫폼이용자다. 또 어느 한쪽만 모아서는 안 된다. 양쪽의 사용자를 균형 있게 모아야 한다. 한쪽만 있어서는 플랫폼의 규모가 커질 수 없다. 두 번째는 편리한 가치거래로 양쪽 사용자가 모인 이후에 이들이 더 많이, 더 자주 거래할 수 있게 해야 한다. 예를 들어 배달의 민족에서는 더 많은 주문 건수가 있어야 하고, 유튜브에서는 보다 많은 사람이 더 많은 영상을 시청해서 조회 수가 증가해야 한다. 이렇게 두 이용자 집단이 가치를 거래하면서 플랫폼은 성장하고 그 과정에서 비즈니스 가치도 높아진다. 궁극에는 더 많은 가치가 거래돼야 다른 플랫폼과의 경쟁에서 이길 수 있다. 세 번째는 공정한 거버넌스이다. 플랫폼이 어느 정도 성장했을 때 가장 유의해야 할 것은 안정성과 공정성이다. 이용자들이 운영규칙을 의심하고 신뢰하지 않게 되면 플랫폼은 위축되고 성장을 멈춘다. 예컨대 페이스북이 개인 데이터를 이용자 동의 없이 판매하거나 남용 · 악용한다면 이용자들은 플랫폼을 떠날 것이다. 실제 싸이월드나 마이스페이스닷컴, 프리챌 등의 서비스들이 사용자의 외면을 받아 도태됐다.

〈Tip〉 킬러(Killer) 앱

플랫폼을 음식을 판매하는 음식점에 비유한다면, 킬러 앱은 그 음식점의 대표요리라고 할 수 있다. 음식점에서는 보통 다양한 음식을 판매하지만, 사람들이 가장 많이 찾는 대표요리가 있어야 단골로 붐빌 것이다. 킬러 앱은 플랫폼을 성장시키는 원동력이라 할 수 있다. 2010년대 스마트폰의 등장 이후에는 카카오톡, 배달의 민족, 인스타그램, 밴드 등의 서비스가 모바일의 킬러 앱이었다. 2020년에는 코로나19로 인해 재택근무와 재택수업이 일상화되면서 줌(ZOOM), 구글 클래스 등의 서비스가 주목을 받으며 킬러 앱으로 부상하고 있다. 한편, 킬러 앱의 수익모델은 서비스의 특성에 따라 달라지는 만큼 매우 다양하다. 스마트폰의 대표적 킬러 앱인 카카오톡은 메신저 내의 유료 이모티콘, 기프트콘을 이용한 커머스, 광고 등이 주된 수익모델이다. 배달의 민족은 배달 성사 건에 대한 수수료가 주된 수익이며, 그 외 배민라이더스라는 배달대행과 음식점을 대상으로 소모품 등을 판매하는 배민상회라는 비즈니스모델을 갖추고 있다.

2. 디지털 플랫폼

디지털 플랫폼은 기본적으로 인터넷을 통해 만남의 장이 형성된 곳을 말한다. 대표적인 디지털 플랫폼으로 물건을 사고파는 사람들이 만나는 오픈마켓 플레이스이며 옥션, 지마켓, 아마존 등이 해당된다. 또한, 정보를 만들어 공유하려는 작성자와 이를 소비하려는 독자가 만나는 블로그, 브런치, 웹툰 등도 대표적인 디지털 플랫폼이다. 카페, 미니홈피 그리고 페이스북과 트위터 등은 공동의 관심사를 가진 사람들이 정보와 대화를 나누기 위해 만들어진 디지털 플랫폼이다. 메일, 채팅, 메신저는 메시지를 발송하는 송신자와 이를 수신하는 수신자가 모인 플랫폼이다. 이처럼 디지털 플랫폼은 둘 이상의 이해관계자가 만나 다양한 가치를 거래할 수 있도록 해준다. 그리고 플랫폼사업자는 그런 가치들이 안전하고 편리하게 거래될 수 있게 하고, 그렇게 만들어진 트래픽을 통해서 다양한 비즈니스를 수행한다. 한편, 간편결제와 핀테크 역시 디지털 플랫폼 비즈니스의 성공방식을 따르고 있다. 은행이나 카드사, 보험사 등 금융서비스를 제공하는 사업자와 이를 필요로 하는 금융서비스 이용자들이 쉽게 만나서 금융상품을 비교하고 가입 · 관리 · 운영할 수 있도록 하는 것이 핀테크 플랫폼이다. 물론 돈을 보내려는 송금인과 받으려는 수신인이 서로 쉽게 이체하고 확인할 수 있게 하는 것도 플랫폼의 역할이다.

한편, 기존 은행 · 신용카드사 · 보험사의 금융서비스와 비교할 때, 금융 디지털 플랫폼의 특징을 요약하면 다음과 같다. 첫째, 중개서비스다. 플랫폼사업자는 서비스를 직접 제공하지 않는다. 즉, 금융상품을 직접 만들어서 이를 사용자에게 판매하지 않는다. 단지 다른 사업자들의 서비스를 소개할 뿐이다. 그런 면에서 기존 은행이나 카드사와 유사하다. 둘째, 독점적이지 않다. 플랫폼사업자는 특정 서비스만을 독점적으로 제공하지 않는다. 즉, 누구나 참여할 수 있는 개방적 구조로 은행, 카드, 보험상품 등 어떤 것이든 중개할 수 있다. 셋째, 유연하고 확장적이다. 디지털 플랫폼의 가장 큰 특징은 서비스영역의 구분 없이 확장이 자유롭다는 점이다. 특정한 서비스만을 제공하는 것이 아니라 다양한 서비스를 다채롭게 제공한다. 은행, 카드, 보험 그리고 재테크에 이르기까지 금융의 모든 서비스를 포괄해서 제공할 수 있는 확장성이 금융플랫폼의 가장 큰 특징이다.

3. 모바일 금융플랫폼

최근 모든 세대가 디지털과 비대면 금융서비스로 대표되는 모바일 금융플랫폼을 이용하는데 이를 통한 새로운 투자 경험을 소개하면 다음과 같다. 첫째, 더 쉬워지고 편리해진 금융투자 모바일 앱으로 인해 투자의 진입장벽이 낮아지고 투자 빈도는 더욱 높아졌다. 쉽고 편리해진 금융투자 모바일 앱은 MZ세대 등 투자를 처음 하는 젊은 고객들이 직접투자로 대거 유입되는 동인이 됐으며, 일회성이 아닌 지속적인 투자를 가능하게 했다. 특히 소수점 투자 서비스 등 간편 투자 콘셉트가 소개되면서 투자와 금융이 자연스럽게 생활의 영역으로 스며들고 있다. 둘째, 정보의 불균형이 해소되고, 투자의사 결정에 필요한 다양한 아이디어를 손쉽게 획득할 수 있게 되었다. 몇 년 전만 해도 일일이 찾아봐야 했던 리서치 자료와 뉴스를 맞춤으로 받아볼 수 있고, 통합 검색을 통해 연관성이 높은 종목이나 원하는 종목이 포함된 투자상품도 한눈에 확인할 수 있다. 그뿐만 아니라 같은 주식을 보유하고 있는 고객 간의 종목 커뮤니티까지 제공돼 그동안의 깜깜이 투자에서 벗어나 투자자끼리 실시간 소통까지 가능해진 것이다. 셋째, 인공지능 기술기반으로 내 손안에 프라이빗 뱅킹 서비스를 경험할 수 있게 됐다. 즉 과거 소수의 VIP만을 위한 오프라인 서비스를 이제는 누구나 쉽게 스마트폰으로 접근할 수 있다는 것이다. 예를 들어 AI 알고리즘을 통해 나의 투자패턴을 진단하고 내 포트폴리오의 약점이 발견되면 대안과 함께 스마트폰으로 알림을 보내고 즉시 대응할 수 있도록 해준다. 실제로 미국 자산운용사 뱅가드는 '디지털 어드바이저(Digital Advisor) 서비스'를 통해 매일 고객의 투자 포트폴리오를 체크한 후 개인별 위험 성향 및 시장 상황 등에 맞춰 리밸런싱 하는 등 AI 기반 투자 어드바이저 서비스를 제공하고 있다.

4. 금융플랫폼을 통한 거래

1) 의의

금융플랫폼은 전자적으로 금융서비스를 제공하는 어떤 논리적 또는 가상의 장소로 금융회사나 금융시장을 대신한 디지털 플랫폼으로 정의할 수 있다. 그동안의 금융산업이 기업금융, 대규모 자금, 고액자산가 등의 고객에게 집중했다면 최근의 핀테크 비즈니스모델은 개인금융, 소액대출, 소액자산가 등의 고객에게 집중한다. 이들 잠재고객이 과거보다 더 큰 수익창출의 기회를 마련해주기 때문이다. 특히 금융업 자체가 플랫폼사업이기 때문에 향후 사람, 지식, 자금, 서비스 등을 연결해주는 금융플랫폼의 확산은 필연적이다.

고객은 기본적으로 소비 활동을 위해 현금을 들고 다니기보다는 좀 더 간편하고, 안전한 방법을 원한다. 즉, 서비스를 제공하는 금융사가 어디냐와 무관하게 간편한 결제서비스를 선택하고자 한다. 주거래은행에서 제공하는 저축상품을 선택하기보다는 금리가 높은 저축상품을 먼저 찾고, 해당 저축상품을 제공하는 금융사를 선택하기도 한다. 또 대출을 받을 때도 이자율이 좀 더 낮은 상품을 찾는다. 이제는 공급자 역할보다는 플랫폼의 역할이 강조되는 금융시장으로 변화하고 있다. 금융플랫폼은 이러한 금융소비자와 금융회사의 니즈를 충족할 수 있다. 금융소비자 입장에서는 여러 금융회사의 웹사이트에 접속하거나 앱을 이용해 금융정보를 개별적으로 조회하는 것보다 금융정보를 한눈에 보여주는 금융플랫폼을 이용하는 것이 편리하다. 또한, 금융플랫폼은 금융회사를 대신하여 새로운 금융소비자를 모집하여 금융회사에 소개해줄 수도 있다. 금융회사 입장에서도 무작위로 마케팅을 하는 것보다 금융플랫폼을 이용하는 금융소비자를 대상으로 마케팅을 하는 것이 더 효과적이다.

금융플랫폼은 금융회사 탈중개화를 촉진하는 역할을 한다. 예를 들면, P2P(Peer to Peer) 대출중개 플랫폼이나 크라우드펀딩 플랫폼은 은행이나 증권사 없이도 자금부족자와 잉여자가 하나의 플랫폼에서 자금융통의 거래를 체결할 수 있도록 중개한다. 또한, P2P 보험플랫폼은 보험사 없이도 개인끼리 서로 보험사고에 따른 손해를 보장해주는 보험서비스를 제공한다. 은행이나 신용카드사 없이도 자금 이체나 지급결제 서비스를 이용할 수 있는 P2P 지급결제 플랫폼도 있다.

〈표〉 금융플랫폼 추진 형태

구분	금융회사	핀테크	빅테크
기반 기술	기존 모바일뱅킹 앱	금융서비스(송금, 보험 등)	기존 플랫폼 (포털, SNS 등)
융합 서비스	다양한 콘텐츠 (여행, 자동차, 부동산 등)	금융상품 판매 채널 (금융상품 통합 판매 등)	금융서비스 (간편결제, 보험 등)
추진 형태	비금융회사와의 제휴를 통해 금융서비스 제공 및 타 산업의 필요 콘텐츠를 모바일 앱을 통해 제공	송금, 보험 등 금융서비스 제공, 금융상품 추천 및 비교 판매 채널의 플랫폼화	포털이나 SNS 등 기존 플랫폼에 간편결제, 보험 등 금융서비스 추가
기업	은행, 증권사, 보험사 등	페이코, 토스 등	네이버, 카카오 등

출처: 한국핀테크지원센터, 「헬로, 핀테크(자산관리 · 보험)」, 2021, p.247

한편, 금융업에 블록체인 플랫폼을 활용하면 금융거래의 운영절차가 간소화되고, 거래의 인증 및 검증과정에서 중개기관의 역할이 축소되어 청산 및 결제에 필요한 시간이 단축된다. 최초 거래부터 모든 거래내역이 기록 · 공유되기 때문에 거래상대방에 대한 부정거래와 위험 발생이 감소하며, 거래 과정이 실시간으로 통제되므로 규제 및 감독의 효율성을 높일 수 있다. 이처럼 블록체인이 보안성, 투명성, 확장성이라는 강점이 있으므로 금융 분야에서 블록체인의 활용 가능성은 점차 커질 것이다.

2) 밀레니얼 세대의 금융거래

과거 금융회사들은 좋은 자리에 지점을 열고 경쟁력 있는 금리를 제공하는 상품을 만들면 고객이 알아서 찾아왔다. 또 지점마다 목표 수치를 할당하면 지점직원들은 어떻게든 고객을 유치해왔다. 그러나 이제 금융회사의 경쟁력은 플랫폼 서비스를 얼마나 잘 만드냐에 있다. 모든 시중은행이 2017년 기준 비대면 채널에서 모은 고객이 15만 5천 명이었는데, 카카오뱅크는 출시한 지 12시간 만에 18만 7천 명을 모았으며, 이 고객의 65%가 20~30대의 밀레니얼 세대이었다. 밀레니얼 세대는 데이터 분석기반의 맞춤화된 서비스에 친숙하다. 일례로 넷플릭스에 월 10달러가 넘는 금액을 지불하며 취향 분석기반으로 영화나 TV 프로그램을 추천받길 기대하며, 쿠팡에서 자신의 소비습관을 분석해 관심 있어 할 만한 상품을 추천받고 빠르게 배송해주는 멤버십에도 가입한다. 그들은 최저가 판매처를 검색하며 10원이라도 더 저렴하게 상품을 구입해 온 이전세대들의 온라인구매 성향과는 확연히 다르다.

이처럼 밀레니얼을 공략하기 위해서는 서비스 자체를 극도로 잘 만드는 것이 무엇보다 중요하다. 어떤 기능을 더할 것인지가 아니라 몇몇 핵심적인 기능을 어떻게 완벽하게 잘 만들 수 있을지를 고민해야 한다. 핵심적인 기능을 살펴보자. 첫째, 단순하게 만들어야 한다. 조금만 복잡해도 밀레니얼은 서비스를 이탈한다. 화면 하나하나 바로 이해할 수 있게 해야 한다. 집중해야 할 말만 눈에 잘 띄게 배치하고, 터치해야 할 버튼만 최소한으로 노출해 그들의 행동을 유도해야 한다. 혜택도 부수적인 조건이 많으면 밀레니얼에게는 오히려 얕은수를 쓰는 것으로 보일 수 있다. '수수료 0%', '캐시백 3%'와 같은 간명한 말로 전달돼야 한다. 둘째, 이 서비스를 써야만 하는 차별화된 이유를 명확히 제시해야 한다. 예를 들어 미국의 에이콘스(Acorns)가 제공하는 잔돈

투자서비스인 반올림투자는 밀레니얼이 일상에서 몇 원이라도 더 모을 수 있게 돕는다. 음원 저작권 투자서비스 뮤직카우는 강다니엘, 지드래곤, 모모랜드 등 유명가수의 음원 저작권을 분할 판매해 투자가 자신이 좋아하는 가수의 가치를 높인다는 점을 홍보한다. 카카오뱅크 모임 통장은 동아리 공용계좌를 모두가 함께 쉽고 편리하게 관리할 수 있도록 도와준다. 셋째, 고객의 수시접속을 이끄는 요인을 만들어야 한다. 미국의 로빈후드는 신규가입자에게 주식 1주를 무료로 줌으로써 사용자가 실시간으로 변하는 주식가격을 확인하기 위해 로빈후드에 자주 방문하도록 만들었다. 카카오뱅크는 예금이자가 초 단위로 바뀌는 것을 확인할 수 있게 한다. 만약 서비스에 접속했는데 바뀐 것이 없다면 밀레니얼은 금세 지루해한다. 마치 게임 속 캐릭터처럼 내 상태에 무언가 계속 변화가 있다고 느끼게 해야 서비스를 접속할 유인이 생기고 자주 관심을 갖는다.

밀레니얼 세대는 주로 스마트폰으로 은행을 처음 경험하는데, 스마트폰은 이들에게 메시지, 모바일브라우저, 동영상 콘텐츠 등을 소비하는 창구다. 그런 스마트폰에서 딱딱한 조언을 주는 이미지를 내세우면 학생 때 듣던 재미없는 인터넷 강의를 연상시키기만 할 뿐, 이용하고 싶지 않은 지루한 서비스로 전락할 수 있다. 이에 핀테크 서비스는 찐친(진짜 친한 친구) 이미지를 주는 데 힘쓰고 있다. 카카오뱅크의 경우 고전적인 은행원의 이미지가 전혀 없다. 대신 카카오프렌즈의 라이언이 모든 서비스에 녹아 있다. 카카오페이는 송금할 때 사용하는 봉투에 애니메이션 효과를 주고, 핀크는 IC(Integrated Circuit) 카드를 개그맨 유병재의 치아로 형상화해 만들었다. 테라펀딩은 개그맨 김재우의 가슴에서 레이저가 나와 은행이자를 박살 내는 광고를 선보이기도 했다. 과거 금융회사와 비교하면 파격 그 자체이다. 자산관리 앱 뱅크샐러드도 서비스 초기에는 고객의 소비나 지출내역을 분석해 '돈을 아껴 써라',

'적금상품을 추천한다'라는 식의 코멘트를 제공했다. 그런데 고객이 인스타그램이나 페이스북에 남긴 후기를 보면 '내가 돈 쓰는데 네가 왜 지적질이야?'라는 식의 부정적 반응이 주를 이뤘다. 밀레니얼 세대는 이를 불편한 참견으로 인식하는 것이다.

제3절 핀테크(FinTech)

1. 의의

핀테크는 금융(Finance)과 기술(Technology)의 합성어이다. 한국에서 핀테크는 간편 송금서비스에서 시작되었다고 볼 수 있다. 이후 간편결제가 활성화되었고, 로보어드바이저에 의한 간편 투자에 이르기까지 다양한 핀테크 서비스가 출현했다. 이렇듯 핀테크라고 하면 간편이라는 단어가 자연스럽게 따라붙는다. 이제껏 금융서비스는 안전을 위해서는 아무리 복잡한 절차도 감내해야 하는 것으로 인식되었지만 이에 대한 통쾌한 반란이 시작된 셈이다. 핀테크의 핵심영역은 크게 뱅킹, 보험, 자산관리로 구분할 수 있다. 뱅킹은 결제, 개인금융, 대출, 송금 등이 해당된다. 보험은 주문형 보험에서부터 P2P 보험, 텔레매틱스(Telematics, 자동차와 무선통신을 결합한 새로운 개념의 차량인터넷 서비스) 등으로 나뉜다. 자산관리에는 로보어드바이저, 포트폴리오관리 등이 해당된다. 한편, 핀테크를 이용하는 대표적인 기기는 스마트폰이며, 여기에 앱을 설치해서 핀테크 서비스를 이용한다. 마치 ATM 기기에 카드를 꽂고 비밀번호를 입력한 후 금융서비스를 이용하는 것처럼 ATM은 스마트폰으로, 카드는 지문이나 얼굴 · 패턴 인증으로, ATM을 통해 제공되던 금융서비스가 앱으로 대체된 것이다. 이는 디지털기술 때문에 가능해졌다.

2. 핀테크와 테크핀

핀테크가 은행 · 카드사 같은 금융기관이 기존 금융서비스에 ICT(Information and Communication Technology)를 접목한 것이라면, 테크핀은 ICT 기업이 독자적인 기술력과 인프라를 바탕으로 차별화된 금융서비스를 제공하는 것을 의미한다. 즉, 서비스의 주체가 금융기관이냐 ICT 기업이냐에 따라 핀테크 또는 테크핀으로 구별된다. 한편, 빅테크(BigTech)는 인터넷 플랫폼 기반의 거대 정보기술기업을 의미한다. 미국의 GAFA(Google, Amazon, Facebook, Apple), 중국의 BAT(Baidu, Alibaba, Tencent), 한국의 네이버와 카카오 등이 해당된다.

〈표〉 핀테크와 테크핀

구분	핀테크	테크핀
주체	금융사	IT 기업
특징	금융서비스를 모바일 앱으로 제공	모바일 사용자에게 금융서비스 제공
고객	금융회사 고객	인터넷, 모바일 사용자
정보기술	외주	자체 보유
장점	신뢰도, 금융 노하우	기술 경쟁력, 글로벌 고객 확보

출처: 한국핀테크지원센터, 「헬로, 핀테크(자산관리 · 보험)」, 2021, p.348

3. 핀테크 서비스 유형

90년대에 만화를 보려면 만화방에 가거나 서점에 가서 만화책을 사서 봐야 했다. 하지만 지금은 PC나 스마트폰으로 어디서나 웹툰을 볼 수 있으며 심지어 무료도 많다. 즉, 만화를 보는 사용자의 경험이 바뀐 것이다. 비단 만

화뿐만 아니라 음악을 듣거나 영화를 보는 것 또한 변화되었다. 핀테크는 금융서비스를 이용하는 사용자들의 경험을 바꾸고 있으며 시간이 갈수록 더욱 큰 변화가 일어날 것이다. 핀테크 서비스 중 가장 많은 트래픽을 확보하고 사용자 저변이 넓은 것이 간편 결제서비스이다. 카카오페이, 네이버페이, 페이코 등은 간편결제에서 시작하여 이제는 송금, 보험가입, 청구서관리, 가계부, 투자, 대출에 이르기까지 다양한 금융서비스를 제공한다.

4. 글로벌 금융서비스 사례; 알리페이

전 세계적으로 가장 발전된 금융서비스를 제공하는 핀테크를 꼽으라면, 단연 중국의 알리페이이다. 아이러니하게도 신용거래와 금융서비스가 가장 낙후된 중국에서 핀테크가 가장 빠르게 진화한 것이다. 그 이유는 정부의 적극적인 부흥정책도 한몫했지만, 불편한 기존 금융서비스로 인한 한계 때문이기도 하다. 신용거래가 일반화된 국가와 달리 신용카드 보급률이 낮고 현금사용 비율이 높은 상황에서 스마트폰 보급이 빠르게 이루어지면서 핀테크가 활성화될 만한 환경이 자연스럽게 갖춰지게 되었다. 알리페이에는 한국의 간편결제, 핀테크 서비스와 크게 다른 점이 있다. 바로 알리페이 자체가 은행이자 카드사의 역할을 한다는 점이다. 알리페이에 계좌를 개설한 후 알리페이 앱을 이용해 온 · 오프라인에서 결제를 할 수 있다. 이를테면 한국의 카카오뱅크와 카카오페이 그리고 카드사를 통합한 서비스인 셈이다. 알리페이의 결제 과정을 살펴보자.

중국 편의점에서 결제할 때 소비자는 물건을 선택한 후 점주에게 가격을 물어보고, 카운터에 있는 QR코드를 스마트폰의 알리페이 앱으로 찍는다. 그러면 매장의 정보와 함께 결제할 금액을 물어보는 화면이 나타나는데, 결제할 금액을 입력하고 확인을 누르면 그것으로 결제가 끝난다. 알리페이 앱에서 결제를 하면 곧바로 점주의 알리페이 계좌에 입금된다. 중간에 거쳐야 하는 어떤 게이트웨이도 없다. 소비자의 알리페이 앱에는 이렇게 결제한 내역이 고스란히 쌓이기 때문에 결제내역도 쉽게 확인할 수 있다. 영수증을 받지 않아도 알리페이 앱에 쌓인 결제정보를 기반으로 언제, 어디서, 얼마를 결제했고, 월간, 연간 가계부도 자동으로 작성되어 어떤 항목에 소비를 했는지도 쉽게 분석할 수 있다. 이로써 현금이나 신용카드를 이용하는 것보다 훨씬 더 편리하고 유익하다.

또한, 알리페이는 각종 금융상품과 보험상품도 추천해준다. 월급과 각종 소득을 알리페이로 받고 소비를 할 때도 알리페이를 이용하면, 그렇게 쌓인 정보를 기반으로 알리페이가 최적의 금융상품과 보험을 추천해준다. 이들 금융서비스를 이용하거나 대출을 받는 것도 간편하다. 굳이 전화로 고객 상담을 받거나 오프라인 은행 등을 방문할 필요가 없다. 이렇다 보니 중국에서는 신용카드가 활성화된 단계가 없었다. 그 단계를 건너뛰고 현금사용에서 알리페이로 금융서비스 경험이 단번에 전환된 것이다. 알리페이를 이용하는 데 익숙해진 중국인들은 현금이나 신용카드를 소지하고 다니질 않는다. 그래서 한국을 방문해서도 현금이용을 꺼리게 된다. 그렇다면 국내의 면세점, 백화점, 음식점 등 중국인을 받는 매장에서는 어떻게 해야 할까? 이미 알리페이가 현금과 신용카드를 대체한 만큼 중국인을 손님으로 받으려면 알리페이를 지원하지 않을 수 없다. 그래서 국내 면세점은 기본이고 백화점과 호텔, 더 나아가 남대문시장과 노점상에서조차 알리페이 QR코드가 붙어 있다. 중국인을 손님으로 받으려면 알리페이나 위챗페이를 지원하지 않을 수 없기 때문이다. 심지어 한국 스타벅스에도 알리페이 QR코드가 붙어 있을 정도다.

5. AI(Artificial Intelligence)의 핀테크 활용사례

1) 대출심사와 이상 거래 탐지

전통적인 금융영역인 대출이나 신용심사, 이상징후 조기탐지, 부정대출 사전예방 등에 AI가 사용되고 있다. 사람이 직접 데이터를 들여다보면서 이 같은 문제를 해결하려 하면 정확도도 떨어지고 시간도 오래 걸린다. 반면 AI를 활용하면 거의 실시간으로 정확하게 심사하고 예측할 수 있다. 특히 AI가 주는 최대 강점은 갈수록 성능이 좋아진다는 점이다. 세계적인 패션브랜드 자라(ZARA)에서는 매장의 주문, 발주, 재고관리를 AI가 수행한다. 매장관리자가 직접 하는 것과 비교하면 초기엔 많은 부분이 부족하겠지만, 시간이 흐르면서 AI의 효율이 극대화된다. 즉, 시간이 갈수록 AI가 인간의 역량을 초월하게 된다.

2) 상품추천에 활용

이커머스에서 AI가 가장 활발하게 사용되는 영역은 상품추천이다. 소비자들이 가장 많이 찾고 구매할 만한 상품을 추정하여 첫 시작 페이지에 배치해야 상품판매량이 늘어나 회사매출에 도움이 되기 때문이다. 더 나아가 개인별로 취향이 다르기 때문에 구매할 상품이 모두 같을 수 없는데, 개인별 선호도에 맞춰 상품을 추천해서 보여주는 데 AI가 사용된다. 상품추천에 AI를 사용하는 대표적인 기업이 아마존이다. 아마존의 홈페이지를 방문하면 사용자별로 모두 다른 상품들이 화면에 출력된다. 구매 이력과 장바구니에 담긴 상품특성, 그간 검색하고 살펴본 상품내역을 기초로 사용자별로 모두 다른 상품을 추천해준다. 이렇게 추천해준 상품의 클릭률과 실제 구매율을 분석해서 AI가 계속 더 나은 상품을 추천해줄 수 있게 된다. 한편, AI는 상품추천을 넘어 수요예측을 하는 데도 활용되어 어떤 상품이 어느 시점에 얼마나 판매될지 추측하기도 한다.

3) 고객 응대와 관리에 활용

챗봇은 상담에 사용되는 인공지능 로봇을 말한다. 사람이 일일이 고객의 질문에 응답하고 문제를 상담해주려면 상당한 인력이 투입되어야 한다. 상담사를 무한정 배치할 수 없기 때문에 상담이 몰리면 대기시간이 길어지게 된다. 이런 불편함을 챗봇이 해결해줄 수 있다. 챗봇이 투입되면 대기시간이 필요 없다. 또한, 상담 시 상담사가 모든 것을 알고 있지 않기 때문에 질문사항에 대한 정보를 찾고 상담 이력을 탐색해야 한다. 그러려면 시간이 소요되며 정확도도 떨어질 수 있다. 반면 챗봇은 AI 기반으로 동작하기 때문에 필요로 하는 정보를 빠르게 확인해서 즉각 응답할 수 있다.

제4절 페이테크(Pay-Tech)

1. 의의

한국 금융기관은 금융결제원이 제공하는 은행공동망을 사용해 금융거래의 편의를 도모한다. 다음 〈그림〉은 각각 다른 은행에 계좌를 가지고 있는 A와 D 사이의 금융거래를 보여준다.

〈그림〉 지급결제시스템

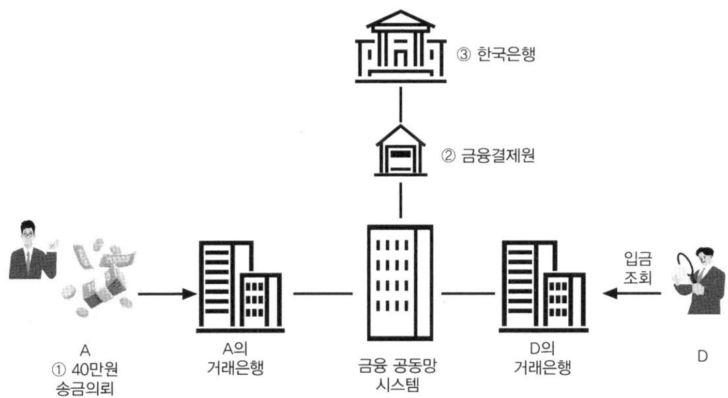

출처: 한국핀테크지원센터, 「헬로, 핀테크(보안인증 · 블록체인)」, 2021, p.204, 참조 수정.

그림에서 A가 D에게 40만 원을 계좌 이체하면, D의 은행은 A의 은행을 대신해 D에게 40만 원을 지급해 준다. 이 절차를 지급(Payment)이라고 한다. 이때 A 은행은 D 은행에 40만 원을 빚지게 된 셈이므로 이 돈을 갚아야 한다. 금융결제원은 각 금융기관별로 갚아야 할 금액을 기록해 두는데 이를 청산(Clearing)절차라 한다. 한국은행은 금융결제원의 청산자료를 토대로 각 금융기관이 한국은행에 개설해 둔 당좌계좌에서 최종 금액을 결산하는데 이를 결제(Settlement)라고 한다. 이렇게 지급/청산/결제가 처리되는 시스템을 지급결제시스템이라 한다. 한 나라의 지급결제시스템은 그 나라의 금융 선진화 정도를 보여주는 핵심적인 척도이다. 페이테크는 상거래와 금융거래에서 수행하는 대금결제와 자금 이체 과정에서 정보통신기술을 접목하여 지급행위의 편리성과 효율성을 높이는 핀테크 영역을 말한다. 간편 송금과 간편결제 등이 대표적이다. 개인과 기업 등 경제 주체에게 가장 친숙한 금융 행위가 지급결제와 송금이다 보니 페이테크는 핀테크 영역에서 가장 익숙하고 중요한 분야라 할 수 있다.

2. 지급수단

지급수단은 크게 현금과 비현금 지급수단으로 구분된다. 비현금 지급수단은 그 특성에 따라 어음과 수표, 계좌이체, 지급카드 등으로 세분할 수 있다. 계좌이체에는 지로 · 타행환 · ATM · 인터넷뱅킹 등이 있으며, 지급카드에는 신용 · 직불형 카드가 있다. 또한, 장표의 이용 여부에 따라 장표 방식 지급수단과 전자방식 지급수단으로 구분할 수 있다. 장표 방식으로 어음 · 수표와 장표 지로가 있으며, 전자방식으로 인터넷뱅킹, 모바일뱅킹 등을 이용한 계좌이체를 들 수 있다. 최근에는 급격한 지급수단의 모바일화로 모바일 중심의 온라인 거래가 많이 늘어나면서 국내외 구분 없이 간편결제 서비스의 시대에 진입하고 있다. 간편결제 서비스는 계좌이체 · 신용카드와 같은 지급수단에 접근 채널 또는 접근장치의 편의성을 대폭 향상시킨 서비스이다. 이런 연유로 간편결제 서비스에는 계좌이체, 신용카드 등의 전자적 지급수단이 항상 탑재되어 있다. 한편, 비트코인 등 가상자산 거래는 은행을 거칠 필요가 없으므로 수수료 부담이 없으며 거래당사자도 익명으로 유지되는 편의성이 있지만, 거래소 해킹이나 사기 등의 문제점도 있다. 또 최근 P2P 거래도 활성화되고 있는데 고객은 P2P 송금회사의 플랫폼을 이용함으로써 낮은 수수료 혜택을 받는다.

3. 간편 송금과 간편결제

1) 간편 송금

간편 송금서비스는 기존 송금과정에서 요구되었던 복잡한 보안 및 인증절차를 간소화하여 금융소비자의 송금행위를 보다 신속하고 편리하게 해주는 서비스이다. 이를테면 수취인이 송금인이 이용하는 간편 송금서비스에 미가입되었거나 수취인의 계좌번호를 몰라도 송금할 수 있다. 또 전화번호, 이메일 정보, SNS 아이디(예:카카오톡) 등으로 수취인을 특정할 수 있으며 그러면 수취인은 해당 서비스에 가입한 후, 송금액을 수취할 수 있다. 간편 송금의 시초이자 국제적 선두주자는 단연 페이팔(Paypal)이다. 1998년 설립된 페이팔은 이메일 계정과 비밀번호 입력만으로 가능한 국내 및 국가 간 간편 송금서비스를 개시하였다. 이후 페이스북 계정연동을 통한 P2P 송금이 가능한 벤모(2009년), 중국의 위챗페이(2013년)와 알리페이(2005년) 등 간편 송금서비스가 국제적으로 보편화되었다. 우리나라에서 간편 송금이 등장한 것은 2015년 2월 비바리퍼블리카(VivaRepublica)의 토스가 간편 송금서비스를 출시하면서부터이다. 그리고 2015년 2월 보안 프로그램 설치의무 폐지, 2015년 3월에 국가인증제품 사용의무 폐지, 2015년 6월 사전 보안성 심의제도 폐지 등 보안절차가 간소화됨에 따라 금융회사의 보안카드 및 OTP(One Time Password) 없이 비밀번호를 이용한 간편 송금서비스가 활성화될 수 있는 환경이 마련되었다. 이후 네이버(2015년 6월), 쿠콘(2016년 2월), 카카오페이(2016년 4월), NHN 페이코(2016년 6월) 등이 간편 송금서비스를 출시하였다.

2) 간편결제

간편결제는 아래 〈그림〉과 같이 인터넷 및 모바일 기기를 접근장치로 활용하여 지급 절차를 간소화함으로써 지급행위가 편리하고 신속하게 이루어지는 지급서비스이다. 간편결제 업자는 최초 1회 거래에서 고객이 입력한 결제정보를 서버에 저장하여 이후 상거래 결제에 활용함으로써 공인인증서 등 기존의 인증절차를 생략할 수 있다. 간편결제의 시초도 페이팔이라 할 수 있으며 다양한 분야로 확산하고 있는 사례를 살펴보자.

〈그림〉 일반결제와 간편결제 비교

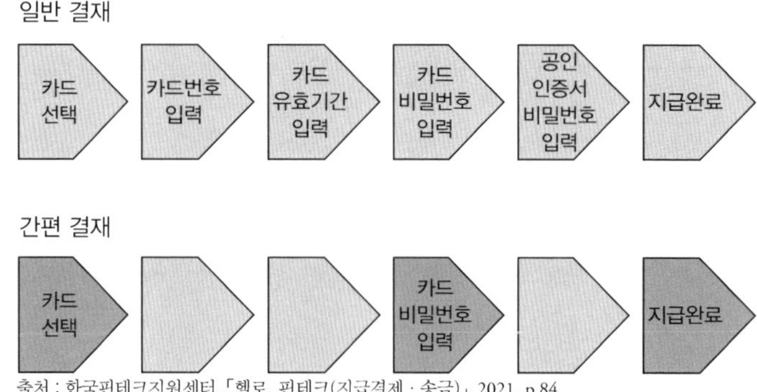

출처 : 한국핀테크지원센터, 「헬로, 핀테크(지급결제 · 송금)」, 2021, p.84

(1) 스마트폰 기반의 차량결제

드라이브스루는 차량에 탑승한 채 음식을 주문할 수 있는 서비스다. 주차장에 차를 세우고 매장으로 들어가 카운터 앞에서 주문하고 음식을 수령하는 것과 비교하면 매우 간편하다. 이렇게 편리하고 빠른 드라이브스루에서 가장 시간이 많이 소요되는 것이 주문과 결제다. 음식을 주문할 때, 그리고 결제를 위해 신용카드를 건네거나 스마트폰을 보여주는 데 시간이 소요된다. 이것을 줄여주기 위해 탄생한 것이 스마트폰 앱을 이용한 주문과 결제다.

(2) 자동차 기반의 결제

이는 스마트폰 없이 자동차 자체를 이용한 결제로, 스마트폰과 무관하게 이루어지기 때문에 더 편리할 수 있다. 주유소에서 결제할 때는 신용카드나 스마트폰을 보여줘야만 한다. 만일 차량결제가 된다면 차량번호를 이용해 주유소에서 인식하고 스마트폰의 간편결제처럼 차량에 등록된 결제수단으로 간편결제를 할 수 있다.

(3) 사물인터넷 기반의 결제

비단 차량뿐만 아니라 냉장고, TV, 커피머신 등도 결제수단이 될 수 있다. PC나 스마트폰 내에서 별다른 기기의 도움 없이도 자체적으로 결제가 가능한 것처럼, 이들 기기도 스마트폰 등을 경유하지 않고 독자적으로 결제를 할 수 있게 될 것이다.

〈Tip〉 착오송금 시 대처방안

착오송금이란 송금인의 착오로 인해 송금금액, 수취금융회사, 수취인 계좌번호 등이 잘못 입력되어 이체된 거래를 말한다. 만약 수취인이 돌려주지 않으면 소송을 통해 받아야 하므로 사회 전체적으로도 큰 비용이 발생하고 있다. 이에 정부는 2021년 7월부터 착오송금 반환제도를 운용하고 있으며 주요 내용은 다음과 같다.

- 착오송금이 발생하면 먼저 금융회사를 통해 자진반환을 요청하여야 하며, 미반환된 경우에만 예금보험공사에 반환지원을 신청한다.
- 신청대상 금액은 5만 원 이상~1천만 원 이하의 착오송금 건으로 착오송금일로부터 1년 이내 신청해야 하며, 금융회사의 계좌나 간편 송금업자의 전자지급 수단을 통해 송금한 경우에만 신청할 수 있다.
- 반환금액은 실제 회수된 금액에서 회수 관련 비용을 차감한 잔액이다.

제5절 오픈 뱅킹(Open Banking)

1. 의의

오픈 뱅킹은 은행 정보를 의무적으로 개방해 다른 금융사나 핀테크 기업이 은행 계좌를 활용한 다양한 금융서비스를 제공하도록 한 제도다. 이에 핀테크 기업은 개별 은행과의 제휴 없이도 이체, 조회 등 은행의 주요 기능을 활용한 서비스를 만들 수 있게 됐다. 이로써 은행의 고객데이터 독점을 배제하고 고객의 자기 데이터 통제권을 보장하므로 고객은 하나의 거래은행을 접점으로 자신이 거래하는 모든 은행의 거래데이터와 금융자산을 원스톱으로 조회하고 각종 금융서비스를 제공받을 수 있게 된다. 은행의 고객데이터 개방 목적은 핀테크 기업이 다양한 금융서비스를 제공할 수 있도록 하여 핀테크 산업을 육성하고, 은행과 핀테크 기업 등의 협력과 경쟁을 통해 금융서비스의 혁신을 유도하여 궁극적으로 금융소비자 효용을 증대시키는 것이다.

2. 운영사례

오픈 뱅킹 시행 전, 국내 일부 금융사는 오픈 API(Application Programming Interface) 센터를 출시했다. 오픈 API는 금융사에 있는 고객 정보나 자신들이 제공하는 서비스 기능을 외부에서 활용해 여러 서비스를 구현할 수 있게 하는 프로그래밍 도구이다. 이체나 조회와 같은 기능도 각 금융사의 오픈 API로 연동하면 해당 금융사 고객에게 서비스가 가능하다. 대표적으로 골드만삭스는 여러 상장사의 재무구조를 분석하고, 위험을 평가하며, 적정가격을 책정하는 API를 외부에 무료로 공개했다. 나아가 자동화된 투자를 하기 위해 데이터를 분석하고, 가격을 추정하고, 거래할 수 있는 기능도 오픈했다. 다만 핀테크 서비스에서 골드만삭스가 제공하는 이 기능을 이용하려면 골드만삭스 계좌와 연동해야 한다. 이를 통해 골드만삭스는 각 플랫폼으로부터 신규고객을 흡수하는 효과를 얻었다. 이런 변화를 '플랫폼으로서의 은행(Bank-as-a-Platform)'이라 표현한다. 은행이 직접 모든 서비스를 다 제공하는 것이 아니라 다른 여러 서비스 제공자가 활용할 수 있는 플랫폼으로 작동하게 한다는 의미이다.

제5장

생활 속의 인슈어테크 (InsurTech)

제1절 디지털 일상의 주요 위험

1. 정서적 위험

디지털 활동은 언제 어디서든 접근할 수 있지만, 그와 함께 예외 없이 각종 투자 등 호기심을 자극하는 유인용 스팸 문자 등에 노출될 수 있기 때문에 자칫 방심하면 즉흥적이고 맹목적으로 판단하게 된다. 또 일부 중장년층을 포함 실버세대의 디지털 환경 부적응이 지속되면서 기기 작동과정 상의 착오 발생 염려로 인해 디지털화 피로감도 빠르게 누적되어가고 있으며, 특히 코로나 블루로 인해 자신의 감정을 제대로 통제하지 못함으로써 불안이나 분노로 전이되는 위험에 노출될 수 있다. 한편, 디지털 금융서비스는 언제 어디서든 접근할 수 있는 장점이 있는 반면, 개인정보 수시 노출로 인한 금융사기 피해 가능성이 아주 큰 환경이다. 이에 따라 개인정보 노출에 대한 불안과 염려로 인한 스트레스가 가중될 수 있다.

2. 멘탈 위험

디지털 환경에 적응할수록 비대면 활동시간이 늘어나게 되며 동시에 SNS를 통한 다양한 정보를 접하면서 자기도 모르게 투자나 게임 등에 몰입할 개

연성이 높아지게 된다. 이럴 경우 자칫 일상적인 루틴을 벗어나 멘탈 위험에 노출될 수 있다. 이는 궁극적으로 경제적 손실에 이르게 되는데 대표적인 유형을 살펴보면 다음과 같다.

1) 뇌동과 중독 현상

주로 SNS 등 투자 리딩방을 통해 주변의 투자 성공담에 현혹되어 쉽게 금융투자시장에 참가하는 투자자의 경우 단기간 수익실현의 조바심에 허둥대거나 실시간으로 매매하는 습성이 생기면서 점차 뇌동 매매를 하게 된다. 이는 단순히 남을 따라서 사고파는 것을 반복적으로 하는 매매패턴으로 궁극에는 매매중독으로 이어질 가능성이 커진다. 특히 초보자는 연속적인 거래실패 이후 손실복구 심리가 작용하여 시장에 몰입하고 집착하게 되며 이후 이성을 잃게 되는 상태가 지속되면 충동적 거래와 함께 매매중독에 빠질 수도 있다. 문제는 이러한 함정에 빠지면 수익기회는 감소하고 손실금액은 눈덩이처럼 늘어나게 된다는 것이다. 특히 코인 시장의 경우에는 소액의 수수료만 감당한다면 24시간 언제 어디서든 매매할 수 있다. 이처럼 언제든 매매 타이밍을 잡을 수 있다는 점 때문에 마치 코인을 홀짝을 맞히는 도박처럼 여길 가능성이 커진다.

2) 집착과 강박 현상

만약 식사도 걸러 가며 화면을 지켜보지 않으면 안 되는 마음, 거래를 하지 않으면 안 된다는 강박, 무의식적으로 굳어진 잘못된 습관, 조그마한 기회에 너무 민감하게 반응하는 것, 돈을 버는 데 너무 집착하는 것 등을 경험했다면 이는 이미 상당한 위험을 내포하고 있다. 이러한 상태에서의 거래는 무의미한 거래를 빈번하게 하여 손실 가능성만 증대시킨다.

3) 복수와 분노 현상

누구든지 거래에서 실패하면 실패한 것에 대해 만회를 하고 싶고, 시장에서 손실을 보고 있는 상태에서는 원금을 회복하고 싶은 희망은 자연스러운 심리적 상태이다. 그러나 이러한 마음에서 거래한다는 것은 시장에 대한 분노, 자신에 대한 편견으로 와전될 수 있다. 실수에 너무 한탄하는 것, 손실을 억지로 복구하려는 것, 시장이 잘못되었다고 분개하는 것, 한 건을 크게 터트려야 한다는 생각 등은 자신의 내부에 이미 비이성적 행동이 가동된 상태이다.

3. 신체(질병과 상해) 위험

현대사회에서 질병과 상해 위험은 태어나면서부터 누구나 예외 없이 노출되는 가장 대표적인 위험 중의 하나이며, 특히 혼자만의 시간이 많은 디지털 일상에서 이런 위험은 수시로 노출될 수밖에 없다. 한편, 질병은 심신의 전체 또는 일부가 1차적 또는 계속적으로 장애를 일으켜서 정상적인 기능을 할 수 없는 상태를 말하며, 상해는 신체 외적인 사고로 해를 입음으로써 생활기능이나 업무 능력이 상실되거나 감소하는 경우를 말한다. 이로 인해 예상되는 손해는 다음과 같다.

먼저 의료비 손해이다. 이는 병원 치료에 수반되는 각종 비용을 말하며 응급치료비, 수술비, 진료비, 입원비, 퇴원비 등이 포함된다. 두 번째, 정신적 손해를 들 수 있다. 이는 치료 시 또는 이로 인해 사망, 후유장해를 입었을 경우 본인이나 가족의 심리적 또는 정신적 손해를 말하며 그 금액은 제반 사항을 참작하여 법원의 재량에 따라 위자료 명목으로 결정된다. 세 번째, 후유장해 및 사망손해이다. 후유장해는 더 이상 치료의 효과를 기대할 수 없는 상태에서 피해자에게 남아 있는 신체의 결손이나 기능감소를 말하며 이로 인한 손해는 상실 수익액, 개호비 및 정신적 손해가 있다. 또 사망손해에는 사망 시 상실 수익액, 유족들의 정신적 고통에 따른 위자료와 장례비가 있다. 네 번째, 휴업 손해이다. 이는 상해 또는 질병으로 치료하는 동안 본인의 일을 못 함에 따라 수입이 감소한 부분의 손해를 말하며, 주로 수입 감소액과 휴업 일수로 산출한다. 가사종사자인 경우 가사에 종사하지 못하는 기간 동안 타인으로 하여금 가사 활동에 종사케 한 경우의 비용으로 산출하며 보통 휴업 일수는 치료 기간으로 산정한다.

제2절 보험을 통한 위험관리

1. 위험관리와 보험관리

위험관리는 일반개인이나 조직이 직면하는 모든 위험, 즉 예기치 않는 손실이 가져오는 피해를 최소화할 목적으로 행해지는 모든 수단과 방법을 의미한다. 현대 문명이 발달할수록 그에 따른 위험은 더욱 복잡하고 다양해졌다. 따라서 위험관리 기법이나 절차도 더욱 세분되어 발달하였다. 통상 위험관리는 3가지 기본 원칙하에 수행된다. 첫째, 부담할 수 없는 위험은 반드시 회피해야 한다. 이는 위험으로 인한 손해의 원인보다 그 결과나 영향을 중시하여야 하며, 그 결과가 자기 부담능력 이상이라면 위험을 회피, 즉 보험 등의 수단을 이용하여 제3자에게 전가해야 한다는 의미이다. 둘째, 손실의 확률을 고려해야 한다. 이는 위험을 막연히 손해의 기회나 가능성만으로 생각하지 말고 구체적으로 손해의 빈도나 심도를 확률적으로 추정하는 습관을 가져야 한다는 것이다. 셋째, 적은 손실이 아까워 커다란 위험을 부담하지 말아야 한다. 이는 누구나 공감하는 원칙이다. 통상 위험을 관리하는 기법으로 위험통제, 위험회피, 위험경감, 위험보유, 위험 전가 등이 있다.

한편, 위험관리는 보험관리보다 훨씬 더 넓은 개념이다. 위험관리는 보험가능 위험과 보험 불능 위험을 포함하는 모든 순수위험을 처리하기 위한 제반 수단과 기법을 통칭하며, 주로 순수위험의 확인, 식별과 분석에 보다 중점을 두고 수행하는 절차를 의미한다. 반면, 보험관리는 순수위험 중에서 보험 가능 위험만 대상으로 하며 위험관리의 여러 기법 중 위험 전가의 대표적인 수단에 불과하다. 위험 전가는 계약을 통하여 위험을 제3자에게 전가시키는 것인데 보험이 가장 대표적이며, 보험이 아닌 다른 방법도 있다. 첫째, 헤징 계약이다. 이는 이익과 손실이 발생할 수 있는 불확실성, 즉 투기위험을 제3자에게 전가함으로써 손실의 기회나 가능성을 제거하는 방법이다. 두 번째 배상 책임 면책계약이다. 이는 배상 책임에 따른 손해의 불확실성을 전가하는 방법으로 계약 당사자 간에 어떤 거래를 추진함에 있어서 한쪽의 당사자는 다른 쪽의 당사자가 부담해야 하는 배상 책임의 손실을 계약의 의무로써 떠맡는 것으로 부동산 임대차계약 등이 대표적인 예이다. 세 번째 수탁계약이다. 이는 위탁자의 재산을 여러 가지 목적에 의하여 일시적 또는 장기적으로 관리하는 입장에 있는 수탁자가 그 재산에 관한 손해의 책임을 부담하는 계약을 말한다. 네 번째가 보증제도이다. 이러한 다양한 방법 중에서 어느 기법을 선택하느냐의 기준은 그 방식이 현실적으로 사용 가능한가와 그 방식의 효과와 비용과의 상관관계에서 결정되어야 한다.

2. 보험 가능 위험요건

세상의 모든 위험 중에서 보험으로 해결하기 위한 위험은 일정 요건을 갖추어야 한다. 첫 번째 위험조건은 다수의 동질적인 위험이어야 한다는 점이다. 그 이유는 서로 독립적인 위험이 많이 존재해야 보편적인 손실을 예측할 수 있으며, 그에 상응한 보험료를 계산할 수 있기 때문이다. 두 번째, 손실 발생이 우연적이고 고의성이 없어야 한다. 보험 자체가 미래의 우발성에 기초한 보험사고를 담보로 하는 것이기 때문에 우연한 사고가 아니면 보험으로서 성립되지 않는다. 한편, 건물의 감가상각처럼 미래에 확실하게 발생하는 손실은 보험에 가입할 필요를 못 느낀다. 세 번째, 손실은 확정적이고 측정 가능해야 한다. 보험대상이 될 수 있는 손실은 그 발생원인 및 시간과 장소, 손실 크기 등을 명확히 식별하고 측정할 수 있어야 한다. 만약 손실이 명확하지 않을 경우에는 보험료 산출이 불투명하고 그런 손실을 담보할 보험상품을 만들 수 없기 때문이다. 네 번째, 예상하는 손실이 너무 거대하거나 작지 않아야 한다. 천재지변으로 인한 손실 등 손실의 규모가 재난적일 만큼 과도하여 보험회사의 능력으로 도저히 보상할 수 없을 정도의 위험과 너무 작은 위험은 보험회사가 인수할 수 없기 때문이다.

3. 보험 측면의 일상위험

대체로 보험가입 측면에서 흔히 염두에 두는 일상위험으로 노후생활의 위험, 유족의 생계위험, 질병과 상해의 위험, 그리고 화재와 도난 등 기타위험이 있다. 먼저, 노후생활의 위험은 본인과 부부의 은퇴 후 생활비와 특정 시기에 목돈이 들어가는 자녀 결혼자금, 교육자금을 어떻게 마련하느냐에 달려 있다. 노후생활을 위해서는 보험 이외에 저축 또한 필수이다. 따라서 보험가입과 저축수단까지 병행해서 고민해야 한다. 유족의 생계위험은 가장이 조기에 사망하거나 실업 등으로 남은 가족의 생계비를 어떻게 확보하느냐에 달려 있다. 유족의 생계위험은 보험 본연의 존재가치를 나타내는 가장 확실한 명분이다. 그러므로 현대인이라면 반드시 보험을 통하여 대비해야 한다. 질병과 사고의 위험은 질병이나 사고를 당하였을 때 발생하는 고액의 의료비와 부대비용 부담을 어떻게 감당할 수 있는가에 달려 있다. 질병과 상해의 위험은 태어나면서부터 나타나므로 보험은 빨리 가입하는 것이 좋고, 나이가 적을수록 보험료도 저렴해지는 장점이 있다. 그러나 위험의 발생 가능성이 별로 없는데 보험에 들면 보험료만 낭비할 수도 있다. 그렇다고 너무 늦게 가입하려다 보면 나이가 많아 보험료가 올라가고, 자칫 보험에 들지 못하는 문제가 발생할 수 있다. 그리고 화재나 자동차사고, 타인에 대한 보증과 도난으로부터의 손실도 이를 보전할 만큼 여력이 있느냐가 중요하다.

〈Tip〉 보험은 재테크수단이 아니다

현존하는 대부분 보험상품은 위험보장을 주기능으로 하며 부수적으로 저축이나 투자기능을 수행하고 있지만 어디까지나 보험을 구입하는 것은 저축이나 투자라기보다는 위험을 보장받기 위한 소비행위에 불과하다. 소비는 시간이 경과하면서 잔존물의 가치가 감소하지 결코 증가하지는 않는다. 반면, 저축은 오히려 증가한다. 또한, 저축은 현재의 소비생활을 억제하고 미래의 소비생활을 도모하는 것이다. 그래서 저축은 소비를 억제해야 하는 고통이 따른다. 이런 맥락에서 보험은 역시 소비이지 저축은 아니다. 우리는 보험을 소비함으로써 미래 예상되는 경제적 손실을 보상받는 것이지, 보험료를 납부하면서 여기에 저축이나 투자개념을 반영하면 오해가 생긴다. 보험은 보험 본래의 기능이라 할 수 있는 보장적 기능 즉, 사망, 상해, 화재, 도난 등의 우발적 사고가 발생했을 때 손실을 당한 개인이나 기업이 입게 되는 경제적 손실을 보상하여 경제생활의 안정을 도모한다. 따라서 보험은 그 의미가 저축보다는 보장에 훨씬 치우쳐있으며 돈을 불리기 위한 투자로서의 기능보다는 순수한 보장기능이 당연히 앞선다. 다만, 부수적으로 저축기능이 있을 뿐이다. 결론적으로 보험은 위험에 대비하기 위한 수단이지, 결코 돈을 벌기 위한 도구가 아니다.

제3절 보험의 기초

1. 보험의 의의

누구에게나 손실만 입히는 위험을 사전에 방지하는 장치는 없을까? 인류의 역사가 시작된 태곳적부터 사람들은 갖가지 위험에서 벗어나기 위해 끊임없이 노력해 왔다. 오늘도 누군가는 이러한 위험에서 벗어나고자 무진 애를 쓴다. 과학 문명이 발달하면서 사람들은 자신이 가진 위험을 타인에게 이전하거나 서로 공유함으로써 위험으로부터 자유로워질 가능성을 모색하였다. 점차 사람들은 어느 정도 예상되는 위험은 미리 대처할 수 있지 않냐 하는 필요성을 느끼고 이의 수단을 적극적으로 찾기 시작하였다. 보험은 기본적으로 위험 발생에 따른 손실 규모가 큰 것을 대상으로 한다. 손실이 작은 것은 발생하더라도 개인이나 기업에 미치는 영향은 별로 크지 않기 때문이다. 따라서 혼자 감당하기 어려운 위험들만 보험에 들고 손실이 작은 위험은 예비자금을 확보함으로써 스스로 대처하는 것이 현명한 방법이다. 이는 감기에 걸리는 것을 대비해서 보험에 들지 않는 것과 같은 이치이다.

2. 보험의 기본원칙

1) 대수의 법칙

보험은 보험사고 발생에 대비한 공평한 위험부담을 위해 대수의 법칙을 기초로 작성한 경험생명표에 따라 보험료를 산출한다. 이는 보험자가 예상되는 손해를 정확하게 계산하기 위해서는 개별위험의 숫자인 모집단이 충분히 커야 한다는 것, 즉 대수가 되어야 한다는 것이다. 대수의 법칙이란 독립적으로 발생하는 어떤 사건에 대하여 그 관찰대상과 관찰횟수를 늘리면 늘릴수록 어떤 사건의 발생확률의 실제 결과가 예측결과에 점점 가까워지는 현상을 말한다. 예를 들어 주사위를 한 번 던졌을 때 어떤 숫자가 나올지를 정확하게 예측하는 것은 어렵다. 그러나 주사위를 던지는 횟수가 많아지면 주사위 각 면이 나오는 횟수가 점점 비슷하게 되어 그 비율이 1/6에 가까워진다. 이처럼 일상생활에 존재하는 위험 중에 어떤 특정한 위험이 누구에게 발생할지는 아무도 모르지만, 일정 기간 동안 여러 사람을 대상으로 특정 위험의 발생 여부를 관찰한다면 일정한 발생률을 구할 수 있게 된다. 대수의 법칙은 과거의 경험치를 미래의 발생확률로 간주하게 해주는 가장 기본적인 원리이다.

2) 수지상등의 원칙

이는 개별 보험계약자에게 부과 징수한 보험료의 총액과 특정사고 발생 시 지급하는 보험금의 총액이 균등해야 한다는 원칙으로 개별 보험계약자와 보험자 간의 수지는 불균형하더라도 집단 전체를 놓고 보면 전체 수지는 균형을 이루어야 함을 의미한다. 만약 쌍방 중에 어느 하나가 수지상등의 원칙에 반하여 큰 이득을 얻는다면 이는 도박과 같게 된다. 다만 미래 위험을 확률에 의해 추정하기 때문에 보험가입자가 내는 보험료보다 받는 보험금이 많으면 보험회사는 보험료를 올려서 서로 균등하도록 조정할 것이고, 그 반대라면 보험료를 내린다.

3) 급부 반대급부 균등의 원칙

이는 두 번째 원칙을 개별 가입자에게 적용한 것이다. 즉 본인이 납입한 보험료와 사고 발생 시 보험회사가 지급하는 보험금이 같아야 한다는 것이다. 그렇다고 1억 원의 보험금을 타려면 1억 원의 보험료를 내야 한다는 의미가 아니다. 보험가입자가 납입하는 보험료는 개별 계약자에게 보험사고 발생 시 지급하는 보험금과 수학적 기대치인 확률, 즉 사고율을 곱하여 산출된다. 예를 들어, 1명의 보험가입자가 보험기간 동안 1억 원의 보험사고가 발생할 확률이 1%라고 한다면 그 보험료는 100만 원(1억 원 ×1%)이 된다. 이는 개별 보험계약자의 보험료를 책정하는 원리이며, 사고 확률이 낮은 계약자가 낮은 보험료를 부담하는 보험료의 공평성을 설명하는 것이다.

4) 비례보상의 원칙

이는 손해보험만의 기본원칙으로 보험회사가 지급하는 손해보상액이 실제 손해액을 기준으로 산정되는 경우로서 보험금액의 보험가액에 대한 비율로 손해를 보상하는 것을 말한다. 보험사고가 생긴 경우에 보험가입금액을 한도로 하여 손해액 전액을 보상하는 실손보상과 대비되는 것으로서 보험회사는 보험가액에 대한 보험가입금액의 비율(부보 비율)에 따라 손해를 보상하는 것을 말한다.

즉 보험회사는 보험가입금액이 보험가액에 미달되는 경우, 보험을 보험가액에 일정 비율만큼 부족하게 가입한 형태(보험계약자의 자가보험)이므로 지급보험금도 부족한 정도의 비율로 계산하는데 이를 비례 보상하는 것이다.

5) 실손보상의 원칙

이 역시 손해보험만의 기본원칙으로 보험회사가 손해를 보상하는 경우 피보험자의 재산적 지위를 사고가 발생하기 이전의 상태로 회복시킨다는 원칙을 말한다. 즉, 담보된 위험의 손실 원인에 대하여 실제로 발생한 경제적인 손실에 대해서만 보상을 해준다는 원칙이다.

3. 보험의 종류

1) 손해보험

손해보험은 보험사고로 인하여 본인 재산(재물)이나 신체상에 손실이 났을 때 그 손해를 보상해 주는 보험으로 보증, 신용 등과 같은 무형의 위험도 보험대상이다. 이는 최대예상 손실액(보험가액) 범위 내에서 본인 형편에 맞추어 선택 가입(전부, 일부)할 수 있으며, 보험사고 시 입은 실제 손실액만 보상해 주는 실손보상원칙이 적용된다. 주로 보험기간은 1년 이내이며 보험대상에 따라 화재보험, 해상보험, 자동차보험, 책임보험, 보증보험, 특종보험 등으로 구분된다. 한편, 장기 손해보험은 손해보험의 장점과 만기 시 만기보험금도 지급받을 수 있는 생명보험의 장점을 합쳐서 보험기간이 3년 이상으로 흔히 장기보험이라 한다.

2) 생명보험

이는 주로 사람의 죽는 것과 사는 것을 보험대상으로 하며 보험사고로 지급될 금액이 실제 발생한 손해액과는 전혀 관계없고 계약체결 시점에 미리 정해지는 정액보험 형태이다. 죽음과 관련한 사망보험은 계약한 때부터 일정 기간을 보장하는 정기보험과 피보험자의 일생을 보장하는 종신보험이 있으며 오래 사는 위험을 보장하는 연금보험이 있다. 한편, 지급될 금액이 투자실적에 따라 변하는 변액보험이 있으며 이를 투자형 보험상품이라 하며 은행 등 금융권과 수익경쟁 차원에서 개발 보급되었다.

3) 일반 배상책임보험

이는 피보험자가 제3자에게 재산, 신체 또는 정신적 피해를 입혀 민사상 손해배상책임을 지게 되는 경우 이를 보상해 주는 보험이다. 특히 제3자에게 끼친 손해를 보상한다는 의미에서 일반 손해보험과는 다르게 취급하며 이로 인해 동 상품은 피해자의 보험금 직접 청구권, 대위권[13], 보험가액의 부존재[14] 등의 특징이 있다. 크게 보상 객체에 따라 신체장애 배상과 재산손해배상, 피보험자에 따라 직업인 배상과 개인 배상, 가입 강제성에 따라 임의배상과 의무배상으로 나뉜다. 참고로 의무배상책임보험의 경우 일반적으로 무과실 책

13 대위권은 보험자가 피보험자를 대신하여 피해자의 손해를 보상함으로써 가지게 되는 권리

14 배상책임보험에서는 보험의 목적이 피보험자의 전 재산이므로 피보험자가 제3자에게 지는 손해배상책임액을 정확하게 예상하지 못하기 때문에 일반적으로 보험가액이 존재하지 않는다.

임보험, 즉 피보험자의 고의 또는 중대한 과실을 제외하고는 보험회사는 피해자에게 보상을 해야 하나 임의배상책임보험의 경우 피보험자의 책임에 대한 확정판결 후 보험회사가 보상하는 것이 일반적이다.

4) 사이버 배상책임보험

이는 e-비즈니스, 인터넷 등 가상공간에서의 피보험자의 행위로 인해 제3자에 대한 손해배상책임을 담보하는 보험으로 크게 강제보험과 임의보험으로 나뉘며, 의무보험으로 전자금융거래법의 금융기관이 가입해야 하는 전자금융거래 배상책임보험, 정보통신망법의 집적정보통신시설 사업자가 가입해야 하는 보험, 전자문서 및 전자거래 기본법의 공인전자문서센터 등이 가입해야 하는 보험이 있다. 임의보험은 개인정보유출배상책임보험과 e-비즈니스 배상책임보험 등이 있으며 대부분의 일반 배상책임보험은 사이버 위험보장을 제외하고 있으며 2000년대 중반 이후 사이버 위험에 특화된 사이버 관련 보험이 개발, 판매되고 있다.

〈표〉 일반 배상책임과 사이버 배상책임

구분	일반 배상책임	사이버 배상책임
사고 장소	오프라인	온라인
보험 대상	신체와 재물	무형의 데이터, 정보 등
피해 범위	대인과 대물사고	무형의 명예훼손, 언론 보도 등으로 인한 2차 피해 등
피보험의 귀책사유	직접적인 피해자의 사고에 기인한 보상	해킹과 같은 피보험자의 직접적인 귀책사유 이외도 보상

5) 재보험

이는 보험회사가 인수할 담보 여력이 충분하지 않아 보험계약자가 제시한 보험금액의 전부를 보유하기가 불가능할 경우 일정 금액만 보유하고 나머지 금액은 재보험으로 출재하여 위험을 분산시키는 형태의 보험으로 현재 국내에는 다양한 재보험사가 영업 중이다.

6) 제 3보험

이는 손해보험과 생명보험의 두 가지 성격을 모두 갖추고 있는 보험으로 상해보험, 질병보험, 간병보험이 있으며 손해보험사와 생명보험사 모두가 판매하고 있다.

7) 보증보험

이는 채무자가 보험계약자이고 피보험자가 채권자이며 채무자가 채권자에게 계약상의 채무불이행이나 법령상의 의무불이행으로 손해를 입힌 경우에 그 손해를 보상해 주는 보험이다. 만약 보험사고가 발생한 경우 보증보험회사는 보험가입금액의 한도 내에서 피보험자에게 보험금을 지급하고 지급한 보험금을 한도로 보험계약자에게 구상권을 행사한다. 한편, 신용보험은 보험계약자가 동시에 피보험자인 피보증인의 손해를 보상받는 자기를 위한 보험으로 타인을 위한 보증보험과는 구별된다.

8) 특종보험

이는 손해보험 중 화재보험, 해상보험, 자동차보험, 책임보험, 보증보험 등에 속하지 않는 모든 손해보험의 영역을 포괄하는 보험이다.

4. 보험상품의 특성

보험상품은 무엇보다 눈에 보이지 않는 점이 특이하다. 따라서 상품 수요 측면에서 일반상품은 구체적 상품으로써 명확한 소비효용과 부차적 효용을 가지고 있지만, 보험상품은 무형의 관념상품으로서 추상적 효용만을 가진다. 또한, 욕구 면에서도 일반상품은 구입 시점에 존재하고 인식되어 감지되나, 보험상품은 존재하고는 있지만 거의 인식을 못 하고 있다. 그리고 일반상품은 고객의 자발적인 의도로 구입절차가 이루어지지만, 보험상품은 고객의 순수한 자발성이 거의 없고 전문조직이 가입을 권유하면서 이루어진다. 한편, 일반상품은 판매와 더불어 경제과정이 종료되고 경우에 따라서 판매한 이후에 고객에 대한 서비스가 계속되는 반면에 보험상품의 판매는 고객과 보험회사 간의 계약체결일로부터 보험계약 기간 만료까지 또는 보험 급부 지급까지 계속되며, 이의 서비스는 개인적인 대소사에 관한 보살핌, 고객에 대한 재무적인 조언, 보험계약의 변경, 보험사고 처리와 후속적인 조치 등 실로 다양하다. 이 외에도 보험상품은 일반적으로 복잡하고 일반인들이 이해하기 어려워 고객에게 중요 사항을 지속적으로 안내해주어야 하며, 보장성 상품은 보험료를 불입하는 사람과 보험금 혜택을 받는 사람이 서로 달라 일반상품과 바로 대비된다.

5. 보험계약 유지

일반적으로 보험계약을 초기에 중도 해지하면 해약환급금이 원금에 훨씬 못 미칠 수 있고 필요시 재가입이 어려운 경우가 있으므로 보험계약을 해지하는 것은 여타 금융상품보다 신중을 기하여야 한다. 만약 보험료 납입이 어려워서 보험을 해약한다면 계약을 유지할 수 있는 다양한 제도를 활용해 볼 필요가 있다.

1) 감액(Reduced) 제도

이는 향후 납입하여야 할 보험료 수준을 줄여 보험료 납입의 부담을 줄이는 방법이다. 줄어든 보험료는 해약으로 간주하여 향후 지급받을 보험금도 줄어들지만, 보장 기간은 동일하다.

보험료	보험금	보험기간	비고
감액	감액	동일	감액 부분은 해약처리 하여 해약환급금 지급

2) 감액완납(Reduced Paid-up)제도

이는 보험료를 추가 납입하지 않고 보험금을 감액하는 방법으로 향후 받을 수 있는 보험금은 해약환급금을 일시납으로 납입하고 그에 상응한 보험금으로 감액된다.

보험료	보험금	보험기간	비고
미납	감액	동일	해약환급금 미지급

3) 연장 정기보험(Extended Term) 제도

이는 보험금액은 그대로 유지하되 보험료를 추가 납입하지 않고 보장 기간을 단축하는 방법이다. 감액완납제도가 보장 기간은 유지하면서 보험금 수준을 줄인 것이라면 연장 정기보험은 보험금 수준은 유지하면서 보장 기간을 줄이는 것이다. 예를 들면, 종신토록 사망을 보장하는 종신보험을 일정 연령까지만 보장하는 정기보험으로 변경하는 것이다.

보험료	보험금	보험기간	비고
미납	동일	단축	해약환급금 미지급

4) 보험계약 대출(Policy Loan) 제도

보험계약자는 보험기간 중 긴급자금이 필요할 경우 보험계약을 해지하지 않고 해약환급금의 범위에서 보험계약 대출을 받을 수 있는데 흔히 약관대출이라 한다. 이 경우 해당 상품의 적용된 예정이율에 1.5~2.5% 추가된 보험계약 대출이자를 부담하여야 한다.

보험료	보험금	보험기간	비고
동일	동일	동일	대출 원리금 상환 부담

5) 보험료 자동대출 납입(Automatic Premium Loan) 제도

이는 보험료에 해당하는 금액이 자동으로 보험계약대출금으로 처리되어 동 금액이 보험료로 자동 납입되는 방법이다. 다만 최초 자동대출 납입일로부터 1년이 최대기간이며 그 이후의 기간에는 재신청하여야 한다.

보험료	보험금	보험기간	비고
미납	동일	동일	대출 원리금 상환

6) 보험료 납입 일시중지(Universal) 및 중도인출(Withdrawal) 기능

본인이 가입한 상품이 유니버설보험이라면 의무납입기간 이후에는 일시적으로 보험료 납입을 중지할 수 있다. 의무납입기간은 보통 18개월, 2년, 3년, 5년 등이다. 통상 별도의 신청이 없어도 보험료가 납입되지 않은 경우 자동으로 해약환급금 범위에서 인출된다. 그러나 해약환급금이 모두 소진되는 시점이 도래되면 보험계약은 해지될 수 있다.

보험료	보험금	보험기간	비고
일시중지	동일	동일	해약환급금 감소

또한, 해약환급금의 50% 이내에서 연 12회 중도인출이 가능하다. 이 경우 보험 계약사항, 즉 보험료와 보험금 및 보험기간 등은 변동이 없다.

보험료	보험금	보험기간	비고
동일	동일	동일	해약환급금 감소

6. 보험 해약

보험기간이 끝나기 전에 해약 또는 효력상실 시 지급되는 환급금을 해약환급금이라 한다. 이의 재원은 책임준비금인데 그 전부를 해약환급금으로 주지 않고 책임준비금에서 어느 정도 공제한다. 책임준비금은 보험회사가 보험계약에 대하여 장래에 지급하는 보험금, 환급금, 배당금 등의 지급책임을 완전히 수행할 수 있도록 준비하는 금액이다. 통상 계약 초기에는 해약환급금이 없거나 있더라도 본인이 납입한 보험료 합계액보다 적다. 그 이유는 다음과 같다. 첫째, 보험가입과 동시에 위험에 대한 보장이 주어져 자기가 납입한 보험료보다 훨씬 큰 보험금을 받을 기회를 얻게 되는데 그에 대한 대가로 납입보험료의 일부분인 위험보험료가 이미 사용되었다. 그러나 은행의 예금이나 적금, 신탁에서는 위험보장이 제공되지 않기 때문에 이러한 보장비용의 차감이 없다. 둘째, 신계약비, 유지비, 수금비 등의 사업비로 납입보험료의 일부가 지출되었기 때문이다. 이 중 신계약비는 설계사수당, 건강 진단비, 증권발급비 등 보험판매에 따라 발생하는 비용으로 1차년도 납입보험료의 전부 또는 대부분이 이 비용으로 충당된다. 경우에 따라서 1차년도 보험료를 초과하기도 한다. 한편, 신계약비를 포함한 사업비는 보험기간 종료까지 매 기간마다 납입보험료의 일정 부분을 떼어 내어 충당된다. 그 결과 1차년도 납입보험료에서 한번 차감한 사업비만으로는 초년도에 집중 지급되는 사업비를 감당할 수가 없게 된다. 따라서 이를 보완하기 위하여 2차년도 이후 발생할 것으로 예상되는 사업비를 1차년도에 미리 떼어 내어 선집행하고 그 이후에 보전하는 방법을 취한다. 즉, 차년도 보험료부터 그 부족분을 통상 7차년까지 계속 메꾸어 나간다. 그러나 중도에 해약하게 되면 부족분을 메꿀 보험료가 납입되지 않아 미리 집행된 사업비를 해약환급금에서 공제할 수밖에 없다. 만약, 계약체결 후 초기에 해약한다면 해약환급금이 거의 없는데, 이는 공제할 사업비가 많이 발생하기 때문이다. 셋째, 사망 역선택에 대한 공제이다. 사망보험에서는 건강이 불량한 사람은 가능하면 해약을 피하고, 스스로 건강하다고 믿는 사람들이 해약하게 되어 계약자집단에는 건강이 불량한 사람들이 더 많이 남게 된다. 그 결과 역선택 현상이 발생하게 되어 잔여 계약자들에게 불리한 결과를 초래하게 된다. 이를 보전하기 위해 해약하는 사람들에게 지급하는 해약환급금은 감소되어야 한다는 것이다. 넷째, 재무 역선택에 대한 공제이다. 회사는 해약에 대비해서 유동성이 높은 자산을 준비하거나 해약환급금을 지급하기 위해 불리한 시점에서 자산을 처분해야 할 때도 있어 투자이익이 감소하거나 애초 계획보다 줄어든다. 특히 경기 침체기에는 상황이 더욱 악화된다. 따라서 사망 역선택처럼 재무 역선택도 잔여 계약자에게 불리한 결과를 초래하므로 이의 보전을 위해 해약공제금이 부과되어야 한다는 것이다. 다섯 번째, 계약자가 해약하는 경우 해약환급금을 지급하는 데 사무경비가 발생하므로 이에 대한 공제가 필요하다. 이상 위의 다섯 가지 이유가 모두 납입보험료에서 차감되는 것은 아니고 현행 감독규정은 위의 두 번째 이유만 반영하여 공제하고 있다. 따라서 해약 시점에 아직 상각되지 않은 신계약비만 책임준비금에서 차감하고 해약환급금을 산출한다. 현행 규정상 상각 기간은 7년이므로 만약 7년 이상 유지된 계약을 해약하면 차감할 신계약비가 없으므로 책임준비금이 고스란히 해약환급금으로 지급된다.

만약 보험가입 이후 사정상 해약이 불가피하다면 다음 순서대로 해약하는 것이 유리하다. 첫째, 보장내용이 중복된 상품부터 해약한다. 특히, 실제 발생한 의료비를 지원해주는 의료실손보험의 경우에는 중복가입해도 보장을 받지 못하는 경우가 있다. 둘째, 보장성보험보다는 저축성이나 투자형 상품부터 해약한다. 통상 보장성보험은 중도에 해지할 경우 재가입이 어렵고 보험료도 비싸지며 경제적으로 어려울 때 꼭 필요한 보험이기 때문이다. 셋째, 과거에 가입한 이자율이 높은 상품보다 낮은 상품을 해약한다. 만약 이자율이 유사한 계약이라면 보험가입일로부터 해약공제가 없는 7년 이상 경과되고 만기가 가까운 계약을 해약한다. 넷째, 세제 지원 상품보다는 세제 지원이 없는 일반상품부터 해약한다. 세제 혜택이 있는 개인연금저축보험 등은 중도해지 시 추징세가 부과되기 때문이다.

〈Tip〉 손해보험과 생명보험의 차이점

손해보험과 생명보험의 우선적인 차이점으로 보험의 부보 대상인 피보험자를 들 수 있다. 손해보험의 피보험자는 피보험이익의 주체로서 보험사고 발생 시 손해 보상을 받을 권리를 가진 자이나. 생명보험에서는 보험사고의 객체인 사람을 말하며 때에 따라서는 보험금 수령권자인 보험수익자와 다르다. 두 번째로 보험 목적이 다르다. 손해보험은 자연인이나 법인, 유체물이나 무체물이든 피보험이익의 요건을 충족하는 것이라면 모두 보험의 목적이 될 수 있으나, 생명보험은 자연인에 한하며 특히 15세 미만자, 심신상실자, 심신박약자는 사망보험의 피보험자가 될 수 없다. 세 번째, 보험기간이 다르다. 손해보험의 보험기간은 비교적 단기(대부분 1년 이내)이며 보험료를 일시납으로 납부하며 대부분 소멸성 보험이 많은 반면, 생명보험은 보험기간이 장기이며 저축성보험이 많아 보험료를 분할납부하는 것이 일반적이다. 네 번째, 피보험이익이 서로 다르다. 피보험이익은 손해보험의 본질이며 이의 평가액을 보험가액이라고 하며 보험금액과 보험가액의 차이에 따라 일부보험, 중복보험, 초과보험의 문제가 발생한다. 그러나 생명보험에서는 일부 상해보험을 제외하고 피보험이익의 존재가 불필요하므로 중복보험과 초과보험 등의 문제가 전혀 발생하지 않는다. 다섯 번째, 보험금을 지급하는 형태가 다르다. 손해보험은 보험금액과 보험가액의 범위 내에서 실손보상을 원칙으로 하는 반면, 생명보험에서는 계약체결 당시 약정한 보험금을 지급한다. 그래서 정액보험이라고도 한다. 마지막으로 보험자대위이다. 손해보험은 실손보상 원칙이 적용되므로 보험자대위가 인정되나, 생명보험은 대부분 정액보험으로서 보험자대위가 인정되지 않는다. 다만 상해보험과 같은 실손형 보험은 생명보험에서도 당사자 간 특약에 의해서 보험자대위가 인정될 수 있다.

제4절 인슈어테크(InsurTech)

1. 의의

인슈어테크는 Insurance(보험)와 Technology(기술)의 합성어로 데이터 분석, 인공지능, 사물인터넷 등의 기술을 활용하는 보험서비스를 의미한다. 인슈어테크 이전의 가치사슬이 전통적인 보험서비스의 효율적인 개선에 초점이 맞춰져 ICT 기술을 적용하는 수준이었다면, 인슈어테크는 기반기술을 통해 새로운 보험생태계를 구축하여 소비자에게 보험서비스를 제공한다. 일례로 자동차보험 관련 새로운 생태계를 살펴보자.

"스물여섯 살 사회초년생 P 씨는 처음 자동차보험 가입을 알아보다 나이가 어리고 보험가입 경력이 없다는 이유로 연간 100만 원이 넘는 돈을 납입해야 한다는 이야기를 듣고 실망했다. 그러다 안전운전을 하는 습관만 증명하면 할인받을 수 있는 H 보험사의 UBI(Usage-Based Insurance, 운전자습관 연계보험) 프로그램을 검색하고 가입했다. H 보험사가 보내준 자동차진단 포트에 꽂는 소형기기를 장착하고 3개월가량 운전한 뒤 P 씨는 보험료 30만 원을 할인받았다. 그 이유는 기기를 통해 실시간으로 전송된 주행거리, 운전시간대, 급제동 등 주행습관 데이터를 확인한 보험사가 P 씨의 사고 발생확률이 낮다고 판단했기 때문이다.”

현재 보험회사는 상품개발, 계약체결, 고객관리 등 보험업무에 효율적인 사물인터넷, 빅데이터, 인공지능, 블록체인 기술을 활용하여 다양한 상품을 창출하여 공급하고 있다. 즉 사물인터넷을 활용하여 새로운 보험상품(건강증진형 보험, UBI 자동차보험 등)을 개발하고, 빅데이터(고객 정보, 설계사 정보 등)를 분석하여 보험영업 대상을 추출하고 계약심사를 고도화하는 한편, 인공지능 챗봇을 통해 상담업무 및 보험 관련 안내업무를 자동화하는 등 업무효율 향상을 위해 활용 중이다.

2. 디지털형 보험상품

1) 페이퍼마일(Pay-per-Mile) 자동차보험

이는 UBI 모델에서 진화한 자동차보험으로 연간보험료를 운행 거리와 무관하게 전액 선납하는 기존 자동차보험과 달리, 소정의 가입보험료만 납부한 이후 매월 주행거리에 따라 산출되는 보험료를 분할해 납부한다. 따라서 대중교통을 이용하여 출퇴근을 하거나, 휴일에만 잠깐 차를 사용하거나, 세컨드 카로 자녀 등하교나 집 근처에서만 이용하는 경우, 은퇴를 통해 차를 타는 횟수가 줄어든 경우에 아주 적합하다.

2) 미니보험

미니보험은 소액으로 필요한 보장 혜택만 제공하는 보험상품이다. 보험기간이 짧고, 꼭 필요한 보장만 필요할 때 받을 수 있어 이른바 가성비가 극대화된 보험이며 모바일 간편결제를 통해서 주로 가입한다. 그동안 주로 여행자보험으로 활용되던 미니보험이 미세먼지보험, 반려견보험, 층간소음보험, 등산보험, 스키보험, 낚시보험 등 다양한 형태로 확산하고 있으며, 최근 코로나19 관련한 코로나보험, 백신보험 등도 출시되었다. 현재 국내 보험사에서 판매되고 있는 미니보험으로 스마트 ON 시리즈 보험(스위치처럼 켰다가 필요 없을 때는 끄는 형태의 상품)을 소개한다.

- 스마트 ON 펫 산책 보험 : 기본보험료에서 산책한 날만 보험료를 차감하는 형태의 상품이다. 쿠폰이나 크레딧 형태로 일정보험료 납부 시 정해진 횟수만큼 산책하며, 추가 산책은 사후 정산하는 방식으로 운영된다.
- 스마트 ON 해외여행보험 : 최초 이용 시에는 일반적인 수준의 보험료를 납부하며, 2회차부터는 사업비 관련 부가비용을 제거한 순수보험료만 납부한다.

3) P2P 보험

기존의 보험은 공유개념보다는 가입자가 보험사에 위험을 전가하고, 보험사는 다시 인수한 위험을 분산하는 전이의 개념이 더 컸다. 이 때문에 고위험 가입자가 저위험 가입자의 보험료를 활용하기 위해 자신의 위험을 숨기는 역선택이 나타나고, 보험금을 부풀리기 위한 도덕적 해이나 보험사기 등의 문제가 발생했다. 보험가입자와 보험사 사이에 이해 상충의 문제가 필연적으로 발생할 수밖에 없는 구조였다. P2P 보험은 전통적인 보험의 구조적인 문제를 해결하기 위한 플랫폼이다. 공동의 위험을 가진 개인 간 보험 모델이며, 유사한 위험에 노출된 사람들이 보험회사에 위험을 전달하는 것이 아니라 계약을 체결한 누군가에게 위험이 발생하면 그 손실을 나누어서 지불하겠다는 위험공유 보험이다.

4) 소셜(SNS) 보험

대표적인 SNS 보험으로 독일의 프렌드슈어런스(Friendsurance)를 들 수 있다. 이는 간단히 소셜 기반의 보험서비스가 결합한 형태로 운영구조는 아래와 같다.

- 프렌드슈어런스 가입자는 최대 15명까지 커뮤니티를 형성해 교통사고 등 보험료 청구가 필요할 때 서로 도움을 주는 구조다. 보험에 가입할 때 친구들의 페이스북 계정을 제공해 커뮤니티를 만든다. 보험료 청구 금액이 프렌드슈어런스에서 제공할 수 있는 금액을 넘어가면 초과금액을 커뮤니티의 친구들이 n분의 1로 나누어서 낸다. 일종의 자기부담금 같은 구조다. 보험회사에서 지급해야 하는 보험금 일부분을 친구들이 공동 부담하는 구조라서 다른 보험에 비해 비용이 최대 70%까지 저렴하다.

이처럼 소셜 보험 모델은 소규모 보험금청구를 효과적으로 관리할 수 있고, 보험회사가 사고 시 지급하는 비용을 줄일 수 있다. 또한, 소셜 보험은 믿을 수 있는 친구들과 연결되어 있기 때문에 내야 하는 금액을 꼼꼼히 따지게 되고 보험금을 노린 허위신고 등의 부작용도 줄일 수 있어 보험회사는 그 혜택을 보험료 할인으로 가입자에게 되돌려준다.

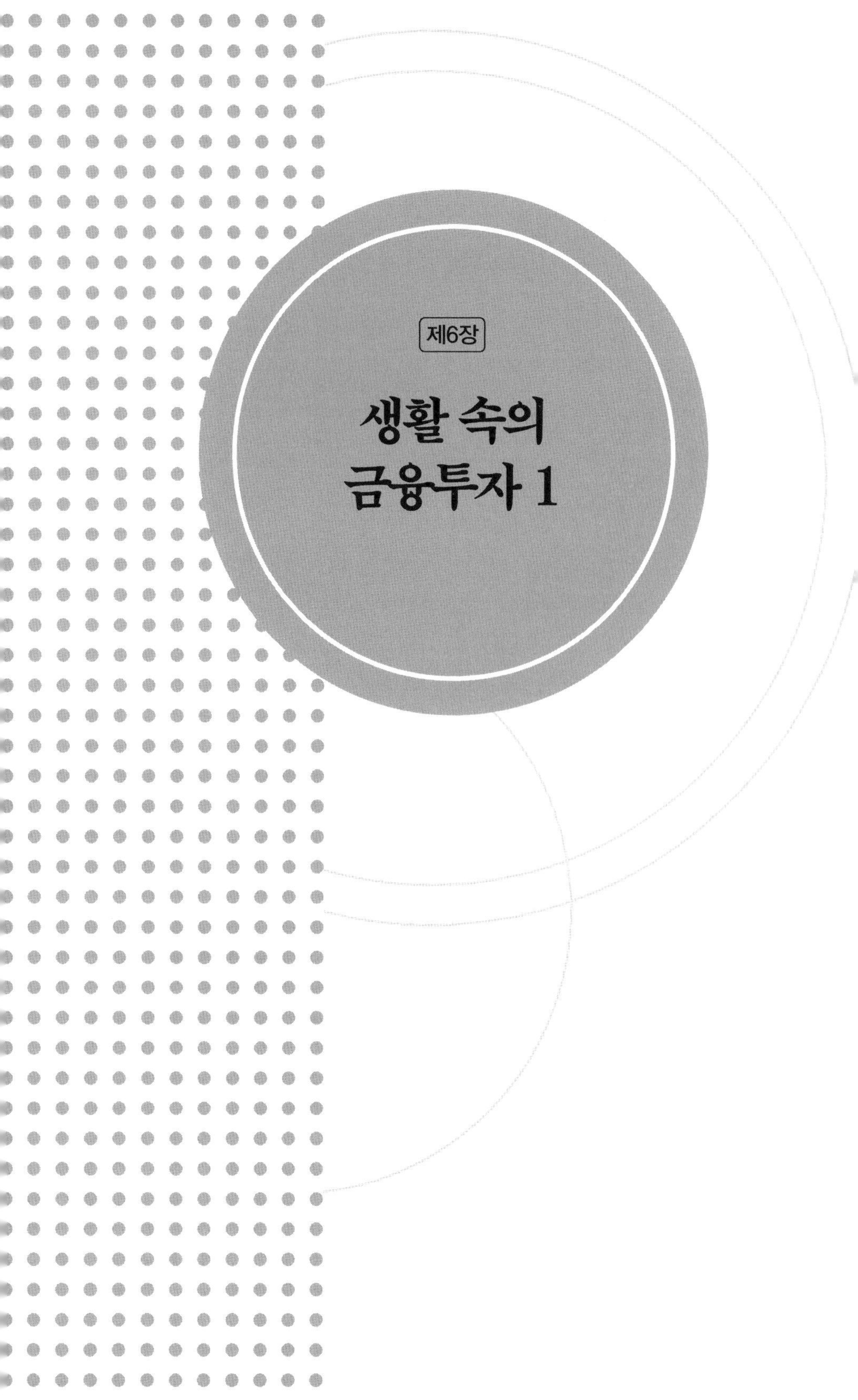

제6장

생활 속의 금융투자 1

제1절 주식투자

1. 주식시장

흔히 주식이 거래되는 곳을 주식시장이라 하는데, 이는 17세기 영국의 산업혁명 이후부터 지금까지 일반인들이 가장 쉽게 접근할 수 있는 대표적인 투자시장이다. 예나 지금이나 주식시장에서 수많은 투자자들이 수익을 내고자 고군분투한다. 주식이란 주식회사의 자본을 이루는 단위 금액을 표기하고 그 권리를 나타내는 증서이다. 주식가격은 그 주식을 발행한 회사가 보유한 가치의 산유물이다. 가치는 원칙적으로 현재 시점에서 미래의 회사 성장성을 평가하는 것으로 알 수 있다. 기술적으로 표현하면 미래에 벌어들이는 수익의 현금흐름을 현재 시점으로 모두 환원하여 계산한 값이다.

그런데 미래에 벌어들일 것이라고 예상한 금액은 사람마다 모두 다르다. 이런 현상이 주가에 반영되어 가령, A 회사의 주가를 어떤 사람은 저렴하다고 생각하고 어떤 사람은 비싸다고 생각하기 때문에 사고팔고 하는 거래가 이루어지는 것이다. 그러면 싸다 또는 비싸다고 하는 근거는 무엇인가? 기본적으로 미래의 흐름을 예측하는 기준이 서로 다르기 때문이다. 이것 때문에 주식시장이 존재하며 한편은 수익이 생기고 누군가는 손실이 발생하는 제로섬(zero sum)게임을 한다. 그렇다면 주식시장에서 수익의 편에 서기 위해서 우선 무엇을 해야 하는가? 수익에는 그에 상응한 리스크가 반드시 따르며 이를 어떻게 관리하느냐가 가장 중요하다. 주식시장에서 리스크란 간단히 변동성을 의미하며, 분산(표준편차)으로 계산한다.

2. 주식투자 유형 및 운용전략

1) 투자유형

주식시장에서 가장 대표적인 투자유형으로 시장 추종형과 절대 수익형을 들 수 있다. 예를 들어 시장을 이길 수 없으므로 주식시장이 어떻게 되든 대체로 상승한다고 믿고 이를 추종하고 싶다면 시장 추종형 투자자이다. 반대로 시장성과와 무관하게 결과적으로 많은 수익을 얻을 수도 있고 적은 수익을 얻을 수도 있지만, 얼마가 되었든 비교적 고정된 수익을 추구하고 싶다면 절대 수익형 투자자이다. 일반적으로 1년 이상의 투자 기간과 수익률 외의 거시경제 트렌드 등 다른 부분도 관심을 두는 투자자라면 시장 추종형일 가능성이 크다.

2) 시장 추종형 운용전략

(1) 가치주 전략

이는 정통적인 주식투자의 방법론 중 하나로, 주식의 적정가치를 산출한 다음 실제 가격과 비교해 적정가치 대비 저렴하다고 판단되면 매수하고, 비싸다면 매도하는 전략이다. 따라서 회사의 주가와 실제 적정가치의 괴리율을 우선시한다.

(2) 성장주 전략

이는 주식이 포함된 산업군, 기업이 보유한 핵심기술의 미래가치 등을 고려해 현재보다는 미래 성장할 가능성이 큰 주식에 투자하는 전략이다. 즉 현재가치보다는 미래의 성장성을 우선시한다. 이 전략은 대표적인 밸류에이션 지표인 PER(Price Earning Ratio), PBR(Price Book Value Ratio) 등의 매력도가 다소 낮더라도 미래 성장성이 높다면 매수한다. 따라서 포트폴리오에서 이 전략을 활용할 때는 매도 타이밍과 방법이 아주 중요하다.

(3) 퀄리티 전략

이는 가치주 전략과 성장주 전략의 중간적인 형태로 현금흐름이 좋고 자본수익률(ROE; Return on Equity)이 높은 기업에 투자하는 전략이다. 따라서 부채가 적고 재무상태가 우수한 기업에 투자한다.

3) 절대 수익형 운용전략

(1) 인컴 전략

이는 가장 널리 알려진 절대 수익형 전략으로 인컴 자산에 투자해 고정된 수입을 확보하는 전략이다. 주로 인컴형 펀드에 투자하거나 고배당주식에 투자한다.

(2) 앱솔루트 리턴 전략

이는 상호 간 상관관계가 낮은 주식을 모아 투자하는 전략이다. 상관관계가 낮은 주식, 즉 가격이 반대로 움직이는 주식에 투자하면 가격이 급락하거나 급격히 흔들릴 때 포트폴리오의 리스크를 상쇄시킬 수 있다.

3. 미국 주식투자

1) 미국 주식시장의 특징

우선 미국 주식시장은 상승과 하락표시가 한국과 다르다. 미국 주식시장은 상승할 때 파란색으로 표시되고, 하락할 때 빨간색으로 표시된다. 이에 반해 한국 주식시장은 상승할 때 빨간색, 하락할 때 파란색으로 표시된다. 또 상한가와 하한가 제도가 없으며 주로 실적에 따라 주가가 움직인다. 대체로 미국주식은 상/하한가가 없어 주가변동 폭이 클 것 같지만 그렇지 않다. 실적이 기대치보다 너무 낮은 경우를 제외하고는 주가변동 폭이 안정적이다. 그리고 주식 시가총액이 세계에서 가장 크다. 미국은 국가별 시가총액 기준으로 세계 1위이며 한국에 비해 대략 20배 정도 더 크다. 그러므로 미국증시는 세계증시에 많은 영향을 미친다. 그 외 종목기호를 알파벳으로 표시한다. 예를 들면 스타벅스의 약자(티커)는 'SBUX'이다. 페이스북은 'FB', 넷플릭스는 'NFLX', 애플은 'APPL' 등이다. 따라서 종목명이 긴 ETF나 주식 이름을 외우기보다는 티커를 알아두면 좋다. 주식 거래시간도 길다. 미국 주식시장은 정규 거래시간을 제외하고도 프리(Pre)마켓과 애프터(After)마켓이 있다. 정규 거래시간은 한국시각으로 23:30~06:00이고, 현지시각으로는 09:30~16:00이다. 프리마켓은 정규시장 전에 5시간 30분 거래되며, 애프터마켓은 종료 후 4시간 거래된다. 한국시각으로 프리마켓은 16:00~23:00, 애프터마켓은 06:00~10:00이다. 한편, 미국 주식시장의 경우 국내 자본시장법과 외국환시장법이 적용된다. 국내에서 해외 ETF나 해외 주식에 투자할 때는 미국 현지에서 거래하는 경우가 아니라면 한국증권사를 통해 거래해야 하는데 이는 자본시장법과 외국환시장법이 적용되기 때문에 그렇다. 마지막으로 미국은 장기투자자금, 기관자금, 글로벌 자금 비중이 높다. 예컨대 미국에는 50대 후반부터 연금을 받을 수 있는 '401K'라는 퇴직연금 제도가 있는데 우리나라보다 연금계좌에서 금융투자 비중이 높으며 주로 주식형 펀드 위주 금융상품 등을 운용한다.

2) 미국 기업에 투자하는 이유

많은 해외 주식 직접 투자자가 미국시장의 문을 두드리는 이유는 미국증시가 1등 시장으로서 글로벌 증시를 견인한다는 상징성만이 전부는 아니다. 코로나19 이후 생활 및 산업 사이클 변화를 대변하는 대표기업들이 미국시장에 대거 포진하고 있기 때문이다.

〈표〉 미국 주요기업 주가수익률(2020년 3/19~4/18 기준)

종목	업종	수익률	비고
Amazon.com	클라우드컴퓨팅, 이커머스, AI, 유통 등	26.0%	홈푸드 식료품 주문 배달 서비스 등의 수요 증가분 반영
JD.com	온라인 유통	24.8%	즉석식품 등의 온라인판매 증가분 반영
Netflix	영상 대여 및 판매, 온라인 스트리밍	27.4%	신규 구독자 수 증가분 기대감 반영
Activision Blizzard	게임소프트웨어 개발 및 공급	23.6%	대표 게임인 '오버워치' 등의 매출 증가 기대감 반영
Teledoc Health	메디컬 케어	26.4%	원격의료 서비스 이용 고객 증가분 반영
Zoom Video Communications	화상회의 서비스	22.0%	화상회의 서비스 이용 고객 증가분 반영
Tesla	전기자동차 및 2차전지	76.3%	코로나19에도 불구, 중국의 전기차 보조금 및 구매세 면제 정책이 2022년까지 연장되며 중국 판매 기대감 반영
Nvidia	그래픽 칩셋 및 자율주행 차량	37.4%	데이터 센터의 GPU 수요 증가 기대감 반영

출처 : 한국경제TV 보도본부 방송제작부, 「포스트 코로나 주식투자」, 2020, p.33

3) 미국 투자자의 경험사례

사례 1. 투자 초기, 수익보다 중요한 다양한 경험

제가 투자를 시작하며 지금까지 가장 잘했다고 생각하는 점은 바로 투자 초기에 수익을 투자 우선순위에서 뒤로 미뤘다는 점입니다. 이를 위해 '잃지 않으려 노력하기'와 '투자의 영역에서 최대한 다양한 경험하기'라는 두 가지 요소를 최우선으로 고려해 투자에 임했습니다. 계좌를 여러 개로 나눠보기도 하고, 집중투자도 해봤다가 분산투자도 해봤으며, 정해놓은 시간마다 정액으로 적립식 투자를 하다가 시장 상황에 맞춰 비정기적으로 적립식 투자를 해보기도 했죠. 잃지 않기 위해 이런저런 시도 끝에 감당 가능한 범위 내에서 최대한 분산투자하는 것이 좋겠다는 결론을 내리게 됩니다. 그래서 전체 운용자산대비 개별종목들의 비중을 3% 이내로 유지했고, 시장을 구성하는 업종들의 비중에 맞춰 저의 포트폴리오 내 업종비중 또한 유사하게 만들고자 노력했습니다. 여기에 더하여 투자에는 정해진 답이 있는 것이 아니라 나에게 맞는 방식을 찾고 나만의 투자원칙을 정립해 나가는 것이 중요하다는 것 또한 깨닫게 되었죠.

사례 2. 개인투자자에게 가장 큰 무기인 '시간'을 내 편으로 만들기

저처럼 직장을 다니는 개인투자자의 가장 큰 무기는 '시간'입니다. 개인투자자는 남에게 위임받은 자금으로 투자하는 것도 아니고 정해진 기일까지 성과를 내야 할 의무도 없으므로 자신이 상황이 허락하는 만큼 오랜 시간을 투자할 수 있기 때문이죠. 그 시간이라는 무기를 온전히 내 것으로 만들기 위해선 두 가지 중요한 노력이 필요했는데요. 첫 번째 중요한 점은 '남들과 비교하지 않는 연습하기'입니다. 대부분 투자자는 투자의 목적이 자신의 수익을 위한 것임에도 불구하고 다른 사람들의 투자성과와 자신의 성과를 끊임없이 비교합니다. 개인마다 처한 환경, 전략, 목

표 등이 전부 다름에도 불구하고 수익이라는 하나의 지표만으로 서로를 비교하는 것이죠. 그러나 이런 비교는 스스로를 조급하게 만들고 무리한 투자를 하게 하므로 좋지 못한 결과를 초래할 가능성이 큽니다. 두 번째 중요한 점은 '장기간 투자를 이어나갈 수 있는 환경을 조성하기'입니다. 패기 넘치게 최소 10년은 투자할 생각으로 미국주식에 입문했다는 사회초년생은 자신이 앞으로 맞이하게 될 결혼이나 주택마련, 자녀출산 및 양육 등 일생일대의 이벤트들의 무게감을 간과하고 있을 가능성이 큽니다. 따라서 언제 써야 할지 모르는 불확실한 자금이나 일정 기간 내에 사용처가 분명한 자금은 섣불리 장기투자 계좌에 넣지 않아야 합니다. 앞으로 생애주기상 큰 자금이 필요한 이벤트가 예정되어 있거나 발생할 가능성이 크다면 해당 자금 마련을 우선순위로 두고 그 이벤트를 무사히 마친 후 본격적으로 투자금을 늘려나가는 방식을 택해야 할 것입니다. 한마디로, '시간'이 세월을 만나 복리라는 결실을 맺어 커다란 수익으로 돌아오게 되는 것이죠.

사례 3. 투자 이후 변화된 모습

제가 투자를 통해 얻은 최고의 성과는 '삶을 대하는 태도가 변한 것'이 아닐까 싶습니다. 첫째, 절약하고 가치를 비교하는 습관이 생겼습니다. 무슨 일이 있어도 매달 스스로 정한 금액은 투자하기로 한 저와의 약속을 지키기 위해 절약하는 습관이 생겼습니다. 투자를 시작하고부터는 어떤 물품이나 서비스를 소비하려 하다가도 그것의 가치를 자연스럽게 주식과 비교하게 되었습니다. '스타벅스 커피 마실 돈으로 스타벅스 주식을 사자', '내가 사고 싶은 이 가방, 한두 번 들면 바로 질리겠지만 이 돈으로 애플 주식을 사면 배당금도 받을 수 있다'라는 식으로 말이지요. 둘째, 평소보다 더 부지런해졌습니다. 투자를 시작하면 공부할 것이 참 많습니다. 책도 읽고 강의도 들어야 하지만 무엇보다 그 정보를 스스로 소화하는 과정이 필요했지요. 직장인 투자자라서 하루에 쓸 수 있는 시간이 한정되었지만 '하루에 2시간은 공부하자!', '적어도 하루에 보고서 1개는 읽자!' 등 저만의 목표를 세우고 매일 달성하려고 노력했습니다. 셋째, 세상에 관한 관심과 호기심이 많아졌습니다. 개인적으로 스스로 가장 많이 변했다고 느끼는 부분입니다. 미국주식 투자를 시작하면서 저절로 세계 경제와 미국 역사를 공부하게 되었습니다. '왜 반독점법이 이슈가 될까?', '기축통화로서 달러는 어떤 역할을 하는가?', '왜 연방준비위원회가 중요한가?', '유대인이 미국 사회에서 차지하는 역할은?' 등 단순히 기업공부를 넘어서 역사와 사회, 문화같이 다방면으로 공부하게 되었습니다. 또한, 생활의 모든 부분을 투자와 연결 지으려는 습관이 생겼습니다. 주말에 놀러 나가더라도 내가 투자하고 있는 애플스토어에 사람들이 얼마나 몰리는지 살펴보게 되고, 마트에 가더라도 상품의 제조업체를 확인하며 내가 투자한 회사제품인지 확인하게 되었습니다. 이런 관심과 호기심이 많아지며 투자 이전에 종종 찾아왔던 무기력함이나 지루한 감정을 많이 극복하게 되었습니다.

〈Tip〉 확률론적 투자자

간혹 투자세미나에 참석해 보면 이런 질문이 당연히 나온다. "그렇다면 앞으로 어디에 투자하거나, 어떤 종목을 사야 하나요?" 대부분 전문가라면 다음과 같이 말한다. "불확실한 요소가 많기 때문에 자신 있게 권해 드릴 수는 없습니다. 그럼에도 원하신다면 이런 종목을 권해 드립니다. 다만 확률적으로 보았을 때 대략 80% 정도는 승산이 있을 거라 예상합니다." 그런데 이런 대답은 전문가일수록 더욱 많이 사용한다. 그러나 일반 대중들은 "이 종목에 투자하면 돈을 법니다."라는 말을 듣고 싶을 뿐이다. 설령 투자결과가 예상을 빗나가더라도 당장은 투자할 때 나타나는 마음속의 불안감을 해소해 줄 그런 말이 필요한 것이다.

이런 상황은 일반인뿐만 아니라 전문가들이 모인 투자회사에서도 종종 나타난다. 투자분석 회의 때 상사가 투자전망을 질문할 경우 펀드매니저가 "여러 상황을 최종적으로 고려할 때 상승할 확률은 80%이며, 하락할 확률은 60%입니다."라고 대답하면 상사는 "그래서 어쩌란 말인가? 투자하라는 건가? 하지 말라는 건가?" 전문가들 회의에서조차 나타나는 이런 현상의 주된 원인은 투자결과에 대한 확신이 없기 때문이다. 그러나 생각해 보라. 어느 누가 앞으로의 불확실한 미래를 자신 있게 주장하겠는가? 상사는 있을 수 없는 답을 요구하고 있다. 물론 상사도 질문에 대한 답이 뻔한 것을 알고 있다. 이럴 경우 할 수 있는 최선의 방안이 바로 확률적인 접근방법이다. 좀 더 올바른 투자의사 결정은 어떤 종목이 오르고 내리고를 판단하는 것이 아니라 상승할 확률이 몇 퍼센트인가를 살펴보고 회의를 주재하여 투자 여부를 판단하는 것이다.

확률론적 투자자는 "지금 나의 예측이나 기대가 과연 맞는 것인가, 만약 잘못되었다면 어떤 일이 일어날 것인가, 손실은 얼마이고, 감당할 수 있을까?, 그리고 내 가족이나 주변에 어떤 영향을 미칠 것인가?"와 같은 질문을 수도 없이 반복하면서 어떤 사태가 어느 정도의 확률로 발생할 것인가를 가급적 객관적으로 예측한다. 그리고 투자 이후 일어날 수 있는 다양한 시나리오와 그에 따른 이익과 손실을 예상하여 최종적으로 의사결정을 내린다. 한편, 이런 타입은 다소 냉소적일 수 있으며 더구나 논리적이어서 따분할 수 있다. 주로 좌뇌형 사람들이 해당된다. 반면, 우뇌형 사람들은 스스로의 직감이나 동물적인 감각에 더 우선하여 판단하곤 한다. 사실 어떤 경우든 그 결과가 본인이 예측한 대로 나오면 전혀 문제없다. 그러나 지금의 세상은 우리가 생각한 것보다 훨씬 복잡하다. 앞으로는 더욱 그러할 것이다. 그만큼 세상의 한정된 자원은 고갈되어 가고 시간이 갈수록 원하는 목표수익률 경쟁은 치열해질 수밖에 없기 때문이다.

한편, 세상에는 굳이 확률론적 사고가 필요 없는 경우도 많다. 일상적이며 단순한 사항에 대해서는 확률론적 사고가 오히려 비효율적일 수 있다. 이런 경우에는 비확률론적 사고가 상당히 유효하며 문제해결에 도움이 된다. 예를 들어, 한 방을 노리는 단기적인 투자를 한다면 굳이 확률론적 사고를 할 필요가 없다. 어차피 한 번에 승부수를 띄어 결판을 내야 한다. 필요한 것은 넉넉한 자금과 두둑한 배짱뿐이다. 하지만 원하는 대로 성공해서 대박을 남겨도, 결국에는 큰 손해를 보고 그때까지 벌었던 이익을 모조리 날려버리는 경우가 허다하다. 주식시장에서 이런 사람들이 자주 목격된다. 주변에 일시적으로 성공을 거둔 사람은 많지만, 오랫동안 꾸준히 이익을 남긴 사람들은 흔치 않다. 비즈니스 세계에서도 주식투자와 마찬가지로 일시적이고 단기적인 성공을 원한다면 굳이 확률론적 사고는 필요 없다. 대부분 기업은 단기적인 성공이 축적되면 장기적 성공으로 이어진다고 믿고 있다. 그러나 과거 경험에 비추어보면 장기적인 성공은 단기적인 성공의 연속이 아니라 발상의 전환에서 비롯됨을 알 수 있다. 장기적인 성공기업들의 비전이나 경영방침들을 살펴보면 역시 다르다.

제2절 채권투자

1. 채권의 정의

근래에 일반인들도 채권투자에 관심이 아주 많아졌다. 그러나 채권은 주식과 달리 거래형태가 다양하고, 거래조건도 상당히 복잡하다. 그로 인해 채권투자자라면 무엇보다 채권의 정확한 의미와 독특한 특성을 이해해야 한다. 채권이란 한마디로 돈을 빌릴 때 언제까지 사용하고 갚겠다는 증서이다. 물론 돈을 빌려준 사람은 그 대가로 이자를 받는다. 따라서 채권은 언제까지, 즉 만기까지 이자를 제때 주고 제때 받으면 전혀 문제가 없다. 더구나 만기에 원금을 제대로 돌려받으면 더할 나위 없이 좋은 투자수단이다.

채권시장은 채권이 거래되는 곳으로 주식시장처럼 실시간으로 누구든지 참가하기가 어려우며, 거래 규모도 주식시장보다 크다. 이런 이유는 채권이 가지고 있는 독특한 속성 때문이다. 우선 채권은 발행 시에 이미 발행자가 지급해야 하는 이자와 원금의 상환금액과 그 기준이 확정된 확정이자부 증권이다. 따라서 투자원금에 대한 수익은 발행 시에 이미 결정되는 것이므로 투자 시점에서 발행자의 원리금 지급능력 여부가 가장 중요시된다. 둘째, 채권은 원금과 이자의 상환 기간이 사전에 정해져 있는 기한부 증권이다. 그러므로 시간이 지나면서 남아 있는 잔존 기간만이 채권의 수명이 된다. 그러니 잔존 기간이 무한정한 주식처럼 변화무쌍할 수가 없다. 이는 투자자의 다양한 욕구를 맞추기에는 역부족이라는 셈이다. 일반투자자 중 만기나 발행자의 신용 등에 관심 있는 사람들만이 채권에 투자하는데, 이에 해당하는 투자 주체는 주로 기관투자가들이다. 그들은 상당한 자금을 장기로 운용하되 안정적인 수익을 창출하는 것이 당면과제다 보니 채권투자에 적격이다. 안정성이 우선인 고객의 펀드나 기업의 흥망이 걸려 있는 투자자금, 국가의 존망이 걸려 있는 재정자금을 주식시장처럼 변동성이 큰 시장에 투자할 수는 없다.

2. 채권의 수익률

주식투자는 수익 계산이 비교적 쉽다. 주당 얼마 하는 주식을 몇 주 매수하였는데 얼마에 몇 주 매도하면 득실이 얼마라는 식으로 단순계산이 가능하기 때문이다. 그러나 채권은 매매 구조가 주식보다 복잡해서 투자수익 계산이 쉽지 않다. 채권을 새로 발행하면 그 증서에 액면가, 만기, 표면금리(표면이율)를 표시한다. 액면가는 처음 발행하는 채권의 금액란에 표시하는 금액을 말한다. 만기는 1년 만기, 5년 만기 등으로 표시한다. 표면금리는 채권 발행자가 발행가를 기준으로 정기적으로 또는 만기에 일시적으로 이자를 지급할 때 기준이 되는 금리로 발행금리 또는 쿠폰 비율(coupon rate)이라고도 한다. 보통 시중에 유통되는 채권은 발생 시점에 일정 부분 할인해 주는데 이를 할인채라고 한다. 만약 액면가 10만 원 채권을 5천 원 할인된 9만 5천 원에 매입했다고 하자. 이 경우 우선 액면가와 구입가(발행가)의 차액 5천 원의 수익이 생기고, 또 채권 표면금리에 따른 이자를 정기적으로 받는다. 만기에는 10만 원을 돌려받는다. 이 경우 채권수익률은 채권매입에 따른 실질수익 합계가 발행가의 몇 퍼센트나 되는지를 의미하며 이를 식으로 나타내면 다음과 같다.

할인채의 수익률 = [(액면가 - 발행가) + 표면금리에 따른 이자] / 발행가

위 식에서 보면 알 수 있듯이 할인채의 수익률은 표면금리가 높을수록, 그리고 할인발행 폭인 액면가와 발행가의 차이가 클수록 높다. 그러나 발행가와는 반비례하므로, 발행가가 높을수록 할인채의 수익률은 하락한다. 할인채의 발행가를 기준으로 볼 때 채권의 가격과 수익률은 반비례하고 표면금리와 수익률은 비례하는 것이다. 따라서 할인채를 사서 만기까지 보유할 생각이라면 표면금리가 높고 발행가는 싼 채권을 사는 것이 유리하다. 다만 만기 전에 매매되는 할인채는 수익률 계산이 복잡하다. 할인채는 매매가 이루어질 때마다 종목별로 남은 잔존 만기가 달라지고 시장 실세금리 변화를 반영해 표면금리 수준이 변하면서 매매가와 수익률도 달라지기 때문이다. 그래서 할인채의 수익률과 가격은 증권회사나 은행 등 채권을 거래하는 금융기관이 종목별로 만기까지 남은 기간, 시중금리 수준, 이자 지급 조건 등을 반영한 복잡한 계산을 통해 수시로 고시한다.

3. 채권의 가격

투자자가 채권을 매수할 때는 그만큼의 투자가치가 있다고 판단하기 때문이다. 즉 시장에 내다 팔 때 최소한 손해 보지 않을 만큼의 가치가 있다고 본 것이다. 자본주의 사회에서 주류경제학자들의 핵심이론의 하나는 '모든 자산의 가치는 그 자산이 가져올 미래 현금흐름들의 현재가치 합으로 결정된다.'라는 것이다. 그러나 보유자산의 미래기간 동안 창출하는 현금흐름을 예측하기는 쉽지 않으며 더구나 그 현금흐름의 성격에 따라 적용해야 할 할인율도 달라서 자산가격을 결정하는 것은 주어진 금융환경에 따라 다를 수밖

에 없다. 이는 자산가격이 정확하지 않을 수도 있다는 의미이다. 채권은 그나마 다행이다. 우선 만기가 정해져 있으며 할인율도 금융시장에서 거래되는 시장수익률을 적용하면 되기 때문이다. 채권의 가치평가는 그 채권을 소유함으로써 얻을 수 있는 미래 현금흐름, 즉 만기까지의 이자액과 만기에 지급되는 원금상환액에 대한 현재가치의 합으로 계산되며, 현재가치 계산 시 적용되는 할인율은 가장 대표적인 시장이자율을 사용한다. 따라서 채권가격을 계산하기 위해서는 사전에 표면이자율(coupon rate), 차입원금(principal), 만기(maturity)가 필요하고, 마지막으로 시장할인율이 있어야 한다. 이것을 식으로 나타내면 다음과 같다.

$$\text{채권의 현재가치} = \frac{\text{표면이자}}{1 + \text{시장이자율}} + \frac{\text{표면이자}}{(1 + \text{시장이자율})^2} + \cdots + \frac{\text{표면이자}}{(1 + \text{시장이자율})^n} + \frac{\text{원금}}{(1 + \text{시장이자율})^n}$$

만약, 시장에서 형성된 채권가격이 n년 만기 채권의 현재가치보다 낮으면 채권시장에 사려고 하는 수요자가 많이 생겨 채권가격은 상승할 것이고, 반대로 채권가격이 현재가치보다 높으면 채권시장에 초과공급이 발생하여 채권가격은 하락할 것이다. 따라서 채권시장의 균형은 채권가격이 채권의 현재가치와 같을 때 성립한다.

채권가격을 결정하는 핵심적인 요인은 할인율, 즉 시장이자율이다. 왜냐하면, 표면이자율, 원금, 만기는 채권발행 시 이미 정해져 있기 때문에 변하지 않는다. 다만 할인율만이 시시각각 변하는 것이다. 우선 양자는 반비례하므로 시장이자율이 상승하면 채권가격은 하락하고, 반대로, 시장이자율이 하락하면 채권가격은 상승한다. 만약 조만간 시장이자율이 상승할 것으로 예측되면 보유채권의 가격이 하락할 것이므로 처분할 것을 고민해야 한다. 반대로 시장이자율이 하락할 것으로 예측된다면 계속해서 보유해야 할 것이다. 이는 채권투자 시 염두에 두어야 할 가장 기본적인 내용이다. 문제는 시장이자율이 상승과 하락을 반복할 때이다. 이런 경우에는 매매 타이밍을 잡기가 쉽지 않다. 그만큼 채권투자가 어렵다는 것을 알 수 있다. 특히 만기 중간에 매매차익을 얻는 경우가 그렇다.

한편, 시장이자율이 하락할 때의 채권가격 상승 폭이, 시장이자율이 상승할 때의 채권가격 하락 폭보다 더 크다. 이는 시장이자율이 하락할 때 채권가격의 상승속도가 시장이자율이 상승할 때의 하락속도보다 크기 때문이다. 즉 채권가격의 하락과 상승이 비대칭적이므로 채권가격은 시장이자율의 상승보다 하락에 대해 보다 민감하게 변동한다. 따라서 시장이자율이 하락하는 추세에서는 채권수익률은 가파르게 상승하게 된다. 그리고 동일한 크기의 이자율변동이라면 만기가 긴 채권의 가격이 만기가 짧은 채권가격보다 큰 폭으로 변화한다. 또한, 만기까지의 기간이 길수록 동일한 이자율변동에 대해 채권가격은 큰 폭으로 증가하지만, 그 증가율은 서서히 감소하는 체감형태이다.

시장이자율은 시장에서 거래되는 다양한 금융상품 수익률 중 가장 대표성이 있는 수익률을 적용하는데 국내에서는 3년 만기 국고채수익률을 사용하며, 시장에서 거래된다고 해서 유통수익률 또는 만기수익률이라고도 한다. 채권의 시장수익률은 그 채권을 만기까지 보유했을 때 얻게 되는 예상 수익률을 말한다. 이는 현재 시점에서 만기까지의 미래 현금흐름을 현재가치로 합산하여 계산하였기 때문이다. 따라서 만기까지 보유하지 않고 중도에 처분하게 될 경우, 구입 시점 당시 알고 있는 시장수익률과는 다르게 된다. 만약 오늘 자 3년 만기 국고채 금리가 3%라면, 이는 오늘 구입한 채권을 3년 동안 갖고 보유한 다음 만기가 돼서야 연평균 3%의 수익률을 얻는다는 의미이다. 만약 1년이 경과한 시점에 처분한다면 1년이 경과한 후 남은 2년의 잔존 만기 동안의 현금흐름을 1년 후의 시장이자율로 할인하여 계산한 현재가치로 수익률을 다시 계산해야 한다. 다행히 시장이자율이 3%보다 떨어졌다면 할인율로 적용된 값이 더 작아졌으므로 채권가격은 올라가게 되고 덩달아 수익률도 상승한다. 이때 처분한다면 이익을 보게 된다. 이를 매매에 따른 처분이익이라 한다. 만약 처분하지 않고 단순히 계산만 하였다면 평가이익이 되는 것이다.

아직도 채권가격에 대하여 헷갈린다면 간단히 이해하는 방법이 있다. 시소를 생각하면 된다. 시소의 한쪽은 채권가격이고 다른 쪽은 시장이자율이다. 시장이자율이 상승하면 맞은편에 앉아 있는 채권가격은 하락한다. 반대로 시장이자율이 하락하면 맞은편인 채권가격은 상승하게 된다. 채권 만기가 길수록 가격의 상승 및 하락 폭도 커진다. 반면에 채권 만기가 짧다면 시소의 축으로부터 별로 떨어져 있지 않은 것과 같아서, 가격과 시장이자율의 상승 및 하락 폭도 크지 않다. 만기가 많이 남았다면, 즉 잔존 만기가 길수록 시소의 끝에 매달려 있는 것처럼 시장이자율이 위아래로 움직일 때마다 채권가격은 크게 달라진다.

4. 채권투자

2013년 9월에 발행한 30년 만기 국채 만기에 개인들도 입찰이 가능해짐에 따라 일반개인들의 30년 만기 국채투자 열풍이 불었던 적이 있었다. 이들은 이자수익보다는 단순히 시세차익을 노린 것이다. 채권수익률은 채권의 만기가 길수록 금리가 변할 때 그 차익도 커지기 때문에 장기일수록 유리하다. 이 때문에 국채 중 만기가 가장 긴 30년물이 발행되자 더 많은 수익을 기대한 투자자들이 몰려들었다. 만약 금리가 상승하면 반대로 시세차익은 기대할 수 없다. 계속 오르기만 한다면 최악의 경우 30년간은 보유해야 한다. 이럴 경우 30년 가까이 금리변동성과 기회비용을 감당하기에는 너무 버겁다. 그래서 아직 채권투자는 국내외 기관투자가들의 영역이다.

시장금리는 발행시장에서 새로 발행되는 채권과 유통시장에서 이미 발행해 유통되고 있는 채권의 표면금리에 복합적 파장을 미친다. 보통 시장금리 수준이 낮아지면 새로 발행되는 채권도 표면금리가 낮아지게 마련이다. 그러면 이전에 발행되어 이미 유통 중인 채권은 표면금리가 상대적으로 높아지는 효과가 생긴다. 채권투자자 입장에서는 표면금리가 높은 채권에서 더 많은 투자 수익을 얻을 수 있다. 때문에, 새로 발행되는 채권보다 이미 유통 중인 채권을 사려는 수요가 많아진다. 그 결과 이미 유통 중인 채권의 매매가가 오른다. 이런 이유로 금리가 떨어지면 채권의 매매가가 오른다. 시장금리가 오르면 정반대 현상이 생긴다. 시장금리가 오르면 새로 발행되는 채권도 표면금리가 높아진다. 그 대신 이미 발행해 유통 중인 채권의 표면금리는 상대적으로 낮아진다. 투자자 측면에서 보면 표면금리가 낮은 채권은 투자수익이 떨어진다. 때문에, 새로 발행되는 채권에 비해 이미 유통 중인 채권은 매수 수요가 줄어들고 그 결과 매매가가 떨어진다. 이런 이유로 금리가 오르면 채권의 매매가가 떨어진다. 결론적으로 채권 유통시장에서 이미 발행해 유통되고 있는 채권의 가격과 시장금리는 정반대 방향으로 움직인다. 한편, 시장금리와 채권매매가격은 상호 밀접하게 영향을 주고받는다. 금리가 채권값을 올리고 내리는 것과는 반대로 채권값이 시중금리를 올리고 내리기도 한다. 채권시장도 발행물량에 비해 수요가 적을 때는 매매가격이 내려가므로 발행사들이 표면금리를 올려준다. 이자를 더 주어야 채권 수요가 늘어날 것으로 판단해서다. 이런 이유로 채권값이 떨어지면 채권 표면금리가 오르고 채권 표면금리 상승세를 반영해 시장금리도 오른다. 거꾸로 발행물량에 비해 수요가 많으면 채권도 값이 오르기 때문에 발행사들이 채권 표면금리를 내린다. 금리를 내려도 충분히 채권을 팔 수 있다고 판단하기 때문이다. 이런 이치로 채권값이 오르면 채권 표면금리가 내리고, 채권 표면금리 하락세를 반영해 시장금리도 내린다.

채권투자의 본질은 이자수익에 달려 있다. 그리고 만기에 원금을 회수하는 것이다. 그러나 시장금리 변동에 따른 채권가격의 등락을 노리는 시세차익이 목적이라면 달라진다. 이럴 경우 채권은 안전자산에서 위험자산으로 변하기 때문이다. 만약 기대한 대로 시장금리가 떨어져서 그만큼 자본차익을 얻었다면 문제가 되지 않는다. 그러나 알다시피 시장금리는 우리가 예측한 대로 움직이질 않는다. 어느 누구도 알지 못하는 미래의 예측을 토대로 채권을 투자하는 것은 주식처럼 오르거나 내리는 것에 따라 수익이 결정되는 위험자산으로 전락해 버린다. 한 나라의 시장금리는 대내외적인 모든 변수의 움직임에 따라 결정되기 때문에 쉽게 예단할 수 없는 영역이다. 결과적으로 금리 향방은 어느 누구도 모른다. 따라서 금리변동에 따른 투자수익을 노리는 채권투자는 전문가들조차도 헷갈리는 영역이다. 그러므로 일반개인들의 경우 대부분 이자수익을 목적으로 투자하는 것이 적합하다.

제3절 펀드투자

1. 주요 펀드 유형

1) 펀드 유형

펀드는 불특정 다수인으로부터 주식이나 채권, 파생상품 등 유가증권에 투자하기 위해 조성되는 투자자금으로 일정 금액 규모의 자금 운용단위를 말한다. 가장 기본적으로 펀드는 가치주와 성장주 펀드로 나뉜다. 성장주 펀드는 시장흐름에 민감하며, 가치주 펀드는 그 반대로 둔감하며 장기투자가 필요하다. 대체로 성장주는 급격한 상승장에 높은 수익률을 기대할 수 있고, 가치주는 급격한 하락장에서 양호한 방어력을 보이는 특징이 있다. 그러나 성장주와 가치주는 항상 구분되는 게 아니라 변화무쌍하다. 대체로 가치주와 성장주를 구분하는 기준으로 PER(주가수익비율;Price Earning Ratio)와 PBR(주가순자산비율;Price Book Value Ratio)이 있으며, 가치주는 PER과 PBR이 낮으며 성장주는 그 반대이다.

2) 적립식 펀드

이는 은행의 정기적금처럼 매월 일정액을 적립하는 형태로 자금납입 방법에 따라 정액적립식과 자유적립식으로 나뉘며, 주로 주식형, 채권형, 혼합형으로 구분된다. 주식형은 투자재산의 60% 이상이 주식으로 운용되는 경우이다. 또한, 혼합형의 경우 주식 비중이 50% 이상이면 주식혼합형이라 한다.

한편, 적립식 펀드가 인기를 끈 이유는 매입 단가 평준화 효과(Cost Averaging Effect)가 있기 때문이다. 이는 매 기간 일정 금액을 투자하면 주가의 상승과 하락에도 불구하고 평균매입 단가가 평준화된다는 것을 의미한다. 예를 들어, 다음 〈표〉는 어느 특정 종목의 주가가 1월에 1,000원, 2월에 1,500원, 3월에 1,000원, 4월에 500원으로 변동하였다고 가정하고 이 종목을 매월 100주씩 매입한 경우와 매월 100,000원씩을 투자한 경우의 평균매입단가이다. 결과는 4개월 동안 A, B가 동일하게 400,000원을 투자하였으나, A는 1주당 1,000원, B는 1주당 857원으로 매입한 결과이고, 5월에 주가가 다시 1,000원으로 회복한 후 A는 수익률이 없지만, B는 16.5%의 수익이 발생한다.

〈표〉 매입 단가 평준화 예시

월	기준가격 (1주 당)	동일 수량 매입 시(A)		동일 금액 매입 시(B)	
		매입 주식 수	매입 금액	매입 금액	매입 주식 수
1월	1,000원	100주	100,000원	100,000원	100주
2월	1,500원	100주	150,000원	100,000원	66.6주
3월	1,000원	100주	100,000원	100,000원	100주
4월	500원	100주	50,000원	100,000원	200주
합계		400주	400,000원	400,000원	466주
평균매입단가(1주 당)		1,000원		857원	
5월	1,000원	매도 시 수익률 0%		매도 시 수익률 16.5%	

출처 : 서영수, 「투자 리스크관리 길잡이」, 2013, p.299

3) 인덱스펀드

이는 사전에 정해진 규칙에 따라서 운용되는 펀드로 운용 목표가 비교지수인 인덱스수익률과 유사한 수익률을 실현하는 데 있으며, 대표적인 상품 유형은 KOSPI 200 등 주가지수를 추적하는 주식인덱스펀드, 곡물과 금속 등 실물자산 선물지수를 추적하는 실물자산인덱스펀드, 채권인덱스를 추적하는 채권인덱스펀드 등이 있다.

또한, 한꺼번에 여러 종류의 주식을 대량으로 매매하기 때문에 시장가격에 영향을 줄 수 있으며, 이의 효율적인 구성을 위해 프로그램을 이용하여 거래한다. 한편, 시장수익률과 인덱스펀드 수익률이 일정규모 이상의 괴리가 발생하면 이 펀드를 재구성토록 자동 설계되어 있다. 이의 장점은 종목을 일일이 개별적으로 분석하지 않고도 시장수익률을 확보할 수 있다는 점과 운용이 투명하다는 점, 지수대비 수익이 낮을 가능성이 적다는 점 등이다.

4) 헤지펀드

헤지펀드는 차입, 공매도를 사용하면서 투자대상에 제한이 없이 고수익을 추구하고, 상당한 성과보수를 부과하고 종종 펀드 운용자 자신이 투자하면서 정기적 환매를 허용하고, 일반 공모펀드에 부과되는 규제를 회피하기 위해 사모로 발매되는 펀드이다. 헤지펀드는 '투자이익의 극대화, 비용의 최소화, 위험의 민감화'라는 3대 원칙하에 다양한 투자기법을 구사하며 다음과 같은 특징이 있다. 첫째, 레버리지를 이용하고, 대규모 매도포지션을 과감히 보유하는 등 이익 극대화를 위해 High Risk - High Return의 적극적인 전략을 구사한다. 둘째, 투자전략이 자산구성이나 투자시장 선택보다는 실현 가능한 성과에 중점을 두고 있어 높은 성과보수를 추구한다. 셋째, 공매도, 파생상품 거래 등을 활용하여 시장위험을 회피할 수 있는 헤지 기법을 병행하기도 하며, 차익거래를 통해 시장 상황과 관계없는 투자수익을 추구하기도 한다. 한편, 헤지펀드는 마진콜이 있을 경우 증거금 부족분을 보전하기 위해서 기존에 투자한 자산을 회수하는데 이를 디레버리지(Deleverage)라 한다. 만일 이 과정에서 신용경색이나 금융위기 조짐이 발생하면 주가와 부동산가격이 하락하여 전체 금융시장에 충격이 온다.

2. 펀드투자 시 체크포인트

1) 과거 수익률 체크

펀드설립 후 총수익률, 연평균수익률, 최근 1년간 수익률, 최근 3개월간 수익률 등 다양한 과거 실적 자료가 제시된다. 이 중 고객의 기대수익률에 부합하는 연평균수익률이 가장 중요하며 이의 측정 기간이 길면 길수록 신뢰할 수 있다.

2) 변동성 체크

변동성이란 연평균수익률에서 벗어나는 정도를 나타내며, 통계적으로 분산(표준편차, σ)을 의미한다. 이는 과거 수익률 실적에서 연평균수익률이 매년 얼마나 고르게 나왔느냐는 것이다. 예를 들어 A 펀드와 B 펀드가 연평균수익률이 연 9%로 같다고 하지만 최근 5년 동안의 매년 수익률을 비교해 보면 다음과 같다. 분석 결과 A 펀드와 B 펀드의 연평균 9%가 나오는 과정이

다르다. A 펀드는 매년 수익률의 편차가 큰 반면, B 펀드는 매년 고른 수익률을 보이며 연평균 9%의 수익률을 기록했다. 이런 경우 지금 투자하여 1년 뒤에 9%의 수익률을 올릴 가능성이 큰 펀드는 당연히 B 펀드이다.

〈표〉 연평균수익률 비교

수익률	A 펀드	B 펀드
1년 전	-2%	8%
2년 전	11%	10%
3년 전	-5%	9%
4년 전	5%	8%
5년 전	36%	10%
평균	9%	9%

3) 벤치마크(Bench Mark) 초과수익률 체크

이는 특정 펀드의 일정 기간 운용수익률을 액면 그대로 평가하는 것이 아니라 비교의 기준을 설정하여 운용수익률을 상대적으로 비교하는 것이다. 예를 들어 A 펀드의 과거 6개월 수익률이 -10%, 동 기간 코스피(KOSPI)지수 수익률이 -20%라 하자. 이는 A 펀드가 상대적으로 10% 정도 운용을 잘했다고 하고 벤치마크 초과수익률이 우수하다고 한다. 따라서 벤치마크 초과수익률이 우수한 펀드를 고른다면 해당 리스크를 최소화하면서 적정 투자수익률을 기대할 수 있다.

4) 시장지수와 민감도(베타) 체크

베타는 펀드수익률을 지수상승률로 나눈 것이다. 예를 들어, 펀드수익률이 12%이고 주가지수는 10% 상승했다면 베타는 1.2이다. 반대로 펀드수익률이

8% 하락했는데 주가는 10% 떨어졌다면 베타는 0.8이다. 베타가 1 이하이면 주가지수보다 수익률 변동이 적다는 의미이고, 1 이상이면 주가지수보다 수익률 변동이 크다는 의미이다. 일반적으로 베타계수 〉1이면 공격적 형태, 베타계수 〈 1이면 방어적 형태이다.

5) 펀드성과 평가지표(샤프 비율) 체크

펀드투자 후 그에 대한 운용성과를 평가하는 방법은 다양하게 있으나 이 중 리스크를 고려한 샤프 비율이 가장 의미 있다. 샤프 비율은 투자수익률 대비 변동성 비율을 의미하며, 투자 기간에 위험의 1단위당 무위험 이자율을 초과 달성한 포트폴리오 수익률을 나타내며, 이것이 높을수록 위험을 고려한 후 투자성과가 좋았음을 의미한다. 즉, 위험 1단위당 어느 정도의 보상을 받았는가 하는 위험 보상률을 의미하며 이 지수가 크면 클수록 우수한 것으로 평가한다. 산출식은 다음과 같다.

$$S_p = \frac{R_v - R_f}{\sigma_v} = \frac{\text{포트폴리오평균수익율} - \text{무위험평균이자율}}{\text{포트폴리오수익율의 표준편차}}$$

여기서 $R_v - R_f$ = risk premium

예를 들어 다음과 같은 세 종류의 펀드가 있다고 하자. 리스크를 고려하지 않으면 E 펀드가 17% 수익률로 가장 우수하다. 그러나 리스크를 고려한 샤프 비율을 계산해 보면 F 펀드가 0.5로 가장 높다. 따라서 F 펀드를 선택하는 것이 유리하다고 볼 수 있다.

Fund	연평균수익률	표준편차	샤프 비율
D	13%	18%	0.278
E	17%	25%	0.360
F	15%	14%	0.500

단, 무위험 수익률 8%

3. ETF(Exchange Traded Fund) 투자

1) ETF의 의의

ETF는 상장지수펀드로 인덱스펀드를 거래소에 상장시켜 주식처럼 거래할 수 있는 금융상품이다. 이는 여러 종목을 한꺼번에 매수하는 것과 같은 효과를 내며, 간단히 ETF는 거래형 인덱스펀드라고 할 수 있다. ETF는 펀드를 운용하는 자산운용사가 만들며 이름 규칙은 다음과 같다.

브랜드명+국내 or 해외+추적지수+합성 여부+환헷지 여부

예를 들어, KINDEX 베트남 VN30 ETF(합성)는 한국투자신탁운용에서 만든 베트남 VN30 지수에 투자하는 상품이며 추적지수(기초지수)는 VN30이 된다. 한편, 국내 상위 7개 자산운용사의 브랜드, 상장 종목 수, 순자산가치 총액은 다음 〈표〉와 같다.

〈표〉 자산운용사별 브랜드, 상장 종목, 순자산가치 총액(2019년)

구분	브랜드명	상장 종목	순자산가치 총액(억 원)
삼성자산운용	KODEX	109	247,188
미래자산운용	TIGER	123	106,679
KB자산운용	KBSTAR	71	33,658
한화자산운용	ARIRANG	48	17,702
한국투자신탁운용	KINDEX	38	17,950
NH-Amundi자산운용	HANARO	13	16,658
키움투자자산운용	KOSEF	27	14,669

출처 : 한국경제TV 보도본부 방송제작부, 「포스트 코로나 주식투자」, 2020, p.161

2) ETF의 가격 결정

간단하게 ETF를 과일바구니라 하고 여기에 수박, 사과, 오렌지가 있다고 하자. 현재 수박이 20,000원, 사과가 10,000원, 오렌지가 5,000원이고, 과일바구니에는 수박이 1개, 사과가 2개, 오렌지가 2개 있다. 그렇다면 과일바구니의 가격은 얼마가 되어야 할까?

과일 가격은 수박 20,000원+사과 10,000원×2+오렌지 5,000원×2=50,000원이다. 바구니 자체 가격 1,000원까지 포함하면 총 51,000원이 되고, 이 금액이 과일바구니의 실제 가격, 즉 순자산가치(NAV; Net Asset Value)가 된다. 만약 특정 과일 가격이 오른다면 이 과일바구니의 가격도 오른다. 여기서 과일은 주식이고 과일바구니가 자산운용사에 해당한다.

3) ETF의 핵심지표

(1) 추적지수

추적지수는 ETF가 어떤 지수를 추적하는지 알려주는 기초지수로 동일한 지수를 추종하는 상품이더라도 브랜드 회사만 다른 ETF가 다양하다. 마치 마트에서 우유를 살 때, 우유 맛은 비슷하지만 여러 가지 상표가 있듯이 같은 지수를 목표로 운용하지만 운용하는 회사가 다르며 이에 따라 수익률에 차이가 있을 수 있다.

(2) 추적 오차(Tracking Error)

추적 오차란 추적하는 지수를 얼마나 잘 따라가느냐를 의미하는데, 추적 오차의 숫자가 작을수록 오차 없이 지수를 잘 따라간다는 의미이다.

(3) 순자산가치(NAV)

기본적으로 한 회사의 순자산가치는 자산가치에서 부채 가치를 차감하여 계산한다. 따라서 주당 순자산가치는 순자산가치를 발행 주식 수로 나누면 된다. 이처럼 ETF의 순자산가치는 대상회사의 순자산가치를 합산하여 평균한 값이다.

(4) 운용보수

운용보수는 자산운용사가 ETF를 만들고 거래하면서 받는 보수인데, 사고팔 때 보수를 떼고 파는 것이 아니라 수익률에서 보수를 차감하는 형식이다. 예를 들어, HANARO 200 ETF의 보수가 0.036%인데 만약 시장이 1년 동안 움직이지 않고 그대로 있었다면 HANARO 200의 수익률은 -0.036%가 될 것이다. 따라서 매수한 ETF를 장기적으로 가져가야 한다면 당연히 보수가 싼 것을 고르는 것이 유리하다.

(5) 괴리율

괴리율이란 ETF의 현재 가격과 순자산가치의 괴리를 말한다. 괴리율이

(+)면 고평가되고 있는 것이고, (-)이면 저평가되고 있다. 만약 괴리율이 저평가되어 있으면 순자산가치보다 싸게 사는 것이고, 고평가되어 있으면 비싸게 사는 것이다. 괴리율 계산식은 다음과 같다.

괴리율(%)=(현재가-NAV)/NAV×100

그렇다면 괴리율은 왜 발생할까? 시장에 사려는 사람이 많으면 고평가되고 반대로 적으면 저평가되기 때문이다. 하지만 이러한 고평가, 저평가를 막기 위해서 유동성 공급자 제도가 존재한다. 거래소에는 투자자 보호를 위해서 유동성 공급자가 적시에 유동성을 공급하도록 지정하고 있다. 만약 유동성 공급자가 제대로 유동성을 공급하지 않으면 거래소에서 주의를 환기하고, 그래도 제대로 공급하지 않는 경우에 거래소가 운용사에 유동성 공급자를 바꿀 것을 지시한다. 유동성 공급자(LP; Liquidity Provider)는 상장된 ETF가 원활하게 거래되도록 판매회사 중에서 지정해둔다.

(6) PDF(Portfolio Deposit File)

이는 ETF의 구성 종목이 무엇인지를 나타낸다. PDF는 투명성 차원에서 매일 공시하는데 투자자는 어떠한 종목들을 포함하는지 살펴봄으로써 어디에 투자하는지를 명확하게 알 수 있고, 비슷한 종목 간의 입체적인 비교도 가능하다.

4) ETF 투자 시 유의사항

ETF는 주식과 마찬가지로 원금이 보장되지 않는다. 더불어 최악의 경우

주식과 같이 상장이 폐지될 수도 있다. 한편, 미국의 경우는 거래량이 너무 적거나 수익성이 맞지 않을 경우 수시로 ETF 운용사의 재량에 따라 상장폐지를 결정한다. 또 자산 규모와 거래량이 큰 상품을 선택해야 한다. 아무리 투자 목적에 적합하고 수익률이 높은 상품이더라도 상품의 자산이나 거래량이 적으면 원하는 시점에 매매하지 못할 수 있기 때문이다. 그리고, 유사한 이름을 가진 ETF가 많기 때문에 매수하고자 하는 상품의 자산이 투자자 본인이 투자하고자 하는 대상이 맞는지 반드시 체크해야 한다. 그 외 상품과 운용사에 따라 수수료와 보수가 상이하며, 추적 오차와 괴리율이 큰 상품은 투자에 신중해야 한다. 이는 운용사의 운용 능력과 상품의 유동성 등에 문제가 있을 수 있다는 것을 뜻하기 때문이다.

5) 해외 ETF 투자

(1) 의의

해외 ETF는 대표적인 중수익 · 중위험 투자수단으로 고수익 · 고위험 투자수단인 해외 주식과 저수익 · 저위험 투자수단인 은행예금 및 적금의 중간에 있는 상품이다. 쉽게 표현하면 해외 ETF는 '맥가이버 칼' 같은 투자방법이다. 이 칼은 무게가 가볍고 드라이버, 가위 같은 다양한 기능의 도구도 함께 포함되어 있다.

한편, 해외 ETF는 투자 바구니에 어떤 기준으로 주식들을 담느냐에 따라 ETF의 특징과 투자 방향이 결정되는데 이런 기준을 벤치마크지수라고 한다. 즉 해외 ETF가 어떤 벤치마크지수를 추종하는지에 따라 주식들의 종류와 비중은 물론 투자 방향성과 레버리지 ETF의 경우 투자위험까지 정해진다. 해외 ETF가 추종하는 대표적인 벤치마크지수에는 ① 특정 국가의 증시를 대

〈표〉 투자수단별 장 · 단점 비교

	해외 ETF	해외 펀드	해외 주식	은행 예금 · 적금
장점	편리한 투자 및 평균 기대수익률 달성 가능	전문가가 알아서 투자해준다	높은 기대수익률 달성 가능	금융기관별 5,000만 원까지 예금자 보호 가능, 안정성 매우 높음
단점	투자정보 찾기가 힘들다. 낮은 정보 접근성	높은 운용보수 및 낮은 정보 접근성	주가 등락 폭이 심하다.	1% 중후반의 예금 · 적금 이자, 매우 낮은 수익률
운용보수	낮음	높음	없음	없음
분산투자	높음	높음	없음	없음
투자대상 다양성	높음	중간	낮음	없음
인버스 투자	가능	가능	불가능	없음
주식시장 거래 여부	가능	불가능	가능	없음

출처 : 김태현, 「해외 ETF 백과사전」, 2020, p.52

표하는 S&P500 지수나 코스피지수 같은 주가지수, ② 금융, 에너지, 필수 소비재, 헬스케어 등의 대표 업종(섹터)지수 ③ 금이나 은, 천연가스, 원유 등의 원자재 가격을 추종하는 상품지수 ④ 장기채, 중기채, 단기채 그리고 미국 국채나 세계 모든 채권 등을 추종하는 채권지수 ⑤ 주가와 반대 방향으로 가는 인버스 지수 ⑥ 변동 폭을 2배 혹은 3배로 확대한 레버리지 지수, ⑦ 각종 통화지수 ⑧ 특성과 성과가 비슷한 종목군을 묶어 만들어 낸 스타일지수 ⑨ 게임이나 클라우드, 5G와 같이 특정 주체를 추종하는 테마 지수 ⑩ 편입 종목을 공개하지 않고 매니저의 전략에 따라 운용되는 액티브 ETF까지, ETF가 추종할 수 있는 벤치마크지수는 무궁무진하다.

(2) 해외 ETF 운용사 및 브랜드

2021년 현재 해외 ETF를 운용하는 주요 운용사와 브랜드를 아래 〈표〉에 정리하였다.

〈표〉 해외 ETF 운용사 및 브랜드

ETF 운용사	ETF 브랜드
블랙록(BlackRock)	아이셰어즈(iShares)
뱅가드(Vanguard)	뱅가드(Vanguard)
스테이트 스트리트 글로벌 어드바이저 (State Street Global Advisers)	SPDR(spider)
인베스코(Invesco)	파워셰어즈(Power Shares)
찰스슈왑(Chartes Schwab)	슈왑(Schwab)
퍼스트 트러스트(First Trust)	퍼스트 트러스트(First Trust)
위즈덤 트리(Wisdom Tree)	위즈덤 트리(Wisdom Tree)
벤엑(VanEck)	마켓 벡터스(Market Vectors)
구겐하임(Guggenheim)	구겐하임(Guggenheim)
프로셰어즈(ProShares)	프로셰어즈(ProShares)

출처 : 수미숨(상의민) · 애나정, 「미국주식 처음 공부」, 2021, p.129

(3) 해외 ETF 운용사례

사례 1. 특정 국가의 경제가 앞으로 성장할 것 같다면? - 국가 ETF

베트남으로 해외파견을 떠났던 직장인 A 씨는 우리나라로 돌아오는 비행기 안에서 지난 1년 동안 베트남의 산업현장에서 직접 보고 느꼈던 경험과 분위기를 떠올립니다. 미국과 함께 G2로 떠오르는 중국과 맞닿아 있는 지리적 위치, 꾸준히 증가하는 해외투자자본, 베트남 정부의 강력한 경제성장 의지 등, A 씨는 이런 생각들을 머릿속에 떠올리며 앞으로 베트남이라는 국가가 과거 우리나라의 고도 성장기처럼 빠른 경제성장을 이뤄내지 않을까 생각했습니다. 한국으로 돌아온 A 씨는 베트남의 상장기업들을 찾아봅니다. 베트남의 삼성이라 불리는 빈 그룹(Vingroup)부터 거리에서 자주 봤던 몇몇 기업의 이름이 보입니다. 그런데 베트남에서 어떤 기업이 성장하며 주가가 오를지 선별해 내는 것은 무척이나 어렵게 느껴집니다. 그래서 A 씨는 개별기업의 리스크를 지면서까지 성장 가능성이 큰 베트남기업들을 선별하기보단 베트남의 경제가 성장할 것이라는 최초의 투자 아이디어를 가장 확실하게 실현해 줄 수 있는 베트남 ETF에 투자하기로 합니다. 직장인 A 씨가 투자하기로 한 미국시장에 상장된 베트남 ETF 명칭은 VanEck Vectors Vietman ETF(티커:VNM)입니다. 베트남증시에 상장되어 있거나 베트남에서 매출의 50% 이상을 창출하는 기업에 투자하는 이 ETF는 시가총액 상위 25개 내외의 종목들을 담고 있습니다. 베트남경제가 앞으로 발전할 거라 보지만 개별기업을 선별하여 직접 투자하기엔 여러 어려움이 있는 직장인 A 씨 같은 투자자에게 안성맞춤인 ETF가 바로 VNM이라 할 수 있습니다.

사례 2. 특정 테마나 대표 섹터에 투자하고 싶다면? - 테마 및 섹터 ETF

어려서부터 공상과학 영화와 소설을 좋아했던 대학생 B 씨는 대학에서도 물리학을 전공하고 있을 정도로 오랜 기간 해당 분야에 열정을 쏟고 있습니다. 어느 날 전공수업에서 4차 산업혁명의 로봇기술에 관한 내용을 배운 B 씨는 며칠 동안 유튜브와 논문, 뉴스를 찾아보며 로봇공학과 관련된 정보들을 찾아보는 데 몰두했습니다. 그는 조사했던 자료들을 보며 로봇공학은 독립된 분야가 아니라 우주개발, 나노기술, 자동화공장 등 4차 산업혁명의 수많은 부분과 연결되어 있고 미국엔 이와 관련된 기업들이 무척이나 많다는 것을 알게 되었습니다. 정보통신기술의 융합으로 수많은 기업이 함께 상호작용하며 신기술과 인프라 그리고 새로운 미래세상을 만들어 나간다는 생각에 B 씨는 이런 분야에 속한 기업의 주식에 조금이라도 투자해두면 좋겠다고 생각합니다. 그런데 '4차 산업혁명'이라는 공통분모는 있으나 분야도 너무 많고 각 분야 아래 속한 기업들도 많으며 하나의 기업이 여러 분야에 얽혀있는 경우도 다반사였습니다. 여러 기업의 주식을 사기엔 학생 신분이라 투자금에 한계가 있었던 그는 4차 산업혁명이라는 테마를 벤치마크지수로 추종하는 ETF들을 찾기 시작했습니다. 여러 개의 ETF 중 B 씨의 마음을 사로잡은 ETF는 ARK Autonomous Technology & Robotics ETF(티커:ARKQ)라는 종목으로 자율주행, 3D 프린팅, 로봇공학 및 에너지 저장 등 자동화와 로봇 관련 기술력이 뛰어난 기업에 주로 투자하는 ETF입니다.

사례 3. 주식과 낮은 상관관계를 가진 투자처를 찾는다면? - 채권 ETF

3년째 적립식으로 미국주식 투자하는 직장인 C 씨, 몇 년째 사상 최고치를 경신하며 오르기만 하는 S&P500과 나스닥지수와 함께 점점 불어나는 자신의 계좌를 보면 미소가 절로 지어집니다. 시장의 분위기가 좋을 때야 주식들로만 가득 채운 계좌의 잔고가 늘어서 좋지만 반대로 조정이나 큰 폭의 하락이 찾아왔을 때 그로 인해 발생하는 커다란 손실을 감당할 자신이 없었기에 C 씨는 계좌잔고가 커질수록 마음속 부담과 걱정의 크기도 커졌습니다. 이런 불안한 마음을 덜어버릴 좋은 방법이 없나 찾아보던 C 씨는 통상적으로 채권이 주식과 낮은 상관관계를 갖고 있기 때문에 이를 포트폴리오에 편입할 경우 전체적인 포트폴리오의 변동성을 줄여준다는 정보를 찾았고 그때부터 매달 만기가 20년 이상 남아 있는 장기 채권들로 구성된 iShares 20+ Year Treasury Bond ETF(티커:TLT)를 조금씩 사 모으기 시작했습니다. 이렇게 C 씨의 사례처럼 주식과 낮은 상관관계를 가진 금이나 채권과 같은 자산들을 포트폴리오에 편입시키면 전체적인 투자자산의 변동성을 낮춰 안정적인 투자를 이어 나갈 수 있습니다.

〈Tip〉 펀드투자의 허실

기업의 주인은 기업운영을 믿고 맡기는 경영자, 즉 대리인의 적절한 통제 여부가 가장 큰 관심사이다. 자기 회사를 대신 운영하는 대리인을 감시하는 것은 어찌 보면 당연하다. 그러면서 그에 상응한 적절한 보상과 자유를 부여하는데 이에 수반되는 비용을 대리인비용이라 하며, 이는 여전히 현대 경영의 난제다. 대리인인 경영자가 항상 오너를 위해 경영하면 더할 나위 없이 좋겠지만 최악의 경우 오너 모르게 오로지 자기 이익만을 위해 경영할 수도 있기 때문이다. 마찬가지로 펀드매니저도 고객보다는 본인의 이해 차원에서 얼마든지 투자의사 결정을 할 수 있다. 대체로 상호 신의성실의 원칙에 입각하여 행동하지만, 문제는 기대한 만큼 수익률이 발생하지 않을 때 터진다. 궁극적으로 펀드매니저가 자기 수익을 챙기는 것을 탓할 수는 없다. 이것은 투자자가 간접투자를 하기로 하면서부터 스스로 인정한 셈이다. 사실 펀드매니저는 투자자와는 다른 측면에서 비즈니스를 한다. 펀드매니저 수익의 근원은 투자자가 내는 운용수수료이다. 당연히 수수료를 최대한 받으려고 노력한다. 펀드매니저가 투자자의 수익을 최대로 끌어올리기 위해 적정 포트폴리오를 구축하거나 시장을 지속적으로 모니터링하면서 자금 운용기간 동안 최대한 노력했는데도 불구하고 기대한 성과가 나오지 않았다고 해서 그에게 법적인 책임을 부과할 수는 없다. 단지 그런 펀드매니저는 펀드시장에서 퇴출될 뿐이다. 간혹 일반인들은 유명 펀드매니저의 자금모집에 관한 적극적인 노력과 투자 운용에 관한 과장설명에 그대로 현혹된다. 그런 과정에서 펀드매니저들은 리스크가 없는 것처럼 포장하거나 그럴듯한 논리로 운용전략을 설명하고픈 유혹을 스스로 견디지 못한다. 이는 펀드매니저의 펀드 운용상에 내재된 리스크를 일반인들이 전혀 통제하지 못한다는 의미이다. 헤지펀드도 마찬가지이다. 헤지펀드의 특성 중 눈에 띄는 것은 실적에 대한 엄청난 보수와 펀드매니저도 해당 펀드에 일반 투자자처럼 자기 돈을 투자할 수 있다는 점이다. 전통적인 펀드매니저는 운용보수만 부과한 데 비하여 헤지펀드 운용자는 운용보수와 성과보수를 동시에 부과한다. 운용보수는 운용자산의 일정 비율로 표시되며, 매년 또는 분기마다 통상 1~2%를 부과하며, 성과보수는 연간 실현된 수익의 15~25% 수준을 부과한다. 엄청난 보수율이다. 또한, 헤지펀드 매니저는 상당한 자기 돈을 펀드에 투자하기 때문에 투자하면서부터 투자자와 함께 내재된 리스크를 공동으로 대처해나간다. 그러므로 투자자의 이익이 매니저의 이익과 밀접하게 관련될 수밖에 없다. 바꾸어 말하면 펀드매니저는 언제든지 자기 이익을 위해 펀드포지션을 바꿀 수 있다는 뜻이다. 동시에 투자자 입장에서는 언제든지 손실이 날 수도 있음을 의미한다.

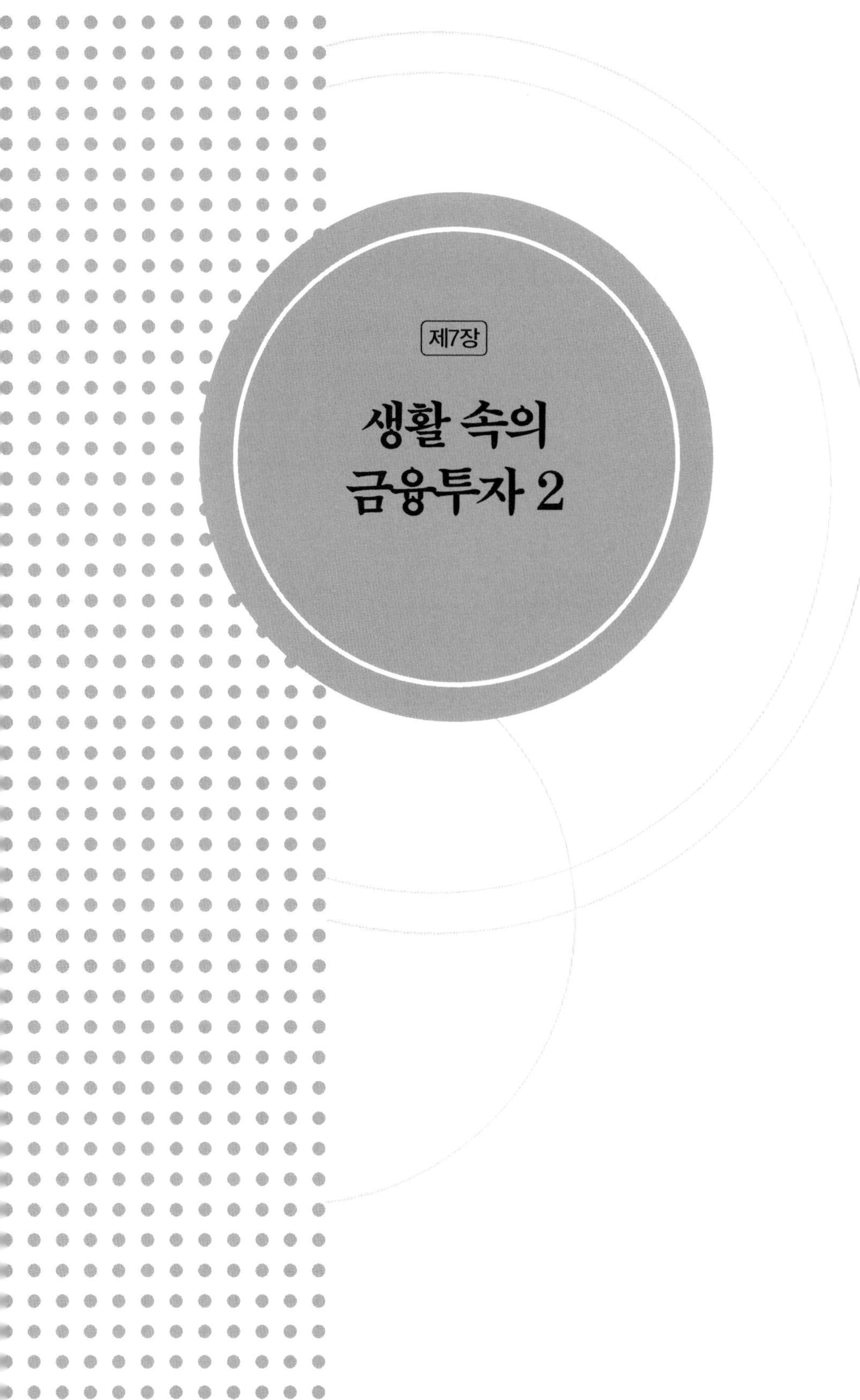

제7장

생활 속의 금융투자 2

제1절 파생금융상품 투자

1. 파생상품의 기초

1) 의의

파생상품은 실물자산(농산물, 비철금속, 귀금속, 에너지 등), 금융자산(통화, 주식, 채권 등)과 같은 여러 기초자산(underlying asset)의 미래가격을 현재 시점에서 결정한 후 미리 정해진 조건에 따라 계약이 이루어지는 상품이다. 이 중 금융자산만을 기초자산으로 하면 파생금융상품(financial derivatives)이 된다. 파생상품은 본 거래에서 파생된 거래라는 의미로, 원래 본 거래에 내재된 리스크를 줄이기 위해 도입되었다. 예를 들어 원자재로 구리를 계속 사들여야 하는 전선 제조회사가 있다고 하자. 이 회사는 구리가 주원료인 제품을 만들기 때문에 구리 가격의 변동에 따라 원가도 변동된다. 만약 회사가 구리 가격의 오르내림에 따라 고객에게 받는 제품가격을 마음대로 조정할 수 있으면 구리 가격이 변동되더라도 회사가 손실을 볼 위험은 없다. 그러나 현실적으로 구리 가격변동에 따른 원가 변동을 제품가격에 바로 반영시키지 못하는 경우가 대부분이다. 따라서 구리 가격이 오르면 회사는 이익이 줄거나 손해를 보게 되며, 반대로 구리 가격이 내려가면 이익이 늘어난다. 다행히 이익이 늘어나면 좋지만, 이익이 줄거나 손해를 볼 때 회사에 치명적일 수 있다. 이를 피하려고 회사는 구리납품 회사와 미래의 일정 기간 구리 가격을 미리 확정해놓는 계약을 맺고 싶어 한다. 한편, 구리납품 회사 측에서는 전선 제조회사와는 반대되는 상황의 위험에 직면케 된다. 즉 구리 가격이 오르면 이익을 보고 구리 가격이 내려가면 손해를 보게 된다. 이런 상황에서 일정 기간 정해진 가격의 납품계약이 성사되면 양측 모두 구리 가격 변화에 상관없이 일정한 이익을 유지할 수 있게 된다. 전선제조 회사 입장에서는 갑자기 오른 구리 가격으로 인해 원가가 급격히 올라 치명적 손실을 보게 될 가능성을 없애고, 구리납품 회사로서는 갑자기 구리 가격이 내려가 발생할 손실 가능성을 없앨 수 있다. 이 사례처럼 전선 제조회사와 구리납품회사가 서로의 치명적 손실을 줄이고자 정해진 조건으로 장기계약을 미리 할 수 있다면 가격변동의 위험을 줄일 수 있다. 그러나 양측의 조건이 맞지 않아 어느 한쪽에서라도 장기계약에 동의하지 않으면 가격변동의 위험은 사라지지 않는다. 이렇게 당사자 간 장기계약이 성립되지 않으면 제3의 기관이 개입해 가격변동의 위험을 떠안고 그 대가로 수수료를 받는 금융수익모델이 생겨났다. 이렇게 본 계약의 위험을 떠안고 그 대가를 받는 상품을 파생상품이라 한다. 따라서 파생상품은 다른 금융상품에 비하여 위험하다. 또한, 파생금융거래는 거래상대방의 채무불이행 위험이 크고, 거래구조가 복잡하여 투기적 거래에 대한 내부통제가 이루어지지 않을 경우, 대형기관이라도 쉽게 재무적 어려움에 처할 가능성이 크다.

그런데 파생거래는 기초자산에 바로 투자하는 것보다 간편하며, 소액의 증거금 또는 프리미엄만으로 거래가 가능하므로 수익과 손실 변동 폭이 아주 높다. 가격 1point당 50만 원인 주가지수선물의 예를 들어보자. 만일 어떤 투자자가 선물가격 100포인트일 때 주가지수선물 1계약에 매수포지션을 취하였다면 그는 100 × 50만 원 = 5,000만 원에 해당하는 포지션을 취한 셈이다. 이를 액면 금액이라 한다. 그러나 투자자는 이 돈의 15%만 초기증거금으로 납부하면 주문을 내고 포지션을 취할 수 있다. 즉, 5,000만 원 거래하는데 15% × 5,000만 원 = 750만 원만 있으면 된다. 따라서 5,000만 원 기준으로 10% 수익 즉 500만 원의 수익이 발생하면 이 투자자는 사실상 $\frac{500\text{만원}}{750\text{만원}} \times 100$ = 66%의 수익을 올린 것이다. 반대로 -10% 손실이 발생하면 역으로 -66% 손실이 발생한다. 이를 레버리지 효과라고 한다. 또한, 옵션거래는 초기증거금 없이 권리금[15]만 납부하면 되므로 선물거래보다 더 소액으로 해당 포지션을 취할 수 있다. 따라서 레버리지 효과가 선물거래보다 훨씬 크다. 파생상품은 여러 계약형태를 이용하여 기초자산만으로 불가능한 다양한 포트폴리오를 구성할 수 있으며, 고수익형 투자자 또는 안정적인 투자자 등 투자자별로 원하는 욕구를 충족시켜 준다.

2) 파생상품의 가격 결정

파생상품은 남의 위험을 떠안고 그에 대한 대가를 받는 상품이기 때문에 위험 가능성에 대한 정확한 예측이 관건이다. 예측을 잘못해서 위험부담에 대한 보상을 제대로 받지 못하면 파생상품회사의 손실로 연결되며, 이런 계약이 많으면 부도나기까지 한다. 다시 전선제조회사의 예로 돌아가 보자. 현재 회사의 생산원가 당 구리 가격이 1톤에 1,000달러로 설정되었고, 1톤의 구리로 전선을 만들면 1,100달러의 가격으로 판매할 수 있다. 회사가 한 달에 1만 톤의 구리로 전선을 만들어 판매한다고 하면 회사는 한 달에 1,100만 달러의 매출

15 보통 해당 기초자산의 변동성만큼 계산한다

을 올리고 구리 구입 대가로 1,000만 달러를 지급해서 100만 달러의 이익을 얻는다. 그런데 어느 달에 구리 가격이 1톤당 1,200달러로 오르면 생산원가에서 구리가 차지하는 금액이 1,000만 달러에서 1.200만 달러로 올라 100만 달러의 손실이 발생한다. 회사는 내부비용을 고려할 때 구리 가격이 올라도 견딜 수 있는 한계 수준이 있다. 예를 들어 구리 가격이 1,100달러 이상이면 회사가 심각해진다고 해보자. 그러면 회사는 구리 가격이 1,100달러 이상 오르더라도 1,100달러에 구리를 살 수 있는 계약을 맺고 싶어 한다. 이때 그러한 파생상품을 파는 금융기관은 회사에 구리 가격이 아무리 오르더라도 1,100달러에 구리를 살 수 있는 계약을 한다. 그러면 회사는 손실을 볼 위험을 제거할 수 있게 된다. 한편, 파생상품을 판매한 금융기관은 만약 구리 가격이 1,100달러를 넘어가면 1,100달러 이상의 가격에 구리를 사서 회사에 1,100달러에 넘겨야 하는 손실의 위험을 안게 된다. 따라서 금융기관은 이 위험에 대한 보상으로 회사에 수수료를 요구하는데 이를 리스크 프리미엄(risk premium)이라 한다. 리스크 프리미엄은 금융기관이 예상하는 구리 가격 인상 가능성, 즉 확률에 의해 정해진다. 만약 구리 가격이 1,100달러를 넘어설 확률이 매우 높으면 파생상품을 판 금융기관의 위험이 커지기 때문에 리스크 프리미엄이 커지고, 반대로 확률이 낮으면 리스크 프리미엄은 작아진다. 예를 들어 금융기관이 구리 가격이 1,100달러를 넘어서 1,200달러가 될 가능성이 50%라고 가정했다고 하자. 전선 제조회사가 1만 톤에 대한 구리 가격을 1,100달러로 확정하는 파생상품계약을 한다고 하면 금융기관의 예상손실은 1,200달러에서 1,100달러를 뺀 100달러의 1만 배인 100만 달러가 된다. 그런데 1,200달러가 될 확률이 50%이므로 100만 달러의 50%인 50만 달러가 금융회사의 기대손실이다. 그러면 금융기관은 회사에 대해 50만 달러 이상의 리스크 프리미엄을 수수료로 받고자 한다. 그렇지 않으면 계약이 성사되지 않는다.

2. 파생금융상품의 분류

1) 거래목적별 분류

(1) 투기거래(Speculation)

이는 파생금융상품 자체의 수요와 공급을 예측하여 수익을 실현하고자 하는 거래로 일종의 방향성 맞추기 게임처럼 수익과 손실의 보상 관계가 극명하게 드러난다. 투기거래자는 현물과 상관없이 파생금융시장에서 가격변동의 위험을 감수하면서 자기 책임하에 시세차익을 추구하는 사람이며, 파생금융시장에서 이들의 존재와 역할은 매우 중요하다. 즉, 시장 유동성을 제공하고 시장정보를 분석하면서 헤지의 위험을 인수하는 거래상대방 역할을 수행한다. 이러한 투기거래자는 보유 기간에 따라 초단기 거래자(Scalper), 일일거래자(Day Trader), 포지션 거래자(Position Trader)로 구분한다.

(2) 헤지거래(Hedge)

이는 단기, 중기적으로 현물거래의 손실을 헤지하기 위한 파생금융거래를 말한다.

(3) 차익거래(Arbitrage)

이는 현물과 선물가격 간의 차이(베이시스)가 이론적인 수준을 벗어날 때의 가격 차이를 노린 거래를 말한다.

(4) 스프레드거래(Spread)

이는 결제월 간 선물 혹은 옵션 간의 가격 차이를 노린 거래로 한쪽은 매수, 한쪽은 매도포지션으로 수익을 추구하는 거래를 말한다.

2) 거래유형별 분류

(1) 선도거래(Forward)

특정상품을 미래의 일정 시점에 미리 정한 가격으로 매매하기로 현재 시점에서 합법적으로 계약하고 그 일정 시점에 매매가 완료되는 거래로 장외거래(over the counter, OTC, 알아서 자유롭게 마음대로) 시장이다. 이의 장점은 거래자의 필요에 따라 자유롭게 계약 내용을 조정할 수 있고, 선물계약이 없으면 이를 대처하는 구실을 하는데 주로 기업들이 외환 리스크를 관리하는 데 이용한다.

(2) 선물거래(Future)

이는 표준화된 특정상품을 제도화된 시장에서 미래의 일정 시점에 미리 정한 가격으로 매매하기로 현재 시점에서 합법적으로 약속하는 거래로 선도거래와 대부분 유사하나 가장 큰 차이점은 장내거래이며 거래상품이 표준화되어 있다는 것이다.

(3) 스왑거래(Swap)

스왑거래는 주로 채권시장과 외환시장에서 서로 다른 금융상품을 통합시켜주는 시장 간의 교량 역할을 한다. 대표적인 스왑거래로 이자율스왑과 통화스왑이 있다. 스왑 초기에는 은행은 각 스왑 거래자를 연결하는 중개역할을 하고, 그 대가로 수수료를 받았는데 그 규모가 커지면서 은행이 스왑딜러 역할을 직접 하게 되어 유동성이 확대되는 추세이다.

(4) 옵션거래(Option)

이는 미래의 특정 일자에 현재 약정한 가격으로 거래대상 상품을 사거나 팔 수 있는 권리를 사고(콜옵션), 파는(풋옵션) 계약을 말한다. 옵션권리를 행사하기 위해서는 상대방에게 옵션 프리미엄이라는 대가를 지불해야 한다. 따라서 옵션매수자는 프리미엄만 지불하면 되며, 증거금을 납부해야 하는 선물보다 위험을 간단하게 관리할 수 있게 된다. 그러나 그만큼 레버리지 효과가 크고 위험도 커진다. 예를 들어, A 회사의 주가가 현재 10만 원이고 11만 원에 그 주식을 살 수 있는 1개월 만기 콜옵션이 5,000원이라면, 100만 원을 가진 투자자가 투자하는 방법은 다음 두 가지가 있다. (단, 거래비용과 배당은 무시) 첫째, 주식 10주를 산다. 한 달 후 주가가 15만 원이 되면 투자자는 50%의 수익을 얻게 된다. 반면, 한 달 후 주가가 5만 원으로 하락하면 50% 손실을 보게 된다. 둘째, 콜옵션 200개를 산다. (200x5,000원=100만 원, 문제를 단순화하기 위해 옵션 1계약을 주식 1개로 가정) 한 달 후 주가가 15만 원으로 오르면, 1주당 4만 원의 차익이 생기므로 800만 원의 이득이 생긴다. 즉 수익률은 (800만 원-100만 원)/100만 원=700%가 된다. 반면 주가가 10만 9,000원이 되면, 주가가 행사가격 11만 원 이하이므로 옵션은 휴짓조각이 되고 수익률은 −100%가 된다.

결론적으로 옵션은 적은 자본으로 고수익을 창출할 수 있는 반면, 그만큼 리스크도 커지는 레버리지 효과를 갖는다. 특히 한국 옵션 시장에서 대박을 노리는 개미투자자들이 주로 쓰는 방법이 이런 '몰빵 매수'이다. 옵션거래에서 옵션매수자의 가격변동에 따른 수익은 약정가격과 실제 가격의 차이에 따라 무한대로 커질 수 있으나, 손실은 옵션 프리미엄만큼 한정된다. 반면, 옵션매도자의 가격변동에 따른 수익은 옵션 프리미엄에 국한되지만, 손실은 무한대로 커질 수 있다. 결국, 옵션매도자는 옵션 프리미엄을 받고 거래상대방에게 사거나 팔 권리를 제공함으로써 손실의 위험을 무한대로 감수하는 위험 선호자(Risk Taker)가 된다.

한편, 옵션은 적절히 활용하면 안정적인 수익을 창출하는 수단이 될 수 있다. 예컨대 한 투자자가 어떤 회사의 주식을 갖고 있다고 할 때, 이 투자자는 콜옵션을 매도함으로써 다른 주식투자자들보다 훨씬 안전하게 주식투자를 할 수 있게 된다. 콜옵션을 매도했기 때문에 주가가 오르면 오른 만큼 대금을 지불해 줘야 하지만, 이미 주식을 갖고 있으므로, 보유한 주식을 처분해서 대금을 지불하면 되고, 주가가 하락하면 옵션은 무효가 되므로 옵션매도금은 고스란히 자기 몫이 된다. 이렇게 주식을 보유하고 콜옵션을 매도하는 전략을 커버드 콜(Covered Call)이라고 하며, 이 전략은 전 세계 옵션거래 중 거의 절반을 차지하는 것으로 알려져 있다. 커버드 콜 전략은 주식이 급상승할 때 주가 상승에 따른 차익을 콜옵션 매수자에게 일부 돌려줘야 하고, 주가가 하락할 때는 콜옵션 매도 대금으로 손실분을 일부 상쇄할 수 있다는 측면에서 가장 안전한 거래 방법의 하나로 알려져 있다.

일상생활에서의 대표적인 옵션거래가 TV홈쇼핑이나 인터넷쇼핑몰에서 물건을 구매하는 행위이다. 이는 물건을 직접 받아본 후 구매 여부를 결정할 수 있는 최종 선택권이 소비자에게 있기 때문이다. 소비자는 TV홈쇼핑이나 인터넷쇼핑몰에서 즉시 물건을 주문한 후 물건을 받고 나서 살지 말지 구매 결정을 내린다. 여기서 기초자산은 주문한 물건이며, 옵션 가격은 쇼핑하는 데 쓴 시간과 반품 시 택배비용이다. 물건을 받아본 후 구매하기로 선택했다면(옵션 행사), 최종적으로 지불한 옵션 가격은 쇼핑에 들인 시간이 된다. 반면 구매하지 않기로 선택했다면(옵션 미행사), 최종적으로 지불한 옵션 가격은 쇼핑에 들인 시간과 반품 시 택배비용이 된다.

〈표〉 옵션거래와 선물거래의 비교

구분	옵션거래	선물거래
권리와 의무	매입자는 권리를 가지고, 매도자는 의무만 가짐	매입자와 매도자 모두 권리와 의무를 가짐
거래의 대가	매입자가 매도자에게 권리에 대한 대가를 지급	계약 대가를 지불할 필요가 없음 (계약 당시 기대이익 동일)
위탁증거금 및 일일정산	매입자는 필요 없으며, 매도자만 해당	매입자와 매도자 모두 필요

출처 : 서영수, 「투자 리스크관리 길잡이」, 2013, p.316

3. ELS(Equity Linked Security) 투자

1) 의의

주가연계증권(ELS)은 주가(지수)의 가격변동에 따라 증권사가 고객과 사전에 약정한 수익률을 지급하는 상품으로 위험 및 수익 기대수준을 다양하게 조합하여 설계한다. 이는 펀드처럼 실적배당형이 아니라 상품가입 시 정해진 조건에 따라 수익률이 결정되기 때문에 주식과 예금의 중간 형태라고 볼 수 있다. 예를 들어 1년 후 S 전자 주가가 10만 원 이상이면 원금+5%, 1년 후 주가가 10만 원 미만이면 원금만 수령하는 ELS에 가입했다고 해보자. 만약 1년 후에 S 전자 주가가 20만 원이면 상품가입 시 조건에 따라 원금+5%의 수익률로 상환이 된다. 즉 주가가 20만 원이어서 2배나 올랐으니 수익률을 더 주게 되는 그런 상품은 아니다.

이 상품은 위험 및 수익 기대수준을 다양하게 조합하여 설계되는데 대부분의 ELS는 콜옵션, 풋옵션에 배리어 옵션, 디지털 옵션을 결합한 수익구조이다. 배리어 옵션의 경우 설정된 배리어 가격에 도달하면 옵션이 생기거나 옵션이 없어진다. 한편, 디지털 옵션은 행사가 도달 여부에 따라 수익을 수령하거나 수령하지 않는 구조이다.

2) 유의사항

기본적으로 가입하는 상품의 조기상환 조건, 손실 발생 조건, 투자 만기, 상환주기 등 상품설명서를 정독해야 한다. 그리고 ELS는 선순위채권과 같은 위치의 상품으로 발행회사의 신용도가 중요하다. 따라서 신용도가 높은 발행회사를 선택해야 한다. 또 투자 목적에 따라 상품을 선택해야 한다. 예컨대 원금보장이 중요한 투자자는 원금보장 또는 최소 원금 부분 보장이 되는 상품을 선택한다. 또 기대수익과 위험을 고려하여 원금보장형, 비보장형 상품을 적절하게 활용하고 다른 자산과도 분산 투자할 필요가 있다.

3) 단계적 하향 상품의 수익구조 예시

〈그림〉 단계적 하향 상품의 수익구조

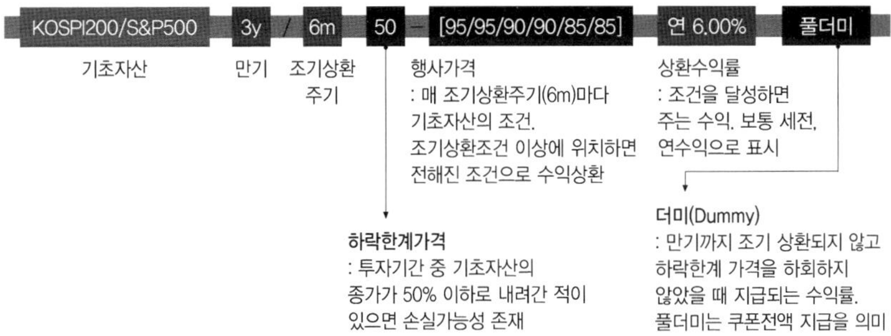

출처 : 김규복 · 권오성 · 문서에, 「현명한 금융투자 1, ELS · ETF · ETN」, 2019, p.18

위 그림은 ELS 상품 중 가장 대표적인 단계적 하향식 상품의 수익구조를 나타낸 것으로 각 용어의 의미를 살펴보면 다음과 같다.

- 기초자산 : ELS 상품에서 관찰하는 지수 혹은 주식을 의미하며 기초자산의 가격에 따라 ELS 상품의 수익 여부가 결정된다.
- 만기/조기상환 주기 : 만기는 이 상품의 만기를 의미하고, 조기상환 주기는 상품의 상환을 결정짓는 시점이다. 예컨대 3년/6개월이면 이 상품의 만기는 3년이고, 6개월마다 이 상품의 상환을 결정짓는 시기가 돌아온다는 것을 의미한다.
- 하락한계가격 : 하락한계가격은 ELS 상품의 가입기간 동안 기초자산의 가격이 한 번이라도 하락한계가격 아래로 떨어지지 않게 되면 수익이 상환됨을 의미하는 아주 중요한 가격이다. 만약 투자기간 중에 기초자산의 종가가 50% 이하로 내려간 적이 있으면 손실 가능성이 존재함을 의미한다.
- 행사가격 : 행사가격은 관찰 시점(매 4개월, 6개월 등)의 ELS 상품의 상환을 결정짓는 가격을 의미한다. 관찰 시점에 각 기초자산의 지수, 혹은 주식의 가격이 이 행사가격 이상이 되면 수익상환이 이루어짐을 의미한다.
- 상환수익률 : 상환수익률은 보통 연간 수익률을 의미한다. 연 6%라면 상품가입 후 6개월 뒤에 ELS 상품의 상환이 이루어지게 된다면 세전 3%를 받게 된다는 것을 의미한다.
- 더미 : 이는 만기까지 조기상환 되지 않고 하락한계가격을 하회하지 않았을 때 지급되는 수익률을 의미한다. 풀더미는 3년 쿠폰 전액을 지급하는 것을 의미하는데, 이 상품의 경우 3년 뒤에 세전 18%를 받게 되는 것을 의미한다.

4. 주요 투기성 거래 유형

1) 마진거래

(1) 의의

마진거래란 간단하게 투자금을 빌려서 거래하는 것으로 공매수와 공매도로 나뉜다. 공매수(롱 포지션)는 거래소에서 돈을 빌려 매수하는데 해당 가격이 상승하면 수익이 발생한다. 반대로 공매도(숏 포지션)는 거래소에서 해당 자산(주식, 코인 등)을 빌려 먼저 매도하는데 해당 가격이 하락하면 수익이 발생한다. 주로 해당 투자대상의 가격이 하락할 것을 예상할 때 거래하는 전형이다.

(2) FX(Foreign Exchange) 마진거래

FX 거래는 종전의 은행이나 대규모 거래자만이 참여하던 외환딜링 거래를 외화증거금 방식을 통해 레버리지를 높여 소규모 거래자들도 거래할 수 있도록 설계된 외환 파생상품이다. 이는 외환거래에서 주로 헤지거래로 활용되었던 선물환거래가 투기수단으로 변질한 전형적인 사례이다. 예를 들어 3개월 미국달러 선물환율이 1,300원일 때 어느 투기자가 3개월 후 현물환율이 1.400원으로 상승할 것으로 예상하고 3개월 선물환을 매입한다고 하자. 이 경우 예측이 적중되면 3개월 후에 달러당 1,300원에 달러를 사서 1,400원에 팔 수 있으므로 달러당 100원의 이익을 얻을 수 있다. 그러나 예측이 빗나가면 이 투기자는 고스란히 손실을 보게 된다. 참고로 외환거래에서 2영업일 이내 거래를 현물환거래라고 하며 그 이상인 거래를 선물환거래라고 한다. 선물환거래는 외환 매매계약 체결일로부터 영업일이 2일 경과한 후 특정일에 외환을 결제하기로 약정한 거래이다. 따라서 선물환거래를 통하여 계약일로부터 결제일 사이의 환율변동에 따른 환리스크를 헤지한다.

(3) 가상화폐 마진거래

이는 투자자가 거래소에 증거금을 예치하고 비트코인 가격의 시세를 예측해 돈을 거는 투자 방식을 의미한다. 이럴 경우 투자자는 가상자산에 공매수(가격이 오른다는 예측)나 공매도(가격이 내려간다는 예측)를 할 수 있는데, 예측이 맞는다면 큰돈을 벌 수 있지만, 예상이 빗나가면 거액의 돈을 잃을 수 있다. 만약 투자한 자본금만큼 손실이 발생하면 마진콜이라는 강제청산을 당한다.

2) 레버리지/인버스 ETF 거래

(1) 레버지지 ETF

시장이 10% 상승하면 레버리지 ETF는 20% 상승한다. 하지만 반대로, 10% 하락하면 20% 손실이 날 수 있기 때문에 위험을 무시할 수 없다. 이는 주로 주식과 파생상품인 선물로 조립되어 설계된다. 레버리지 ETF 투자를 통해 수익이 나면 투자자들은 수익을 자랑하기 마련이다. 하지만 손실이 날 때는 아무도 이야기하지 않는다. 그래서 레버리지 ETF를 투자하면 전부 이익이 나는 것처럼 착각하기 쉬운데 절대 그렇지 않다.

(2) 인버스 ETF

인버스 ETF란 시장이 하락할 때 반대로 상승하는 ETF이다. 예컨대 '인버스 2X'는 2배의 인버스 레버리지로 시장이 1% 하락할 때 2% 상승하는 상품을 말한다. 이의 구조는 레버리지 ETF와 비슷하게 선물로 구성되는데 선물 매도 포지션을 가지고 있다는 점이 특징이다.

제2절 가상자산 투자

1. 블록체인

1) 의의

블록체인은 P2P(Peer to Peer) 네트워크를 통해서 관리되는 분산 데이터베이스의 한 형태로 거래정보를 담은 장부를 중앙서버 한 곳에 저장하는 것이 아니라 블록체인 네트워크에 연결된 여러 컴퓨터에 저장 및 보관하는 기술이다. 간단히 장부 기록 기술이라 할 수 있다. 일반적으로 장부는 거래하는 사람들이 직접 기록하는 것이 아니라 장부를 기록하는 사람들이 따로 있기 마련이다. 그런데 블록체인에서는 거래를 기록하는 데 제3자가 참여하지 않는다. 대신 블록체인 거래에 참여하는 당사자들이 거래기록을 블록으로 만들어 다른 거래기록들과 연결해 사슬 형태로 만든다.

이렇게 거래를 기록하는 행위를 채굴이라고 부른다. 그런데 거래를 기록하는 데는 시간과 노력이 필요하고 이것이 바로 블록체인 플랫폼을 유지하는 비용인 셈이다. 이 시간과 노력에 대한 보상으로 새로운 코인을 지급하기 때문에 마치 새로운 코인을 캐내는 것처럼 보여 채굴이라고 부르기 시작했다. 한편, 채굴이라는 단어가 회자되면서 '비트코인은 디지털 금'이라는 주장들이 나오기 시작했다.

2) 주요 특징

특징	내용
탈중앙화 (분산성)	• 제3자 또는 중개인 없이 개인, 법인 등이 직접 거래 가능 • 중앙집중형 시스템의 구축, 운영, 유지보수 비용 절감 가능
보안성과 투명성	• 거래 기록과 블록 데이터를 플랫폼에 참여하는 모두가 공동으로 소유하고 기록하기 때문에 거래기록의 조작이 어렵고 누구나 확인 가능
익명성	• 개인정보 없이 거래가 가능하므로 익명성이 보장되나, 특정 금융거래정보의 보고 및 이용 등에 관한 법률 시행 이후 거래소에서 거래하기 위해서는 익명성이라는 특성은 포기해야 함
안정성	• 분산형 네트워크로 구성되어 있어서 1개의 네트워크가 손실되어도 지속해서 운영 가능

출처 : 홍기훈, 「NFT 미래수업」, 한국경제신문, 2022, p.77

2. 가상자산

1) 의의

가상자산이라는 용어는 암호화폐의 화폐라는 단어가 대중에게 잘못된 인식을 주지 못하게 하도록 FATF에서 각국에 암호화폐 대신 사용하도록 추천한 단어이다. 국가 대부분은 FATF의 추천에 따라 가상자산이라는 단어를 사용하고 있으나 일본은 암호자산이라는 용어를 쓰고 있다. FATF(Financial Action Task Force)는 자금세탁 방지 차원에서 결성한 조직으로서 파리에 본부를 두고 있다. 우리나라도 FATF의 회원국이며 2021년 현재 36개국의 회원이 있으며 FATF의 권고문은 회원국에는 법령에 해당하는 효력을 지닌다.

한편, 가상자산을 만든다는 것은 디지털 목적물을 주고받은 내역을 기록할 수 있는 네트워크 프로그램을 만든다는 의미이다. 이러한 프로그램은 비트코인을 포함해 통상 그 소스 코드가 완전히 공개돼 있다. 따라서 누구나 이용할 수 있으며 때에 따라 자신의 입맛대로 바꿀 수도 있다. 그러므로 프로그래밍 자체의 부담은 별로 없다. 정작 힘든 것은 생성된 가상자산이 원활하게 운용될 수 있는 생태계, 즉 네트워크 참여자를 구성하는 일이다. 이는 웹사이트 구축은 어렵지 않으나 일정규모 이상의 방문자를 모으는 것은 지극히 힘든 것에 비유할 수 있다.

이러한 점을 간파한 이더리움 재단은 별도의 네트워크를 구축하지 않고도 기존의 암호화폐와 거의 동일한 기능 즉, 발행, 이전 등이 가능한 새로운 방식을 제시했는데 바로 이더리움의 스마트 컨트랙트(Smart Contract)를 이용하여 가상자산을 발행하는 방법이다. 또 이더리움은 두 가지 표준적 스크립트 템플릿을 만들어 각각 ERC-20과 ERC-721이란 명칭을 부여했고 이를 자체적으로 네트워크를 구축하고 있는 다른 암호화폐와 구분하기 위해 토큰이라는 별칭을 사용하기 시작했다. 즉 가상자산은 자체 네트워크를 구축한 것을 지칭하고 토큰은 자체 네트워크 없이 프로그램으로만 작동한다는 의미로 구분했다.

- ERC(Ethereum Request for Comment)-20 : ERC-20은 이더리움에서 만든 암호화폐 발행 프로그램의 표준이며 기본 템플릿과 함께 제공되어 숙련된 전문가의 경우 10분 정도면 새로운 암호화폐를 만들 수 있을 정도로 간단하다.
- ERC-721 : ERC-20이 일반 화폐와 유사하게 그 액면으로 가치가 결정되는 것에 비해 ERC-721은 각각이 고유물이며 그 가치가 모두 달라 대체불가능 토큰으로 불린다. 예를 들어, 모든 1만 원권은 액면으로 서로 완전히 대체할 수 있지만, 액면을 없애고 각각을 고유물로 구분하기 시

작하면 그 가치를 완전히 대체할 수 없다는 의미이다.

2) 스마트 컨트랙트와 토큰(Token)

스마트 컨트랙트의 기본 로직은 간단하게 ① 입금계약 체결 → ② 조건 충족 → ③ 이행 (송금 완료)의 구조이다. 예를 들자면 자판기와 비슷하다. ① 일단 돈을 넣고 ② 원하는 음료를 고르면 ③ 상품이 나온다. 핵심은 조건이 충족되지 않으면 계약이 체결되지 않는다는 것이다. 이를테면 콜라를 먹고 싶어서 자판기에 1000원을 넣었다고 가정해보자. 그런데 알고 보니 콜라 가격이 1,500원이다. 버튼을 아무리 눌러도 콜라는 나오지 않는다. 계약은 체결되지 않았고 자판기는 1,000원을 다시 내뱉는다. '자판기가 1,000원을 꿀꺽하면 어떡하지'라는 걱정은 안 한다. 자판기와 계약을 신뢰하기 때문이다.

이는 신뢰가 부족한 중고거래에도 적용할 수 있다. 예를 들어 A 씨가 B 씨에게 10만 원짜리 신발을 사기로 했다고 해보자. 자판기 때와는 달리 A 씨는 'B 씨가 돈만 꿀꺽하고 신발을 안 보내면 어떡하지'라는 걱정한다. 하지만 이더리움으로 결제하면 걱정이 없다. A 씨는 ① 10만 원어치 이더리움을 B 씨에게 송금하고 ② B 씨로부터 신발이 도착하면 ③ 결제가 완료되게끔 계약을 설정한다. 신발이 도착하지 않으면, 즉 조건이 성립하지 않으면 결제가 되지 않는다. 또 스마트 컨트랙트는 사물인터넷과 연동도 가능하다. 예를 들어 ① 쿠팡에 3만 원어치 이더리움을 송금 ② 세탁기에 세제가 떨어진 것을 센서가 인식 ③ 세제가 떨어지면 쿠팡에 세제를 자동 주문 · 결제한다. 이처럼 계약 조건과 내용은 자유롭게 설정할 수 있다.

3. 가상자산(코인)의 종류

코인 대부분은 기능에 따라 크게 세 종류, 즉 플랫폼 코인, 유틸리티 코인 그리고 거래용 코인으로 구분된다.

1) 플랫폼 코인; 운영체제

간단하게 플랫폼 코인은 구글의 안드로이드나 애플의 IOS 같은 운영체제로 보면 되며 이들의 역할은 유틸리티 코인이 잘 구동할 수 있도록 판을 깔아주는 것이다. 따라서 플랫폼 코인 고객은 대부분 유틸리티 코인 개발자이다. 만약 당신이 개발자라고 가정해보자. 어떤 플랫폼을 선택하겠는가?. 될 수 있으면 많은 사람이 쓰는 플랫폼, 또 비용이 저렴하고 속도가 빠른 플랫폼을 선택할 것이다. 따라서 플랫폼 코인에 중요한 것은 거래 시 수수료가 얼마나 저렴한지, 처리 속도가 얼마나 빠른지 등이다.

그러므로 플랫폼 코인에 투자하기 전에 우선적으로 그 위에서 작동하는 유틸리티 코인이 몇 개나 되는지 살펴볼 필요가 있다. 플랫폼 코인 생태계 규모에 따라 해당 코인이 많으면 많을수록 해당 플랫폼 코인은 좋은 평가를 받을 가능성이 크다. 현재 플랫폼 코인의 대표 주자는 역시 이더리움(ETH)이다. 때때로 이더리움 가격이 비트코인(BTC)보다 빠른 상승세를 보이는 이유도 전 세계에서 가장 흔히 쓰이는 플랫폼 코인이기 때문이다. 한편, 돈뿐 아니라 어떤 형태의 거래도 기록할 수 있다는 것이 이더리움과 비트코인의 기본적인 차이다. 자동차도, 부동산도, 콘텐츠도, 게임 아이템도 주고받을 수 있다. 단순 거래뿐 아니라 신원 증명, 의료 데이터 등 수많은 정보를 기록하고 저장할 수 있다.

2) 유틸리티 코인; 애플리케이션

유틸리티 코인은 비슷한 기능과 서비스를 묶어 범주화할 수도 있는데 주식으로 치자면 섹터라 할 수 있다. 즉 금융, 콘텐츠, 사물인터넷, 부동산, 물류, 게임, 통신, 스포츠, 헬스케어 등등 그 종류만 수백 개가 된다. 기본적으로 코인 투자에 앞서 선택한 코인이 어떤 섹터에 포함돼 있는지 살펴보는 것은 대단히 중요하다. 이는 해당 섹터에 호재가 있을 때 코인 가격이 비슷한 방향성을 띠기 때문이다. 또 섹터마다 시가총액이 가장 큰 코인, 이른바 대장주 위주로 투자하는 전략을 세워 볼 수도 있다. 섹터별로 시가총액이 큰 유틸리티 코인을 살펴보면 다음과 같다.

〈표〉 주요 섹터별 코인

분류	주요 코인
콘텐츠	세타(THETA), 코스모스(ATOM), 스팀(STEEM)
탈중앙 금융	유니스왑(UNI), 체인링크(LINK), 에이브(AAVE)
분산 컴퓨팅	인터넷컴퓨터(ICP), 파일코인(FIL), 비트토렌트(BTT)
사물인터넷	아이오타(IOTA), 헬리움(HNT), 이오스트(IOST)
메타버스	디센트럴랜드(MANA), 더샌드박스(SAND)
보안인증	온톨로지(ONT), 시빅(CVC)
자산 대출	메이커(MKR), 컴파운드(COMP)
물류	비체인(VET)
스포츠	칠리즈(CHZ)
헬스케어	메디블록(MED)

출처 : 매경이코노미, 「코린이를 위한 코인의 모든 것」, 매경출판, 2021, p.57

3) 거래용 코인; 결제와 송금

사용자와 거래소 간 코인거래를 위한 거래용 코인은 결제와 송금용 코인이 대부분이며 대표적으로 비트코인을 들 수 있다. 또 비트코인에서 파생한 라이트코인(LTC), 비트코인캐시(BCH), 도지코인(DOGE) 등도 대표적인 거래용 코인이다. 은행 간 국제 송금 기능으로 주목받는 리플(XRP)도 마찬가지이다. 스테이블 코인도 거래용 코인으로 분류하는데 이는 미국달러나 유로화, 원화처럼 각 정부가 발행한 법정화폐 가격을 추종하는 코인을 말한다.

4. 가상자산의 투자

1) 가상자산 투자방법

(1) 트레이딩 거래

트레이딩은 거래소를 통한 방법과 장외거래(OTC; Over The Counter) 방법이 있다. 일반적으로 트레이딩은 가상자산 거래소에서 매매하는 것이다. 즉 사려는 가격에 매수주문을 걸고 반대로 매도할 때는 팔려는 가격에 매도주문을 넣어 조건이 맞으면 매매된다. 한편, 장외거래는 거래소를 통하지 않고 외부에서 매매하는 방법으로, 채굴자, 기관투자자들이 대량으로 가상자산을 매매할 때 활용한다. 이에는 거래 브로커를 통한 방법과 OTC 거래 트레이더를 통한 방법 그리고 OTC 데스크를 통한 방법 등이 있다.

(2) 채굴(Mining) 행위

블록체인 기술로 만들어진 비트코인은 블록들의 연결로 구성돼 있는데, 연결할 다음 블록을 생성하는 과정에 채굴이라는 개념이 나타난다. 채굴이란 가상자산 또는 블록체인을 얻기 위해 해당 가상자산 고유의 수학 연산문제를 풀어 그 보상으로 가상자산을 얻는 행위를 말한다. 따라서 채굴을 원하는 사람들은 기존 블록에 접근하여 다음 블록을 생성할 수 있는 수학연산 문제, 즉 암호를 풀어야 하는데 이는 마치 금광에서 광부들이 채굴하면 금이 생기는 것과 비슷한 맥락이다. 그래서 채굴자들은 컴퓨터라는 도구를 활용해 비트코인을 얻어내고, 그것을 팔아서 수익을 남긴다.

(3) ICO(Initial Coin Offering) 참여

ICO는 코인 시장에서 신규 코인을 상장하고자 투자자금을 공모하는 작업이다. 코인 개발업체는 ICO를 통해 초기 개발자금을 확보하고, 투자자는 ICO에 투자해 거래소 상장 전에 코인을 미리 보유할 수 있다.

2) 가상자산 투자 시 유의사항

(1) 코인 백서의 정독

코인 백서란 코인개발자가 코인의 목적과 개발과정, 개발 후 적용목표 등을 상세하게 기술한 보고서이다. 이 백서를 가지고 초기 투자를 받는다. 그러므로 백서를 정독하면 코인에 대해 많은 부분을 이해할 수 있게 된다.

(2) 개발진과 개발 진행 과정의 정기적인 모니터링

지금까지 수많은 코인이 생겨났고 동시에 더 수많은 코인이 사라졌는데 생존하는 코인은 만들어진 후 목표에 맞는 적용과정과 꾸준히 업그레이드했기 때문이다. 따라서 참여하는 개발진이 체계적으로 목표과정을 이행하는지 주기적으로 모니터링해야 한다.

(3) 장기접근의 마음가짐과 심리훈련

아직도 대부분의 많은 투자자가 귀동냥으로 'OO코인이 좋다더라', 'OO

코인이 요즘 핫하다더라'라는 소문을 듣고 바로 매수하곤 한다. 그러나 가상자산 시장은 초창기이기 때문에 변동성이 상당하고 이를 단기매매로는 감당하기 어렵다. 가능하면 저점에 매수해서 장기투자로 임하는 것이 유리하다. 한편, 장기적으로 상승할 것이라고 확신했더라도 지금 당장 반 토막이 나고, 2~3배 벌고 있는 주변 사람들을 보면 마음이 약해지고 버티기가 쉽지 않다. 따라서 안정적인 마음가짐을 지속 유지하는 심리훈련도 필요하다.

(4) 블록체인 기술의 사업성 체크

블록체인의 기본 특성인 투명성, 분산원장이 꼭 필요하다면 사업성이 있을 수 있지만 특별한 이유 없이 단순히 블록체인을 도입하는 사업은 기대만큼 결과가 좋지 못했다. 따라서 블록체인 기술의 사업성을 꼼꼼하게 체크해야 한다.

3) 가상자산거래소 선택 시 고려사항

무엇보다 거래소의 보안성과 안정성이다. 거래소 선택 시 고려할 사항으로 거래소의 보안성을 최우선으로 고려해야 하며, 거래소 서버의 안정성 역시 중요하다. 두 번째로 풍부한 거래량이다. 단기 트레이딩을 하는 데 충분한 거래량은 거래소를 선택할 때 필수적인 요소이며, 나중에 투자하려는 코인을 선택할 때도 거래량 역시 중요하다. 세 번째, 차트 등 거래 편의성이다. 국내 및 해외거래소는 거래소별로 모두 다른 차트를 사용하며, 매매 페이지도 다르다. 이 중에는 사용자에 따라 편리한 페이지가 있고, 불편한 페이지가 있을 것이다. 거래 편의성도 고려해야 한다. 네 번째, 상장 코인의 개수 및 종류를 살피는 것이다. 가상자산은 거래소마다 상장돼 거래할 수 있는 코인의 종류가 다르다. 물론 공통으로 상장된 메인 코인도 있지만, 그 외 알트코인들은 거래소마다 취급하는 종류가 다르므로 자신이 거래하고자 하는 코인이 상장된 거래소를 선택하는 것도 중요하다. 알트코인은 비트코인을 제외한 모든 가상자산으로 대체(Alternative)와 코인(Coin)의 합성어이다. 마지막으로 거래수수료이다. 거래소는 원화 출금 및 가상자산 입출금 시 수수료를 받는다. 또한, 매수나 매도 때에도 일정 비율로 수수료를 받는데, 하루에 자주 매매하는 단기 트레이더는 반드시 체크해야 한다.

4) 호재와 악재 유형

가상자산의 호재는 아래와 같이 크게 다섯 가지로 나눠볼 수 있다.

① 비트코인의 반감기 또는 하드포크가 이루어지거나, 네트워크 업그레이드 등 기술적인 호재 ② 특정 국가에서 받아들여지는 제도적 호재 ③ 거래소에 상장되는 이벤트로 거래량이 많은 거래소일수록 상장에 따른 가격상승분이 높을 수 있다. ④ 콘퍼런스나 밋업(Meetup) 등 이벤트적인 호재 ⑤ 특정 기업과 제휴를 맺는 마케팅적인 호재

통상 비트코인 채굴을 위해 채굴기를 돌리는데, 반감기는 그 채굴량이 반으로 줄어드는 시기이다. 예를 들어 10개가 채굴되다가, 갑자기 채굴되는 양이 5개로 줄어드는 것이다. 비트코인은 4년에 한 번씩 있는 반감기라는 사건을 기준으로 상승과 하락의 사이클을 갖는데 2012년 11월 28일, 2016년 7월 9일, 2020년 5월 12일 총 3번의 반감기를 맞이했다. 반감기를 거치면서 2009년 1블록당 50비트코인(하루 생산량 7,200비트코인)이었던 보상은 2012년 25비트코인(하루 생산량 3,600비트코인), 2016년에는 12.5비트코

인(하루 생산량 1,800비트코인), 2020년에는 6.25비트코인(하루 생산량 900비트코인)으로 줄었다. 다음 반감기는 2024년 2월 26일로 예상되는 상황이고 2020년 현재 시장에는 1,860만 개가 채굴되어 유통 중이고, 앞으로 시장에 공급되는 비트코인은 240만 개다. 4년마다 도래하는 비트코인 반감기는 2140년에 모두 끝나고 그 이후에는 비트코인을 채굴할 수 없다.

하드포크는 기존 암호화폐가 업그레이드되어 새롭게 생성되는 암호화폐를 말한다. 그런데 가상자산의 악재는 주로 비트코인의 하락에서 발생한다. 특정 국가에서 제도적인 규제를 하는 것이 대표적이다. 이 경우 2~3주 이상 계단식으로 가격이 내릴 수 있음을 유의해야 한다. 또는 특정 큰 호재가 연기되는 경우도 기대심리가 빠지면서 가격하락을 불러올 수 있다. 그 외 거래소의 해킹 또는 지갑해킹도 악재가 될 수 있다.

5) 우수코인과 불량코인 유형

(1) 우수코인 유형

- 코인의 사용처가 명확하다.
- 세계 유명거래소에 상장되어 있다.
- 지속해서 업데이트되고 있다.
- 대기업에서 직접 코인을 만들었다.
- 대형기관에서 투자 포트폴리오로 편입했다.
- 시가총액이 상위 10위에 속하거나 1조가 넘어간다.
- 정기적인 코인보고서와 호재 등 다양한 소식들이 들린다.
- 해당 커뮤니티에 욕설과 비방이 없고 투자자와 운영진 간 사이가 좋다.

(2) 불량코인(다단계 코인 등) 유형

- 투자설명회가 열리는 장소가 허름하다.
- 설명회에 코인에 대해서 잘 모르는 중 · 장년층이 많다.
- 거래소 상장, 목표가격 등 여러 비밀을 쉽게 알려 준다.
- 쉬운 내용을 매우 어렵게 설명한다.
- 코인에 대한 허황한 가격과 전망을 알리며 원금손실이 없다고 말한다.
- 다단계 종사자들이 신뢰 관계를 맺으려 열변을 토하며 코인 구매를 강요한다.
- 구글 검색창에 협력사 또는 코인 이름을 검색했을 때 뉴스 등 관련 정보가 오래됐다.

6. 가상자산 투자사례

사례 1. 어느 대학생의 투자 경험

나는 울산에서 대학교에 다니는 복학생이다. 군대를 다녀오니 부모님에게 손을 벌리기 싫어 평일에는 편의점 아르바이트, 주말에는 공장에서 자동차 부품 조립 아르바이트를 하면서 차곡차곡 돈을 모아 등록금을 마련했다. 힘들게 돈을 벌어 보니 돈 1만 원 소비하는 것이 무서웠고 부모님이 주는 용돈의 소중함을 알았다. 어느 날 우연히 공장에 있는 아는 형이 암호화폐를 소개해줬다. 지금 가입하면 3만 원을 공짜로 준다고 하였다. 처음에는 토토라고 생각해서 하지 않았다. 그런데 주변 동료들이 받기 시작하자, 그제야 3만 원을 받기 위해 거래소에 가입하였다. 거래소에 가입하니 그곳은 신세계였다. 수십 퍼센트가 넘게 상승하는 코인들이 있었고 신기해서 비트코인에 대해서 검색엔진을 통해 검색해 보니 비트코인이 처음에는 10원으로 시작했는데 지금 1,300만 원이었다. 그때 나는 문득 이런 생각이 들었다. "만약 내가 10

만 원을 투자해 놓으면 언젠가 1,000만 원이 되어 있을 수 있잖아?"라고 생각하면서 가지고 있는 돈 10만 원을 추가로 넣었다. 일주일 후 코인 지갑을 열어보니 20% 상승하여 2만 원이 증가했다. 일하지 않아도 2만 원을 벌 수 있다는 것에 나는 신기했다. "만약 내가 100만 원을 넣었다면 일주일 만에 20만 원 벌었잖아?" 나는 암호화폐 투자를 다짐하며 배구 리그에 많이 나오던 무 대리에게 전화를 걸어 500만 원을 대출해서 투자를 진행했다. 대출해서 돈을 넣은 몇 달간은 승승장구했다. 밥을 먹고 싶으면 빠르게 단타 쳐서 번 돈 3만 원으로 식비를 충당했다. 대학생치고는 돈을 많이 벌게 되었다. 마치 세상이 전부 내 돈으로 보였다. 평일에 힘들게 아르바이트를 하면서 돈을 벌지 않아도 되겠다는 판단이 들어 평일 편의점 아르바이트를 그만두게 되었다. 문제는 그 이후부터 발생하게 되었는데 갑자기 큰 조정이 오기 시작하더니 내가 가지고 있는 돈이 며칠 만에 50%나 급락한 것이다. 조금 더 정신을 가다듬고 한두 달 안에는 올라가겠지 하며 생각했지만 몇 달이 지나도 오를 기미를 보이지 않고 있다가 급기야는 내가 가진 자산이 −80%를 찍게 되었다. 밥을 먹을 때, 여자 친구와 만날 때, 학교 공부를 할 때마다 코인 생각밖에 나지 않았다. "왜 내가 그때 팔지 않았을까?"를 되뇌며 현실 부정을 하였다. 그리고 코인 가격이 내려가 내 삶에 영향을 끼치게 되니 정신이 똑바로 차려졌다. 매달 대출금을 갚기 위해 다시 편의점 아르바이트를 시작하고, 남들보다 더 열심히 악착같이 돈을 벌 수밖에 없었다. 나는 왜 이렇게 꼬였을까? 도대체 어디서부터 잘못한 것일까?

→ 암호화폐든 주식이든 기본적으로 나만의 원칙을 세워야 한다. 최소한 재산형성을 위한 방향을 정했다면 그다음엔 자신이 지킬 원칙을 분명히 해야 한다. 어떤 방향을 정했든 공통으로 적용할 수 있는 두 가지 원칙이 있다. 하나는 '잘 모르고 투자하지 말자'이다. '남들이 하니까, 그냥 잘될 것 같아서'가 베팅의 근거가 돼선 곤란하다. 투자하려면 먼저 그것을 알아야 한다. 모르는 대상에 접근하는 투자는 도박과 큰 차이가 없

다. 다른 하나는 '판단의 근거를 바탕으로 투자했다면 쉽게 휘둘리지 말자'이다. 대상이 무엇이든 투자하고 나서 빠르게 수익을 올리는 일은 흔치 않다. 처음엔 손실을 보면서 시작하는 사례가 더 많다. 자신의 근거가 잘못된 것만 아니라면 투자로 인한 고통의 시기를 감내해야 한다.

사례 2. 어느 직장인의 투자 경험

2017년 12월 초 나의 첫 투자는 시작되었다. 직장동료가 가상자산으로 큰돈을 벌었다는 소리를 듣고 나도 투자라는 것을 한번 해볼까? 30년 넘는 인생을 살며 투자라고는 한 번도 안 해본 나도 여태까지 열심히 살았는데, 그래 나도 투자를 한번 해보자는 생각으로 처음에는 소액 10만 원으로 투자를 시작했다. 하루가 지날수록 몇 시간이 지날수록 가상자산의 단가는 높아져 갔고 10만 원으로도 몇만 원의 수익이 날 수 있다는 자체가 신기했다. 처음에는 10만 원이었지만, 며칠 뒤 100만 원만 더 투자해 보자는 생각이 들어 100만 원으로 투자를 다시 시작하였다. 역시나 수익이었다. 수익 난 것을 직장동료와 이야기하며 큰돈이 큰돈을 불러올 수 있다는 얘기에 혹하여 투자하다 보니 나의 투자금액이 나날이 늘어가고 있었다. 3,000만 원이 있어도 흙수저, 없어도 흙수저라는 말에 혹해 그래 나도 크게 투자해서 크게 수익을 만들어 보자는 생각으로 하다 보니 나도 모르게 마이너스통장까지 동원하여 2,500만 원이라는 금액까지 투자하고 있었다. 주로 샀던 코인은 단가가 낮아서 많이 살 수 있는 백 원 단위인 코인이나 현재 혹은 이전에 상승률이 높았던 알트코인 위주로 구매를 시작했다. 유튜브를 보면서 차트 공부도 해보려고 했으나 초보 투자자인 나로서는 이해하기도 어려웠고 굳이 차트 공부를 하지 않아도 잘 오르는 종목을 투자하면 수익이거나 기다리면 투자금액 본전까지는 왔기에 차트 공부의 필요성을 느끼지 못했다. 그땐 몰랐다. 이 시점이 엄청난 하락장이라는 것을, 가상자산 가격이 점점 내려가는 것이었다. 나는 신나게 '이 가격이면 거저'라는 생각으로 하락하는 가격에도 계속 매수를 진행하였다. 그런데 다음날 정신을 차려보니 마이너스가 1,000만 원을 넘었다. 그때까지도 몰랐다. 조금 있으면 회복할 수 있을 거야, 그런 내 기대감과는 달리 날이 가면 갈수록 더더욱 내려갔다. - 95%, 2,500만 원을 투자하여 남아 있는 돈이라고는 100~200만 원. 보기가 싫었다. 회피하고 싶었다. 나처럼 이렇게 잃은 사람들은 다들 코인 판을 떠났다. 나 또한 떠났다. 나는 도망가 있었다. -95%를 잃고 남은 100만 원, 이걸 빼서 뭐 하겠나 싶어 3년간 최대한 버티기 중이다. 2021년 비트코인이 5,000만 원이 다 돼가는 시점인 지금 다시 로그인을 해봐도 마이너스 88%, 나는 비트코인이 아닌 알트코인에 투자해서 버텨도 소용이 없었다.

→ 가상자산 시장에서 우선 차트를 모른다면 거래하지 말아야 한다. 암호화폐는 100% 차트를 중심으로 호재와 악재가 나오는데 이런 차트를 모르고 투자한다면 이는 눈 감고 상대와 싸우는 것과 같다.

제3절 가상 세상(메타버스) 투자

1. 가상 세상(메타버스)

1) 의의

메타버스는 가상, 초월 등을 뜻하는 영어단어 메타(Meta)와 우주를 뜻하는 유니버스(Universe)의 합성어로, 현실 세계와 같은 사회 · 경제 · 문화 활동이 이뤄지는 3차원의 가상 세상을 가리킨다. 이는 1992년 미국 SF 작가 닐 스티븐슨(Neal Stephenson)이 소설《스노 크래시(Snow Crash)》에 언급하면서 처음 등장한 단어이다. 그러다 2003년 린든 랩(Linden Lab)이 출시한 3차원 가상현실 기반의 세컨드라이프 게임이 인기를 끌면서 널리 알려지게 되었다. 메타버스는 가상현실, 즉 컴퓨터로 만들어 놓은 가상의 세계에서 사람이 실제와 같은 체험을 할 수 있도록 하는 최첨단 기술보다 한 단계 더 진화한 개념으로, 아바타를 활용해 단지 게임이나 가상현실을 즐기는 데 그치지 않고 실제 현실과 같은 사회 · 문화적 활동을 할 수 있다는 데 그 의의가 있다.

2) 유형

비영리 기술연구단체 ASF(Acceleration Studies Foundation)는 메타버스를 크게 4가지 유형으로 나눴다. 첫째 증강현실(Augmented Reality)이다. 이는 일상적인 세계 위에 네트워크화된 정보와 위치 인식 시스템을 덧붙여 실제 현실 세계를 확장하는 기술이다. 즉 현실의 이미지나 배경에 2D 또는 3D로 표현되는 가상 이미지를 겹쳐 보이게 하면서 상호작용을 하는 환경을 말한다. 증강현실은 현실이 완전히 차단된 상태인 가상현실에 비해 몰입도는 낮지만, 일상생활에서 활용 가능성이 크다는 것이 특징이다. 대표적인 사례로 스마트폰으로 밤하늘의 별을 비추면 별자리 이름과 위치를 알려주는 스카이 가이드앱, 텅 빈 방을 비추면 공간 크기를 측정해 원하는 대로 가구를 배치할 수 있는 이케아 플레이스앱 등을 들 수 있다. 또 구글이 만든 스마트안경으로 증강현실 기술을 활용한 웨어러블 컴퓨터인 구글 글라스, 자동차 옵션 HUD(헤드업 디스플레이)도 비슷한 사례이다. 둘째 라이프 로깅(Life logging)이다. 이는 사물과 사람에 대한 일상적인 경험과 정보를 텍스트, 이미지, 영상 등으로 기록해 저장, 묘사하는 기술로 자신이 남기고 싶은 정보를 서버에 저장해 다른 이용자들과 공유하는 개념이다. 각종 웨어러블 기기나 페이스북(메타), 인스타그램, 트위터, 카카오스토리 등 SNS가 여기에 해당한다. 셋째 거울 세계(Mirror Worlds)다. 이는 거울이라는 단어가 붙은 것처럼 현실 세계의 모습, 정보, 구조 등을 최대 사실적으로 반영하되 정보 면에서 확장된 가상세계를 말한다. 거울 세계는 기술발전이 가속화될수록 점점 현실 세계에 근접하면서 미래 가상현실을 구현할 것이라는 전망이다. 세계 곳곳 위성사진을 수집해 주기적으로 업데이트하면서 시시각각 변화하는 현실 세계 모습을 반영하는 구글어스가 대표사례이다. 넷째 가상 세계(Virtual

Worlds)다. 이는 현실과 유사하거나 완전히 다른 대안적 세계를 디지털 데이터로 구축한 것을 말한다. 이용자가 아바타를 통해 현실 세계의 경제적, 사회적 활동과 유사한 활동을 한다는 것이 특징인데 포트나이트 게임이 대표적인 사례이다.

3) 문제점

첫째, 관계의 문제로 가상세계 안에서 맺은 인간관계가 현실에서 그대로 이어지지 않는다. 예를 들어 네이버의 제페토에서 팔로우하여 같이 게임을 하고 월드에서 여행하며 음성 대화하는 등 서로 친한 사이인 것 같지만 현실 세계에서는 그렇지 않은 경우가 있다. 둘째, 메타버스로 인해 일자리를 잃을 수도 있다. 가상세계 안에 진짜 사람과 구분이 안 되는 가상 인간을 구현하게 된다면 가상세계 안에서 사람들이 접속해 일자리를 가질 필요는 없을 것이다. 일례로 걸그룹 에스파를 들 수 있다. 에스파는 현실 세계의 인간 아이돌과 이들의 아바타인 가상세계의 아이돌이 함께 소통하며 교감한다는 스토리텔링을 가진 인간과 가상 인간이 함께 섞인 그룹이다. 만약 에스파 멤버에 아바타가 없었다면 현실 세계의 에스파 멤버가 더 늘었을지도 모른다. 셋째, 메타버스 안에서 자신의 아바타와 똑같은 아바타를 만들어서 사기에 이용할 수도 있으며 아바타를 이용해 왕따나 괴롭힘을 줄 수도 있다. 이는 SNS에서 이미 경험한 일이므로 사전에 충분한 대비책을 마련해 놓아야 한다. 넷째, 가상공간에서의 익명성과 함께 다른 사람들과 대화할 때 상대방의 얼굴이 보이지 않기 때문에 부끄러움을 잊어버리고 심할 경우 유아독존적인 행동을 할 수 있다.

2. NFT(Non Fungible Token)

1) 의의

NFT는 대체불가 토큰, 즉 유일무이한 희소성이 있는 디지털 자산으로 디지털 수집품, 예술품, 게임 아이템 등 다양한 형태로 발행된다. 아래 〈표〉는 대체가능 토큰과 대체불가능 토큰을 고유성, 교환성, 분할성 면에서 비교 요약한 것이다.

〈표〉 대체가능 토큰과 대체불가능 토큰 비교

특성	대체가능 토큰	대체불가능 토큰
고유성	같은 유형의 토큰은 그와 동일한 유형의 다른 토큰과 같은 기능을 하며, 서로 구분이 불가능함	같은 유형의 토큰들임에도 각각은 고유한 정보와 속성을 가지고 있기 때문에 서로 구분이 가능함
교환성	토큰은 동일한 값을 가지는 토큰으로 교환이 가능함	하나의 토큰은 고유한 값과 고유의 접근 권한을 가지고 있기 때문에 동일한 유형의 다른 토큰으로 대체될 수 없음
분할성	더 작은 단위로 나눌 수 있음. 총합이 동일 값을 가지고 있기만 하면 어떤 단위를 사용하는지는 의미가 없음	인증서나 신원과 관련된 토큰 또는 특정 작품의 일부분을 소유하는 것은 논리적으로 불가하므로 분할이 불가능함

출처 : 홍기훈, 「NFT 미래수업」, 한국경제신문, 2022, p.69

2) 주요 용어

- Drop : NFT 작품들이 거래소에 등록되어 판매되는 걸 드랍이라 하며, 거래소에 따라 경매로 진행되는 작품이나 큐레이팅된 작품을 드랍이라 부르기도 한다.
- Airdrop : 공중에서 뿌린다는 뜻으로, NFT 작품을 무료로 나누어 주는 걸 의미한다. 보통 NFT 거래소가 오픈할 때나 아티스트들이 새로운 작

품을 알리기 위해 무료로 배포하는 경우가 있다. 이렇게 에어드랍으로 얻은 작품들은 해당 NFT 거래소의 마켓플레이스에서 재판매할 수 있는데 사전에 거래소에서 허용해야만 가능하다.

- Transaction : NFT가 거래되는 과정으로 'A에서 B로 소유권이 넘어갔다.' '얼마에 넘어갔다.' 등 다양한 정보들이 담겨있는 거래내역을 말한다. 통상 절차가 복잡해서 NFT 거래소에서는 소유권변동 등에 대한 정보만 보여주는 경우가 많다.
- Minting : 그림, 사진 등의 디지털 파일을 NFT로 만드는 걸 의미한다. 원래 Mint가 법정화폐를 '주조하다' '틀에 부어 만들다'라는 뜻이 있어 도입된 용어이다.
- Gas Fee : 이는 거래수수료로 가스비라고도 하며 채굴자들에게 지불하는 수수료, 즉 네트워크 이용요금이라고 보면 된다. 통상적으로 작품을 NFT로 만들 때, 판매할 때, 구입할 때 등 다양한 순간에 가스비가 필요한데 무료라는 것은 이런 수수료가 없다는 뜻이다.
- Crypto-currency Wallet : 이는 암호화폐를 보관하는 지갑으로 메타마스크, 카이카스 등 암호화폐별로 쓰이는 지갑이다. 메타마스크는 이더리움 코인을 거래하는 암호화폐 지갑으로 여우 모양으로 되어 있어 여우 지갑으로도 불린다. 카이카스는 카카오의 블록체인인 클레이튼 기반의 암호화폐 지갑을 말한다. 한편, NFT 투자에 앞서 가장 먼저 시작할 것은 NFT를 보관할 지갑을 만드는 것이며 지갑 주소는 꼭 별도로 기록해야 한다. 잊어버리면 저장된 NFT를 찾을 수 없다.

3) 종류

(1) 게임 아이템

온라인게임 아이템은 통상 게임 내에서만 이용할 수 있지만, 게임 아이템이 NFT로 발행되면 NFT 시장에서 특정 게임 아이템으로 거래할 수 있다. 다시 말해 게임 아이템의 소유권을 유저가 갖게 되는 것이다. 또한, NFT 시장에서 원제작자의 수익을 일정 부분 보장할 수 있도록 스마트계약을 설정할 수 있다는 점에서 게임개발사 및 개발자의 이익에도 기여할 수 있다. 따라서 게임플레이어는 아이템에 대한 진정한 소유권을, 개발자는 게임 아이템 거래로 추가적인 소득을 얻을 수 있게 된다.

(2) 디지털 수집품

디지털 수집품의 대표적인 예는 이더리움을 기반으로 출시된 크립토키티 게임을 들 수 있는데 이는 2017년에 출시된 블록체인 기반의 고양이 육성게임이다. 고양이 캐릭터를 수집하고 교배시켜 새로운 고양이를 탄생시킬 수 있는데 새로 태어난 고양이를 사고팔 수 있으며 몇몇 고양이는 1억 원이 넘는 가격에 팔리기도 했다.

(3) 예술품

예술품은 NFT와 가장 연관성이 높은 분야다. 디지털 아티스트들은 자신이 프로그래밍한 코드에 따라 형성된 패턴들을 NFT로 발행하고, 전시하고, 판매한다. 무엇보다 디지털 예술품을 NFT로 발행하면 제작연도, 창작자, 거래 이력 등 예술품의 가격에 가장 중요한 영향을 미치는 요소들에 대한 정보를 투명하게 공개할 수 있다. 한편, 예술품의 경우 저작권에 대한 문제는 물론, 원본을 디지털로 만든 작품이 맞는지에 대한 사실 여부를 반드시 확인해야 한다.

(4) 음악 · 미디어

음악과 미디어 파일을 NFT로 발행할 수도 있다. 이런 파일을 NFT로 발행하면 진정한 소유권을 보유한 개인들만 파일에 접근할 수 있도록 구조화할 수 있으며, 불법 복제 등으로 인한 저작권 분쟁과 같은 일을 사전에 방지할 수 있다.

(5) 이벤트 티켓

NFT는 특정 행사 또는 이벤트 티켓에도 활용될 수 있다. 이벤트 기획자는 특정 블록체인 플랫폼에서 정해진 수의 NFT를 발행해 티켓으로 만들고, 티켓을 구매한 고객들은 이를 모바일 기기를 통해 NFT 지갑에 보관할 수 있다. NFT 티켓으로 이벤트 참여자의 신원조회가 저절로 될 뿐 아니라 티켓위조도 방지할 수 있다.

4) NFT 거래 시 유의사항

(1) 표절 여부 체크

누군가가 한 거래소에 올라온 작품을 똑같이 흉내 내어 다른 곳에 올리거나 작가에게 허락도 받지 않고 작가 몰래 올리는 경우도 있다. 표절의 경우 거래소에서 적극적으로 대응하지 않으면 강제로 내릴 수 없다는 데 문제가 있다. 물론 표절인지 패러디인지를 어디까지 인정할 수 있느냐에 따라 달라질 수 있겠지만, 디지털 작품은 아날로그 작품에 비해 더 쉽고 빠르게 표절을 할 수 있다 보니 거래소에서는 작품을 등록할 때 고객들이 신뢰할 수 있는 책임감을 가져야 하고, 구매자들은 작품을 구입할 때 좀 더 세심한 주의가 필요해 보인다.

(2) 거래소 전산 인프라 체크

보통 NFT에서 핵심적인 정보는 블록체인 안에 담고, 무거운 정보들은 다른 서버에 저장해 놓는다. 이때 핵심적인 정보를 메타데이터라고 하는데 이를 블록체인 안에 담는다고 해서 온체인이라 하고, 무거운 이미지와 영상 등은 블록체인 밖에 담는다고 해서 오프체인이라 한다. 문제는 여기에서 발생한다. 메타데이터만 온체인에 담고, 실질적인 콘텐츠는 외부 서버인 오프체인에 담다 보니 만약 거래소가 파산하거나 해킹 등으로 서버에 문제가 생기게 되면 NFT 소유자들은 실체가 없는 메타데이터만 가지게 되는 것이다. 예를 들어 블로그에 사진을 업로드했다고 가정해보자. 이때 블로그에 올라간 사진은 고유의 주소값을 가진다. 그런데 만약 주소값을 가리키는 영문 주소나 숫자 하나가 잘못되어 변경되거나 폴더가 삭제되거나 해킹당한다면 원본 이미지는 영원히 찾을 수 없게 되는 것과 같다.

(3) 기타 사항 체크

우선 해킹을 수시로 체크해야 한다. NFT 자체는 해킹의 위험이 적지만 거래소는 그렇지 않다. 해커들이 노리는 부분도 직접적인 NFT와 코인이 아니라 거래소와 개인 계정이다. 다음에는 박제 여부이다. NFT는 누구나 자유롭게 만들 수 있기 때문에 누군가의 발언뿐 아니라 연예인 등을 스토킹해서 그들의 사생활을 NFT로 만든다면 심각한 문제가 발생한다. 마지막으로 자전거래이다. 자전거래는 자신이 파는 상품에 대해 자신이 입찰해 금액을 올리는 걸 말하는데, 경매로 올라온 물건들의 경우 충분히 가능한 일이다.

5) NFT 평가

현재 이더리움 기반의 NFT 데이터베이스를 제공하는 Nonfungible.com에서는 NFT 프로젝트별 평가척도를 5가지로 나누어 전체와 카테고리별로 점수화해서 제공하고 있다.

① 거래량 : 정해진 기간 동안 성립한 거래의 건 및 규모
② 상호작용 : 복수의 참여자들이 서로 영향을 주고받는 정도
③ 유지력 : 새로운 거래의 지속 및 빈도
④ 커뮤니티 : 프로젝트 관련 SNS 및 미디어 노출
⑤ 자산가치 : NFT 시가총액

6) NFT 관련 주요 이슈

(1) 저작권 이슈

저작권 문제는 NFT에서 가장 중요하게 다뤄지는 이슈 중 하나이다. NFT는 본질적으로 디지털 이미지 또는 저작물 등을 NFT로 발행하는 과정이기 때문에 별다른 제약이 없다. 그래서 특정 저작물에 대해 저작권자가 아닌 사람이 NFT를 발행할 수 있는데 이때 문제가 복잡해질 수 있다. 아래 사례를 살펴보자

〈사례〉

A가 그림을 그립니다. A가 그림을 B에게 판매합니다. B가 그림을 디지털 파일로 변환하고 그림을 없앴다고 가정합니다. B는 이 디지털 파일을 C라는 마켓플레이스를 통해 민팅하고 C에 다시 게시했습니다. 그리고 D에게 판매했습니다.

우선 그림을 A가 그렸을 당시 소유권과 저작권이 모두 A에게 있었다. 저작권은 창작자에게 부여되는 권리이며 인간의 사상과 감정을 표현한 물체를 저작물이라 하는데 그것을 만든 사람은 저작권이라는 권리를 갖게 된다. 일례로 책을 쓴 작가는 책의 스토리와 구성, 그리고 문장에 대해 저작권을 갖지만, 서점에서 책을 산 사람은 책에 대한 소유권을 갖게 된다.

A가 그림을 B에게 판매했을 때 B는 별도로 저작권을 양도받지는 않았다. 그렇다면 A는 저작권자, B는 소유권자가 된다. B는 이때 소유권에 대한 권리, 즉 한정된 장소에서 전시할 권리를 갖게 된다. 하지만 복제권이나 전송권, 2차적 저작물권을 갖지는 못한다. 복제하고 배포하고 전송하는 권리는 여전히 저작권자인 A에게 있는 셈이다. 다시 B가 그림을 디지털 파일로 만들었다. A가 저작권자이기 때문에 B는 디지털 파일로 만드는 순간 복제권을 침해할 수 있다. 그런데 B가 마켓플레이스에서 민팅을 했다. 그런데 민팅만으로는 저작권침해 문제가 발생하지는 않는다. 하지만 그다음에 NFT를 마켓플레이스에 게시하면 이 과정에서 디지털 파일이 노출되는데 이는 저작권자의 전송권 등을 침해하는 것이 될 수 있다. 결국, 마켓플레이스에 올리기 위해 민팅하고 디지털 파일로 만드는 과정에서 B는 A의 저작권을 침해하게 된다. 따라서 이러한 NFT를 구매한 D는 저작권 침해물을 매수하는 것이 된다. D는 B가 진정한 저작권자인 것으로 알고 NFT를 구매했더라도 이후에 A가 저작권침해라고 주장했고 이러한 사실을 D도 알게 되었다면, 그 이후 D는 배포 목적으로 소지할 수 없게 되고 저작권자에 대한 권리침해 행위를 중지해야 하므로 마켓플레이스에서 재판매를 할 수 없게 된다. 이럴 경우 NFT를 구입한 D는 손해를 보게 될 것이다. 결론적으로 NFT는 소유자와 저작권자 모두의 동의가 있어야 발행될 수 있고 정상적으로 유통될 수 있다.

2) 피싱과 해킹 이슈

〈사례〉

서희는 열린바다 마켓에서 무료 에어드롭 이벤트를 신청하기 위해 자신의 지갑 주소를 입력했다. 어느 날 열린바다의 계정에 들어갔더니 본인이 수집한 적 없는 NFT가 들어 있는 것을 발견했다. 혹시나 해서 사진을 클릭하고 프로젝트팀을 확인했는데 아무리 생각해도 들어본 적이 없는 프로젝트였다. 그런데 갑자기 매수제안이 들어왔다. 그래서 서희는 '내가 사지도 않은 공짜 NFT를 팔 수 있다'라는 생각에 너무 흥분한 나머지 승인을 위해 개인 키를 입력하였다. 그리고 이후 어느 날 지갑에 들어가 보니 서희의 토큰과 모든 자산이 다 사라졌었다.

서희는 갑자기 지갑을 털렸는데 왜 이런 일이 생겨난 것일까? 우선 무료로 받은 NFT를 승인하면서 개인 키를 입력했는데 이것 때문에 지갑이 해킹당한 것이다. 통상 NFT 거래를 승인할 때는 개인 키를 입력하지 않는다. 그런데 개인 키를 요구하는 창이 열렸다면 이것은 내 개인 키를 탈취해가기 위한 속임수일 가능성이 크다. 〈사례〉에서 자기 계정에 갑자기 들어와 있던 NFT는 트로이목마 같은 것이다. 따라서 절대 한 번도 본 적이 없는 NFT가 내 계정에 들어와 있는 경우에 판매승인 시 개인 키를 입력하라는 메시지가 나온다면 피싱일 가능성이 큰 것이다.

제4절 로보어드바이저(Robo-Advisor)

1. 의의

로보어드바이저는 사람의 개입이 없는 자동화된 알고리즘 기반의 재무계획 서비스를 제공하는 플랫폼으로 이의 명칭은 2002년 3월 미국의 한 잡지사 기자인 코레토(Richard J. Koreto)가 처음 사용했다. 이후 이 명칭은 핀테크 혁신의 성공적인 사례로 소개됐고, 2011년 언론에 재등장하면서 부각됐다. 특히 한국에서는 2016년 3월 이세돌과 알파고의 대국 이후 인공지능에 관한 관심이 뜨거워졌다. 로보어드바이저의 가장 큰 특징으로는 ① 저렴한 수수료, ② 원활한 사용자 간 온라인 인터페이스, ③ 알고리즘에 기반을 둔 자동화된 투자솔루션이라 할 수 있다. 영국의 컨설팅회사 Ernst & Young은 로보어드바이저와 전통적 어드바이저의 가장 큰 차이점을 다음과 같이 이야기했다. ① 투자고객층이 고액자산가에서 일반 대중으로 변화 ② 서비스 구조가 대면 중심의 오프라인 서비스에서 비대면 온라인서비스로 변화 ③ 비용구조가 고비용에서 저비용 구조로 변화

한편, 로보어드바이저는 크게 3가지 핵심기능을 포함하고 있다. 첫째, 자동으로 포트폴리오를 구성할 수 있어야 하며, 둘째, 자동으로 트레이딩을 할 수 있어야 하고, 셋째, 자동으로 리밸런싱, 즉 운용하는 자산의 편입 비중을

재조정할 수 있어야 한다. 로보어드바이저에서 가장 핵심은 포트폴리오 구성 후, 거래와 자산 재조정 과정에서 사람이 개입하여 마음대로 변수를 조정한다든가, 매매과정에 개입하는 것 등이 없어야 한다.

2. 서비스 절차

로보어드바이저의 서비스 절차는 ① 투자자 분석 ② 자산배분 ③ 리밸런싱의 3단계로 구성된다. 세부적으로는 아래 〈그림〉의 '투자자 프로파일링→자산배분→포트폴리오 선택→투자실행→포트폴리오 리밸런싱'의 절차를 밟게 된다.

〈그림〉 로보어드바이저 서비스 절차

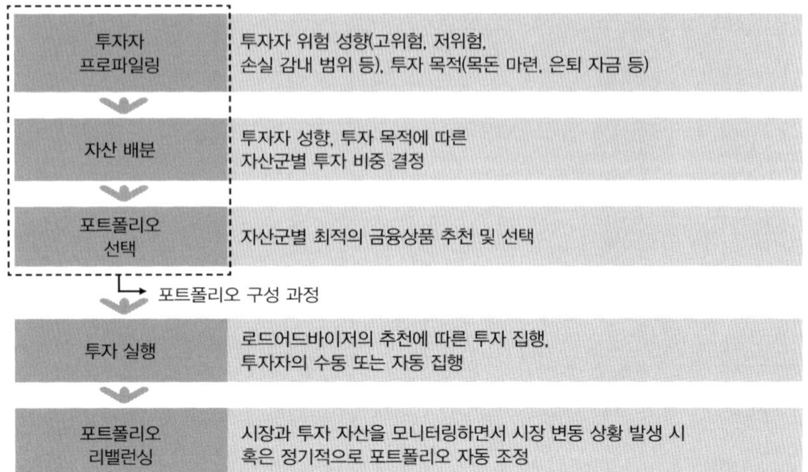

출처 : 임홍순 · 곽병권 · 박재훈, 「인공지능 인사이트」, 2020, p.188

더 진화된 형태의 로보어드바이저는 단순한 자산배분 서비스에 머물지 않는다. 빅데이터와 인공지능으로 대표되는 기술의 진보와 자산관리에 대한 다양한 고객수요에 부응하여 그 역할이 다양한 분야로 확대되고 있다.

〈그림〉 로보어드바이저의 절차와 역할

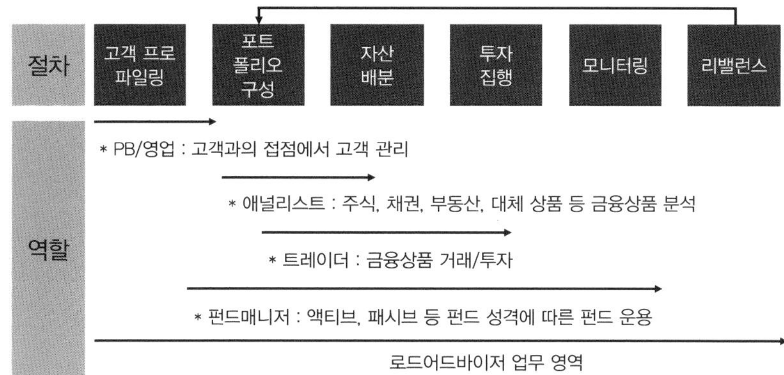

출처 : 임홍순 · 곽병권 · 박재훈, 「인공지능 인사이트」, 2020, p.200

3. 국내 운영사례

국내 로보어드바이저는 투자 자문형과 투자일임형으로 구분된다. 투자 자문형은 펀드 · 연금 등 금융상품 판매 채널로 활용하고, 상장 종목 추천 및 매매타이밍 자문을 제공하기도 한다. 투자일임형은 증권사의 자산관리상품 가운데 하나인 랩어카운트를 관리하고, 국내외 주식 및 ETF로 투자자산을 관리하는 자산배분 로보어드바이저가 있다. 국내 대표적인 로보어드바이저 기업으로는 불리오(Boolio), 에임(AIM), KEB 하이로보(HAI Robo) 등이 있다. 불리오와 에임은 초보 투자자를 위한 소액투자에 특화된 어드바이저라고 할 수 있다. 불리오는 '두물머리'라는 기업에서 만들어 낸 로보어드바이저로 고객에게 적합한 펀드를 매월 선정하여 알려주는데 이러한 펀드들은 불리오의 알고리즘을 통해 선정된다. 펀드는 장기투자 형식으로 3~10% 정도의 수익률을 목표로 하고 있다.

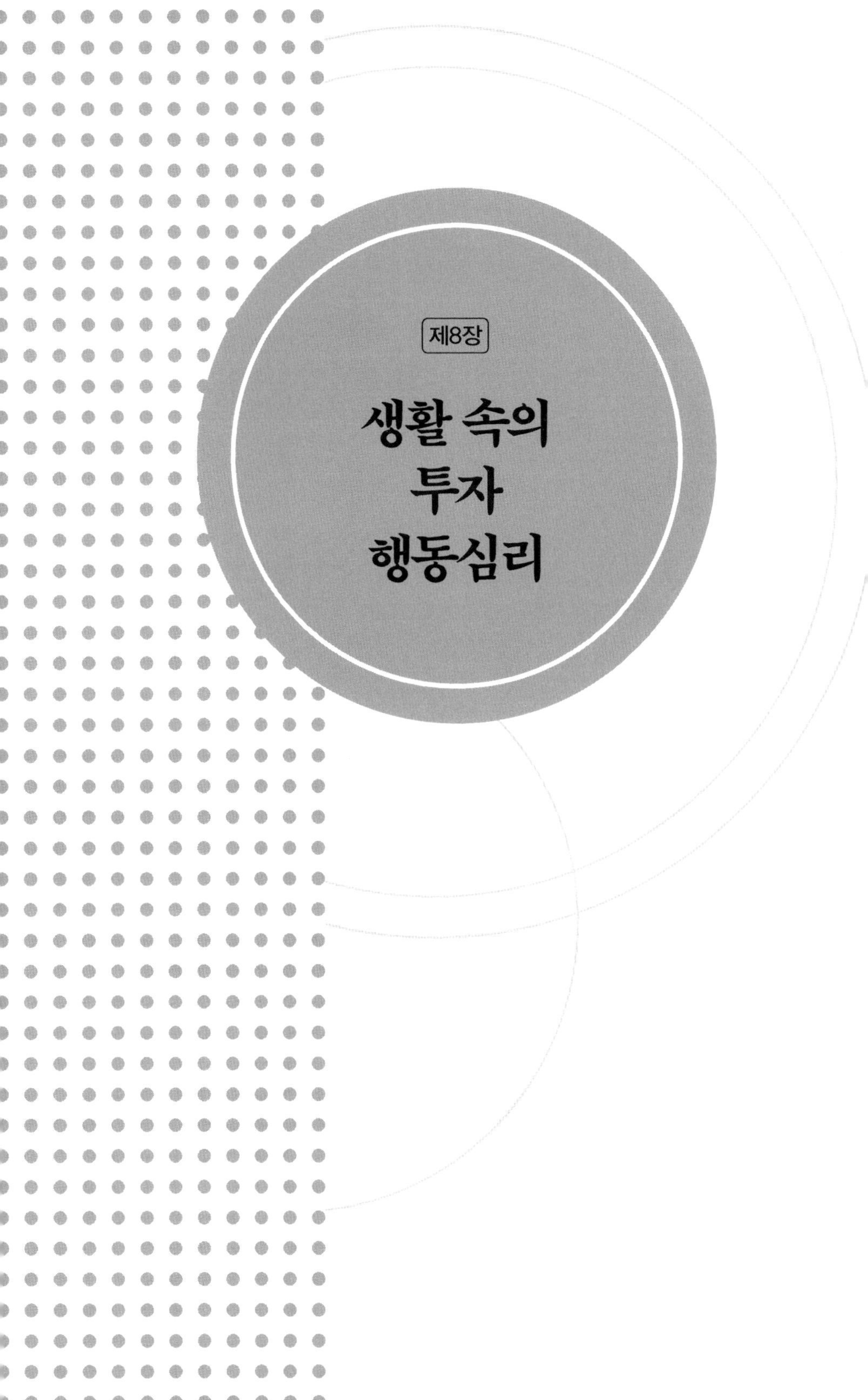

제8장

생활 속의 투자 행동심리

제1절 군중심리(동조 현상)

1. 의의

일반적으로 모든 경제주체는 최대한 합리적으로 판단하여 의사결정을 한다는 것이 전통적인 경제학 이론이다. 즉 합리적인 인간을 전제로 한다. 그러나 현실적으로 대부분의 개인은 합리적인 의사결정을 내리지 못하고 여러 심리적 요인에 의하여 갈등을 느끼며, 그 결과 비이성적인 오류를 범하게 된다. 특히 투자세계에서는 그런 현상이 빈번하게 나타난다. 아이러니하게도 과거 금융시장 역사를 살펴보면 상식적으로 이해가 되지 않는 비합리적인 현상들이 되풀이되고 있음을 알 수 있다. 대표적으로 17세기 네덜란드 튤립 열풍, 20세기 말 전 세계적으로 휘몰아쳤던 닷컴(.com)주 열풍, 그리고 21세기 들어 미국의 주택모기지대출 열풍, 최근의 가상자산 광풍 등을 들 수 있다. 이런 상식 이하의 투자 열풍에 번번이 많은 사람이 몰려드는 이유는 무엇일까? 바로 '군중심리' 때문이다. 이는 단순히 어떤 이유로 인해 판단을 내릴 시점에서 자기 생각이 아닌 주변 사람들의 생각을 따른다는 의미로 동조 현상이라고도 한다.

누구든지 가장 쉽게 접근하는 주식시장에서도 군중심리는 다양하게 나타난다. 우선 남이 주식으로 한몫 잡으면 괜히 초조해하는 현상이다. 주변에서 누가 주식으로 거액을 벌었다는 이야기를 들으면 자기도 주식투자를 하지 않으면 기회를 놓칠 것 같다는 초조감이 드는 사람은 조심해야 한다. 대체로 언론매체에서 특집기사가 나올 때쯤 되면 시장이 폭발 직전이라고 보면 된다. 두 번째, 시장에서 재료나 수급과 관계없이 거래량이 폭발적으로 늘어날 때 판단력을 잃는 경우이다. 이런 상황에서는 모두가 대범하게 주식을 사기 때문에 자기도 안심하고 사는데 이것이 군중심리의 전형이다. 마치 자기만 마음이 약해져 매입하지 않으면 왠지 낙오되고 손해를 본 듯이 불안해한다. 세 번째, 시중의 과잉유동성 또는 해당 기업의 신기술과 신제품에 대한 장래 가치의 과대평가 등으로 인해 머니게임에 편승하는 경우이다. 이런 상황에서는 '오르니까 사고, 사니까 오른다.'라는 머니게임 특유의 메커니즘이 발동하게 되고, 혹여 이런 과정에 낙오되면 목돈 벌 기회를 잃게 될까 봐 초조함과 조급함이 극에 달한다.

똑똑한 사람이라고 예외일 수는 없다. 투자 세상에서 똑똑한 사람이 실패했던 가장 극적인 사례로 영국의 물리학자 아이작 뉴턴을 들 수 있다. 그는 파산하고 나서 자조적인 명언을 남겼다. '나는 하늘에 떠 있는 수많은 별의 움직임은 측정할 수 있지만, 주식시장에 뛰어드는 인간의 광기는 계산할 수가 없구나.' 가장 이성적이고 과학적 천재였던 그 역시도 주식시장에서만큼은 탐욕과 비이성적인 행동에 굴복한 나약한 인간에 불과하였다. 한때 그는 주식투자로 엄청난 수익을 올리기도 했었다. 근데 투자 규모를 늘리거나 투자손실을 만회하고자 물타기 등을 하면서 결국에는 원금까지 날리게 되었다. 그 역시 군중심리에 현혹되어 자기감정의 기복을 견디지 못하고 결국에는 투기 열풍이 꺼져가고 있을 때 공포를 느낀 대중들이 너도나도 팔기를 반복할 때 투매대열에 합류하였다. 과연 그는 이런 상황을 예측하지 못했을까? 똑똑했으니 최소한 남들보다는 이런 군중심리를 파악했을 것이고 이런 상황에 어떻게 대처해야 하는지도 미리미리 다짐해 두었을 것이다. 그러나 결국에는 아무런 쓸모도 없게 되었다. 천재 역시도 나는 예외적으로 잘 준비해두었으니 괜찮을 거라는 교만에 빠진 것이다.

그러면 왜 이러한 군중심리를 보이는 것일까? 이에 대해서는 다음의 세 가지 이유가 대표적으로 알려져 있다. 첫째, 타인의 정보에 대한 의존 현상이다. 즉, 타인이 제시한 정보가 자신에게는 없던 것이었으므로 이에 대해 정보적 가치를 인정한다는 것이다. 둘째, 규범적 영향 현상이다. 다른 구성원들이 정한 규칙과 규범에 따름으로써 그들로부터 잠재적으로 당할 수 있는 위협을 줄이려는 행동이다. 셋째, 자신에 대해 좋은 이미지를 주려는 현상이다. 즉, 집단의 다른 성원들과 같이 행동함으로써 자신을 집단성원으로 수용되고 인정받으려 하며, 집단에서 소외되거나 망나니로서 취급당하지 않으려는 생각이 작용할 수 있다는 것이다.

2. 사례

우단식 씨는 이미 두 차례에 걸쳐 투자실패를 경험했다. 처음에는 1980년 후반 증권주에 투자하여 큰 손실을 보았다. 두 번째는 IT 버블 시기에 기술주 투자로 자금을 모두 잃었다. 그는 두 번의 실패 끝에 자신의 투자 스타일은 시장의 말미에 발동이 걸린다는 점을 알았다. 투자금도 주가가 어느 정도 오른 시점에 마련되곤 했다. 그는 다시는 증권시장에 참가하지 않겠다고 굳게 맹세했다. 그는 증권시장은 비이성적으로 움직이며 투기판이라는 생각마저 들었다. 자신은 혼탁한 시장과 어울리면 안 된다고 여겼다. 그로부터 5년이 흘렀다. 증권시장은 견고한 상승을 하고 있었다. 은행 금리는 지속적으로 하락하였고 자산관리의 수단으로 적정투자가 대안으로 부상하기 시작하였다. 그는 지금 증권시장이 투자대상으로는 가장 좋지만, 여전히 투기판이라는 인식을 하고 있었다. 그런데 자세히 살펴보니 외국인 주주의 입김이 세지고 기업의 투명성이 높아지면서 회계자료 등 신뢰도가 크게 상승했다는 것을 알았다. 그럼에도 그는 참여하기를 망설였고 그의 아내도 말렸다. 신문과 방송에서는 투자방법 등 자산운용 노하우에 대해 많은 소개가 이어지고 있었다. 투자 원칙으로 장기투자와 적립식 투자, 분산투자와 포트폴리오, 자산 재배분 등이 원칙으로 제시되었다. 그러자 그동안 그의 투자를 방해했던 비이성적 시장과 투기판은 사라진 것 같았다. 또 새로운 투자기법들이 자산관리를 도와줄 것이라고 확신하게 되었다. 그는 아내를 설득하고 투자하기로 결심했다.

3. 무엇을 알 수 있는가?

이는 인간이 혼자 있을 때는 자신의 의견대로 행동하지만, 타인과의 관계 속에서 즉, 집단 속에서는 타인의 의견과 행동에 영향을 받아서 자신의 의견과는 다른 행동을 할 수도 있음을 보여주는 것이다. 특히, 집단의 크기가 클수록 이러한 동조압력은 커지게 된다. 투자자들은 주가 폭등기에 다 함께 참여하고 주가 폭락기에는 모두가 담보 부족과 불면에 시달리며 한꺼번에 탈출한다. 다수에 편승하는 속성은 인간 심리의 대표적인 사례이다. 사람들은 자신의 판단과 집단의 판단이 다를 때 집단의 판단이 옳을 것으로 생각한다. 그래야 안심이 된다. 흔히 사람은 다른 사람들이 흥분하면 함께 흥분한다. 그리고 모두가 좌절을 느끼면 자신의 좌절도 생각보다 크게 느끼지 않는다. 다수에 편승하여 안심하려는 군중심리이다.

군중심리로 인해 시장이 폭등하고 폭락한다는 것은 누구나 알고 있는 상식이다. 현재도 마찬가지이다. 근데 역사적으로 살펴보면 군중심리가 반복적으로 발생하였다. 왜 반복하는 걸까? 합리적이고 조금만 이성적인 인간이라면 이미 겪었던 군중의 행태에서 "아, 이러면 안 되는 것이구나" 느꼈을 것이다. 그리고 이런 교훈을 머릿속에 저장해 두었을 것이다. 그러나 실제로는 반복적으로 발생하였다. 이것은 그런 경험을 했던 인간이 시간이 지나면서 기억하지 못하기 때문이다. 다른 어떤 이유가 없다. 금융시장에서 성공원리는 간단하다. 바로 '싸게 사서 비싸게 파는 것'이다. 하지만 지금, 이 순간에도 고점에 사서 저점에 파는 바보들은 여전히 존재한다. 개인적으로는 현명하지만, 군중심리에 현혹된 사람들이다. 튤립 열풍에서 보듯이 시장의 본질을 파악하고 당시 시장에서 반대되는 행동을 했더라면 아마도 그는 엄청난 부를 획득했을 것이다. 군중이 가는 길을 알아야만 나의 자산을 지켜낼 수가 있다.

〈Tip〉 17세기 네덜란드의 튤립 광풍 사태 전말

튤립이 터키에서 유럽으로 건너간 시기는 16세기 중반이었고 네덜란드에도 자연스럽게 전해졌다. 네덜란드의 수도 암스테르담은 17세기 초 이미 세계 최초의 증권거래소가 있었다. 당시 국제 무역과 금융의 중심지답게 암스테르담에서는 명나라산 자기, 터키산 카펫과 고가의 미술품들이 활발히 거래되고 있었다. 근데 국토가 좁은 네덜란드에서 부동산이 아니라 화초가 투기대상이었다는 것이 새삼 놀라울 따름이다. 사람들은 처음 보는 화초의 매력과 고귀함에 빠져들었으며 희소가치가 있다 보니 당장에 고가로 거래되었다. 하지만 투기를 불러올 정도는 아니었다. 불씨를 당긴 건 알뿌리였다. 화초 중에 일부가 모자이크 바이러스에 감염되었는데 희한하게 감염된 꽃잎에서 선명한 색상의 줄무늬가 나타났는데 당시에는 전혀 생각도 못 한 일이 벌어졌었다. 사람들은 당연히 이 변종된 꽃에 매료되기 시작하였다. 그런데 화초는 시간이 지나면 시들어버려 거래하기가 힘들었고 대신 알뿌리가 관심 대상이 되었다. 처음에는 내년에 유행할 변종을 예측하는 수준이었지만 점차 투자의 대상으로 인식되기 시작했다. 투자가치가 높다는 소문이 돌면서 너도나도 물량 확보에 주력했다. 그에 따라 구근의 가격이 빠른 속도로 상승함으로써 거래에 참여한 많은 사람이 부자가 되었다. 처음에는 관심이 없던 사람들도 그저 사서 팔기만 하면 떼돈을 벌 수 있는, 이 거래기회에 뛰어들었다. 이에 따라 참여자가 더욱 늘고 가격이 미친 듯이 상승하는 일이 지속되었다.

1630년대 중반에 들어서도 가격상승은 이어지고 있었다. 당시에 발간된 투자 정보지에 따르면 '황제'라는 이름의 최상급 품종인 구근 1개가 마차 1대와 말 2필 그리고 마구 일체와 교환되었다고 한다. 그보다 한 등급 낮은 품종은 3,000길더에 거래되었다고 하는데 당시 중산층 가정의 1년 생활비가 300길더였다고 하니 어느 정도의 열풍이었는지를 짐작할 수 있을 것이다. 사람들은 모든 재산을 동원할 뿐 아니라 빚까지 얻어 구근을 사고파느라 혈안이 되었다. 1637년에 이르러서는 1월 한 달 동안에 가격이 20배까지 오르기도 했다. 오르는 이유와 실제 가치 따위는 중요하지 않았다. 오로지 그들의 관심은 '더 많은 물량의 확보'에만 쏠려 있었다.

근데 물량을 많이 확보하지 못한 투기꾼들은 새로운 수단을 강구하였는데 바로 파생시장이 생긴 것이다. 즉, 프리미엄이 높게 형성되자 앞으로 사고팔 수 있는 권리를 매매하는 새로운 방법이 생겼으며, 현금 결제가 아니라 미래 어느 시점에 대금을 지불하기로 하는 어음 결제가 성행했다. 100길더인 튤립 구근을 구입할 수 있는 권리에 20길더의 프리미엄이 형성되어 있다 하더라도 시간만 조금 지나면 충분히 200길더에 팔 수 있었으며 즉시 대금을 지불하지 않아도 되었으니 거래는 더욱 촉진됐다. 지금의 주식시장에서 옵션매매 같은 방식이라 하겠다. 이러한 파생거래가 성행함으로써 천문학적인 레버리지가 발생했다.

투기 열풍의 종말은 '황제'라는 이름의 구근이 한 달간 20배 올라 황소 45마리까지 살 수 있는 5,200길더에 이르렀던 시점에 불시에 찾아왔다. 팔자는 주문이 쇄도하여 시장은 마비되었고 가격은 연일 폭락했다. 불과 4개월 사이에 최고가에서 1~5%밖에 되지 않는 가격으로 내려갔다. 그야말로 수직으로 낙하하는 칼날이었다. 레버리지를 사용한 투자자들은 모두 파산했다. 노동자, 빵집 종업원, 농부 할 것 없이 광기에 휩쓸렸던 모든 이들의 통곡이 이어졌다. 정부에서는 가격이 내려갈 이유가 없다고 공식적으로 발표했지만, 누구도 믿지 않았다. 가격은 계속해서 폭락했고 거리는 대혼란에 빠져들었다. 목숨 걸고 사려고 덤볐던 구근의 값이 양파 수준으로 떨어졌지만 이제 사려는 사람은 아무도 없었다. 결국, 국가적인 경제위기로까지 발전하게 된 이 사건은 네덜란드 정부가 나서서 채권과 채무를 정리하는 극단적인 조치를 함으로써 종결되었다.

그런데 더 놀라운 일은 1세기가 지나기도 전에 이와 같은 버블이 또 한 번 네덜란드를 휩쓸고 지나갔다는 데 있다. 모든 국민이 크든 작든 엄청난 고통을 느꼈음에도 1700년대 들어 또 다른 화초인 히아신스 열풍이 일었다. 1720년경부터 가격이 들썩이기 시작하여 1734년 정점에 이르렀는데 이때는 매매 대부분이 선물거래로 이뤄졌다. 실제 화초나 구근을 만져보지도 않은 수많은 투자자가 간단한 서류만으로 거래하면서 막대한 차익을 거둬들였다. 하지만 그로부터 5년이 지나지 않아 히아신스 투기에 참여했던 대부분 투자자는 파산하고 말았다. 과거의 고통으로부터 교훈을 얻지 못한 대가치고는 너무나 혹독한 것이었다. 이와 똑같은 일이 2018년 한국의 가상자산 광풍으로 이어져 왔다. 400년 전의 투기 광풍 사태가 바로 우리 눈앞에서 벌어지고 있는 형국이다.

제2절 닻내리기 효과

1. 의의

다음 질문에 답해보자.

질문 1. 내가 2억 5천만 원 주고 산 집을 팔려고 내놓았다. 집을 내놓을 당시의 시세는 5억 원이었다. 그런데, 요 며칠 부동산 시세가 20% 정도 하락했다는 이야기를 중개업소로부터 들었다. 나는 집을 어느 가격에 팔 것인가?

질문 2. 내가 50만 원에 구입한 바지가 있다. 이 바지를 인터넷 옥션에 팔고자 한다. 인터넷에서는 이와 비슷한 바지가 10만 원에 팔리는 것을 본 적이 있다. 나는 이 바지의 가격을 얼마로 책정할 것인가?

이 문제의 핵심은 답이 각 문제에서 주어진 금액과 얼마나 차이가 나는지 살펴보는 것이다. 첫 번째 문제는 5억 원, 4억 원, 그리고 내가 팔고자 하는 집의 가격을 비교한다. 두 번째도 마찬가지로 10만 원과 내가 팔고자 하는 바지의 가격을 비교해 본다. 만약 나의 답이 주어진 값들과 별 차이가 없으면 닻내리기 효과가 큰 것이라 할 수 있다.

닻내리기란 배가 항구에서 닻을 내려 머무는 것을 말한다. 그러면 파도가 치거나 바람이 불어도 배는 움직이지 않는다. 배가 움직이려면 닻을 끌어올려야 한다. 인간의 심리도 이와 같아서 처음에 떠올린 값에 묶여 이를 변화시키기가 어렵다. 가장 흔한 예로 시장에서 물건을 흥정할 때 이미 붙어 있는 가격표가 기준가로 작용하는 경우이다. 즉, 가격표는 이미 내려진 닻이며 흥정은 이 가격표에서 시작한다. 이러한 현상은 투자세계에서도 다분히 나타난다. 특히 투자과정에서 겪었던 보유종목의 가장 높은 가격이나 가장 낮은 가격은 처음부터 끝까지 매수 또는 매도의 기준가로 작용한다. 닻내리기는 불확실하고 편향된 의사결정을 하도록 만드는 경향이 있으며 지속적이고 매우 강력한 심리적 특성이 있다. 또 성격에 따라서도 닻내리기 효과는 달라진다. 한편, 새로운 것을 거리낌 없이 경험하는 모험가나 호기심이 많은 사람은 닻내리기의 정도가 강한 편이다.

2. 사례

이장고 씨는 분산투자를 고려하던 중 주식시장이 폭락하게 되자 시장참여를 신중하게 고려했다. 우선 지난 상승기에 4만 원까지 올랐던 증권주를 눈여겨보았다. 지금의 공포 분위기에서 참여하기는 쉽진 않았지만, 저점 매수가로 1만 원을 생각하였다. 그러나 두려운 마음에 사지 못하고 해당 주식은 7,000원까지 하락했다. 다시 상승하여 1만 원이 되었을 때도 사지 못했다. 이제는 저가인 7,000원이 자꾸 생각났다. 후회되기 시작했다. 그리고 이미 주가는 저점에서 40%나 올라 단기에 너무 오른 것 같았다. 그가 도저히 못 참고 매수하였을 때는 이미 바닥에서 두 배 오른 1만 4,000원이었다. 그가 산 주식은 1만 5,000원까지 오른 뒤 조정을 받기 시작했다. 인내를 가지고 기다렸지만 두 달이 지나자 한계를 느꼈다. 자신은 주식시장을 이해하고 있지만, 운이 나쁘다고 생각했다. 결국, 10% 손실을 확정하고 1만 2,600원에 매도했다. 주가가 1만 2,000원 내외인 조정 기간은 3개월이나 진행되었고 이후 재상승하였다. 그는 애초 매수 목표가로 정한 1만 원까지 하락할 것으로 보았다. 큰 폭의 조정을 예상했지만, 그로 인해 재매수 시점을 놓쳐버렸고 매도가격보다 오른 주가를 보며 때를 기다렸다. 자신이 매수했던 1만 4,000원보다 싸게 사야 한다고 생각했기 때문이다. 결국, 참지 못하고 산 가격은 처음 매수한 가격보다 10% 더 오른 1만 5,500원이었다.

3. 무엇을 알 수 있는가?

일반적으로 '매수가격은 잊어라', '손절매율을 미리 정하고 기계적으로 매매하라', '수익률에 연연하지 말고 시장에 순응하라'와 같은 격언은 정박과 조정이라는 투자심리를 일깨우는 말이다. 또 '너무 자주 주가를 확인하지 마라'와 같은 격언도 있다. 어떤 투자자는 하루도 빠짐없이 주가를 확인한다. 이 경우 매일매일의 주가가 정박가격이 된다. 닻내리기 효과 즉 정박과 조정은 투자세계에서 매매타이밍에 결정적인 영향을 미친다. 통상 매수가격이 높으면 손절매하는 것이 정말 어렵다. 이유는 자신이 매수한 가격이 기준가격으로 옮겨져 있기 때문이다. 부동산이나 기타 일상생활의 모든 거래에서도 이런 현상이 목격된다. 현실적으로 매수가격과 매도가격을 잊고 매매에 임하는 것은 불가능하다는 것을 누구보다 잘 알고 있다. 따라서 과거의 객관적인 데이터나 정황을 포착하고 투자하되, 시장을 이겨야 한다는 가장 보편적인 욕심을 버려야 한다.

닻내리기 효과를 극복하기는 매우 어렵다. 하지만 몇 가지 방안을 통해 그 효과를 어느 정도 경감시킬 수는 있다. 첫째, 주어진 값, 혹은 이전에 주어진

정보가 터무니없다고 생각되거나 정도가 지나치다고 느껴진다면 아예 그 값을 과감하게 잊어버리고 아무런 숫자 정보가 없는 상태에서 다시 출발하면 된다. 둘째, 자신이 닻내리기 효과에 빠질 수도 있음을 인식해야 한다. 자신은 절대로 닻내리기 효과 같은 것에 영향을 받지 않을 것으로 생각하는 것보다 자신도 이런 오류를 범할 수 있음을 인식해야 한다. 셋째, 자신의 판단에 대해 주변 사람들에게 자문을 구해볼 필요가 있다. 자신과 다른 객관적인 입장에서의 냉정한 판단과 정보가 더해진다면, 닻내리기 효과의 문제를 보다 쉽게 극복할 수 있다.

제3절 보유 효과

1. 의의

다음 질문에 대한 자신의 응답을 살펴보자

질문 1. 부모님으로부터 S 전자 주식을 물려받았다. 이미 나의 포트폴리오에는 전자산업에 대한 비중이 충분하다. 물려받은 주식을 매각하라는 조언을 받았을 때 나는 어떻게 할 것인가?

질문 2. 운전할 때 나는 항상 같은 길을 택하는 편인가, 아니면 새로운 경로를 시도하는 편인가?

부모님께 물려받은 주식을 계속해서 보유하고 싶어 하거나, 늘 같은 길을 운전하고 싶은 경우 등은 보유 효과 혹은 현상유지 오류의 경향이 높다고 할 수 있다. 대부분 사람은 흔히 이사하기 전에 물건을 정리하면서 '필요 없는 것은 버려야지'라고 생각한다. 그러나 생각대로 쉽지는 않다. 바로 내 물건이 되면 버리기가 아깝기 때문이다. 또한, 중고물건을 살 때도 싸게 사려고 애쓰지만, 반대로 자기의 중고물건은 비싸게 내놓는다. 투자행동 심리 분야의 대가인 제임스 카너먼은 우리가 길거리에서 1만 원을 주었을 때의 기쁨

보다 1만 원을 잃었을 때의 고통을 더 크게 느낀다고 주장한다. 대부분 사람은 애지중지하는 소장품을 분실하였을 때는 엄청난 상실감과 허탈감에 빠져든다. 말 그대로 멘붕 상태에 직면한다. 내가 가지고 있는 물건에 실제보다 더 높은 가치를 부여한 적은 없는가? 내가 보유한 것에 높은 가치를 부여한 것은 바로 내 손때가 묻은 것이고 내가 좋아하는 것이며 세상에 하나밖에 없는 것처럼 생각하기 때문이다. 어떻게 보면 당연하다고 볼 수 있지만, 이것도 하나의 심리적인 현상이며, 이를 보유 효과 또는 소유효과라 한다. 보유 효과는 자신이 가지고 있는 물건에 시장가격보다 더 높은 가치를 부여하지만 같은 물건을 사려고 할 때는 시장가격보다 더 싸게 사고 싶어 하는 성향을 말한다. 경제적 합리성에 의하면 두 금액은 같아야 하는데 현실에선 사람들이 심리적으로 두 가지를 다르게 느끼는 이중성을 보인다. 증권시장에서 보유 효과는 큰 영향을 미친다. 이익이 난 종목은 더 큰 이익을 바라고, 손해를 본 종목은 곧 반전할 것이란 기대를 하면서 계속 보유하려는 경향이 강하다. 심리적으로 볼 때 매수와 매도 기간과 휴식 기간을 똑같이 바라보기란 정말 어렵다.

2. 사례

김소유 씨는 주식 관련 서적에서 매매의 3단계로 '사고, 팔고, 쉬어라.'라는 격언을 보았다. 그런데 실제로 매매에 임하면 이를 실천하는 것은 정말 어려웠다. 처음 투자를 결정하고 입금했을 때는 주식시장에 긍정적인 뉴스가 넘치고 신문과 증권회사 리포트에 매수 추천이 많았다. 그의 눈에는 모두가 좋은 주식으로 보였다. 그래서 하루 만에 A 주식을 매수했다. 첫 매매에 성공해서 보름 만에 20% 수익을 올린 그는 이익을 실현하고 싶어서 바로 매도했다. 매매의 3단계에 따르자면 이제는 좀 쉬어야 한다. 그런데 한 번만 더 매매를 잘하면 이번 장에서도 목표 수익을 얻을 수 있겠다고 생각했다. 증권사 직원이 추천했고 친구들도 추천해주었다. 결국, 그는 사흘을 견디지 못하고 B 주식을 매수했다. 그러나 이번에는 주가는 오르지 않고 시간이 지날수록 하락했다. 다행히 우량주여서 다른 종목보다 덜 하락하였다. 그는 B 종목을 장기간 보유하면 승부가 날 것 같아 보유하기로 했다. 다른 종목은 30~40% 하락했는데, 이 종목은 그래도 20% 정도만 하락했기 때문이다. 몇 차례 매도 권유도 있었지만, B 주식을 긍정적으로 보고 있던 그는 팔지 않았다. 실제로 그 종목과 관련된 긍정적인 뉴스도 발표됐다. 그가 매도하기로 한 것은 B 회사가 해외수주가 취소되었다는 악재로 크게 하락한 뒤였다. 그동안 장기 보유하려던 태도가 심리적 쇼크를 받아 '무조건 팔자'로 돌변한 것이다. 결국, 김소유 씨는 이번 매매로 그동안의 수익을 모두 잃고 원금의 40%를 손해 보았다. 그러자 '주식과 결혼하지 마라'라는 격언이 떠올랐다. 앞으로는 신중하게 결정해서 손절매 원칙을 꼭 지키겠다고 다짐했다. 그런데 이틀도 안 되어 원금을 회복해야 한다는 생각이 들기 시작했다. 계좌에 현금이 있으면 추천종목이 넘쳤고, 지금 사면 곧 원금을 회복할 수 있을 것 같은 종목이 많았다. 이번에도 김소유 씨는 사흘을 넘기지 못하고 해당 주식을 사고 말았다.

3. 무엇을 알 수 있는가?

일상생활에 누구나 쉽게 접근하는 주식시장에서 보유 효과 역시 빈번하게 발생하는 심리적인 현상이다. 이를 극복할 수 있는 가장 기초적인 방법으로 '역지사지'를 들 수 있다. 즉 현재 주식을 갖고 있으면 '지금 이 주식을 이 주가에 사더라도 충분히 매력적인 가격인가?'를 반문해봐야 한다. 매력적이지 않으면 보유주식을 적극적으로 매도해야 한다. 설령 당장은 아니더라도 매도를 항상 고려해야 한다. 같은 방법으로 사고 싶은 주식이 있을 때는 '지금 이 주식을 갖고 있는데 팔아야 하는 것은 아닌가?'라고 반문해야 한다. 팔아야 한다는 생각이 들면 절대로 매수해서는 안 된다. 연구결과에 의하면 보유 효과는 적은 수량의 거래에서 두드러지며, 기관투자가보다는 일반 투자자의 거래에서 더욱 강하게 나타났다. 특히 온라인 데이 트레이더는 더더욱 강하게 나타난다고 한다.

제4절 자기 과신

1. 의의

자기 과신은 자기 능력을 과대평가하거나 자기가 다른 사람의 눈에 더 좋게 비칠 것이라고 믿으며, 무엇을 예측할 때 실수할 확률이 적다고 믿는 성향을 말한다. 이런 현상은 주식투자에서 자주 나타난다. 자기 과신 투자자는 자신이 가진 정보의 정확성을 과신하기 때문에 투자에 따른 위험요소를 과소평가하거나 자신이 투자하는 상품수익률이 높을 것이라 믿고 예상 수익률도 다른 사람이 생각하는 것보다 더 높게 잡는다. 그러므로 아주 자연스럽게 투자를 결정하곤 한다. 결과는 어떨까? 미국 캘리포니아 대학의 바버(Barber)와 오딘(Odean) 교수의 연구결과에 의하면, 자기 과신이 높으면 투자수익률이 떨어지고 거래빈도도 잦아진다는 것이다. 또한, 그들은 자기 과신을 할수록 자신이 가지고 있는 정보의 양과 질에 대한 확신이 강해져 거래를 자주 하는 편이라고 분석하였다. 그 외 남성이 여성보다 자기 과신의 경향이 높고, 주식투자에 있어서 남성은 자기 과신으로 인해 여성보다 낮은 수익률을 얻는다고 하였다.

한편, 대부분 투자가는 자신은 그럭저럭 잘해 나가고 있다고 생각하고, 적어도 자신의 투자실력은 평균 이상이라고 여기는 경향이 있다. 물론 금융시장의 패닉이나 특정한 사건이 발생하여 주식시장 전체가 붕괴할 경우 대부분의 투자가들은 손해를 본다. 심할 경우 주식시장을 떠나는 사람도 나타난다. 그럼에도 사람들은 일정 시간이 지나면 실제 기대했던 결과 이상으로 자신은 잘하고 있다고 느낀다. 이런 현상을 심리학적으로 '자기 봉사 편향'이라고 한다. 주식투자는 그 결과가 이익인지 손실인지 바로 알 수가 있다. 따라서 본인의 투자성적에 대하여는 객관적으로 평가할 것 같은데도 실제로는 그렇지 않다.

또 대부분 사람은 자기의 성공에 관하여 자신의 노력이나 남들보다 우수한 잠재능력의 결과라고 생각한다. 적어도 노력과 상관없이 작용한 우연의 역할에 대해서는 과소평가한다. 또한, 뜻하지 않는 실패를 당할 경우 "단순히 운이 나빴다."라며 우연의 탓으로 돌려버린다. 그로 인해 어떤 결과가 자신의 노력이나 능력으로 달성되었다고 느끼는 성공의 기억은 강하게 남고, 우연의 탓으로 치부하는 실패의 기억은 희미하게 잊혀간다. 대체로 자기의식이 강한 사람들에게 이런 현상은 자주 나타난다. 자기 봉사 편향에 노출되어 있음을 알고 있어도 이것은 마음속에 무의식적으로 작용하기 때문에 그 어떤 객관적인 자료를 보여주어도 인정하려 하지 않는다. 설령 객관적인 자료가 기대 이상으로 저조했더라면 이런 형태의 사람들은 "그때의 실패는 운이 나빴기 때문이다. 그 일이 없었으면 훨씬 더 성적이 좋았을 것이다."라고 핑계를 댄다. 결국, 자신은 그럭저럭 잘해왔다는 인식을 바꾸는 일은 거의 없다.

투자자들이 자기 과신을 보이면서 추가로 나타나는 심리유형 중에 사후예측편견이 있다. 이는 실제로는 어떤 사건의 미래 결과를 알지 못했음에도 불구하고 시간이 흘러 결과가 나오면 마치 이전부터 그 결과를 예측, 추정했던 것처럼 오해하는 경향을 말한다. 과거 사건이나 사례에 대한 전문가의 분석내용이나 전문기관의 발표내용을 보면서 자신이 그렇게 해석했었다고 사후적으로 꿰맞추는 것 역시 사후예측편견에 해당한다. 즉, 과거에는 그렇게 판단하지 않았으나 지금은 그렇게 판단했었던 것처럼 자신의 판단능력을 전문가와 유사하게 생각하는 것이다. 사후예측편견과 조금 다른 형태지만 확증편견이 있다. 이는 자신의 판단이 옳다고 심리적으로 혹은 의식적으로 확신하고 듣고 싶은 정보와 의견만 듣고, 자신의 판단과 다른 정보와 의견은 귀를 닫는 현상이다.

2. 사례

P 씨는 친한 친구로부터 자기 회사 주식을 사두면 괜찮을 것이라는 이야기를 들었다. 마침 주식시장이 호황이어서 잘됐다 싶어 갖고 있던 적금을 깨고 친구가 말한 주식을 매입했다. 너무나 확실한 정보여서 머뭇거릴 수가 없었다. 최근 비대면 거래가 증가하면서 이를 통한 거래에서도 자기 과신 사례가 자주 목격된다. 비대면 거래의 장점은 언제, 어디서나, 혼자서, 적은 돈으로 할 수 있는 방법이다. 시간이 지나면 '잦은 거래', '특정 종목에의 집중투자', '투자금액 증가' 등을 반복하는 자신을 발견하게 된다.

3. 무엇을 알 수 있는가?

보통 특정 정보원이나 내부자에게서 나온 정보를 들을 때 누구나 솔깃한데 이러한 경험은 투자해 본 사람에게는 누구에게나 있다. 이런 경우 우리는 쉽게 자기 과신에 빠지고 바로 행동으로 옮긴다. 한편, 알고 있는 정보가 많다고 주식시황을 잘 예측할 수 있을까? 대부분 정보가 많아지면 지식도 늘어나 의사결정의 정확도가 높아질 것이라고 확신한다. 특히 똑똑한 사람일수록 이런 생각을 하고 있다. 바로 전형적인 자기 과신의 태도이다. 금융시장에서 자기 과신으로 인해 투자손실이나 기대한 만큼 수익을 내지 못한 경우는 허다

하다. 단지 그러한 원인이 자기 과신 때문이라는 것을 몰랐을 뿐이다.

주로 자기 과신은 어떤 문제를 접하자마자 생기는 심리 현상이지만 실제로 주어진 문제가 생각지도 않게 잘 풀려나갈 때 이런 성과 대부분은 자기 능력이나 자신의 선택결과 등으로 인한 것으로 믿는 경향이 농후하다. 예를 들어 어떤 누군가 추천해 준 주식을 매수했는데 주가가 기대 이상으로 상승하게 되면 이는 자신의 분석 결과 혹은 매수 결정의 근거가 자신의 판단에 따른 것이고 이는 옳은 결정이었다고 확신하게 된다. 실은 그 주가가 상승하는 요인에는 다양한 원인이 작용했는데도 이는 무시하려고 한다. 사실 이런 판단이나 확신은 당장에는 아무런 효과가 나타나지 않지만 이후 재투자하는 과정에서 자기 능력을 뛰어넘는 투자로 이어지는 모티브로 작용하게 되며 이러면 십중팔구는 큰 손실을 볼 수 있다. 이는 아주 중요하며 요즘 같은 투자 분위기에서는 회생할 수 없을 정도로 큰 타격을 입을 수 있음을 유념해야 한다.

자기 과신 현상을 극복하는 해결책으로는 세 가지가 있다. 첫째, 판단에 대한 즉각적인 피드백을 주면 된다. 이러한 것은 일기예보의 경우에서 볼 수 있는데, 다음 날 일기에 대해 예보한 결과는 그날이 되면 확인이 되어 피드백을 즉각적으로 주는 꼴이 된다. 이 경우 예보자는 자료와 자기 능력에 대해 재검토해 보고 자기 과신 현상이 완화될 수 있다. 둘째, 왜 자신의 판단이 틀릴 수 있는지를 생각하게끔 해보면 된다. '자신은 절대로 틀리지 않는다'보다는 '자신도 인간이니 틀릴 수 있고, 왜 그럴 수 있는지'를 확인하는 것이 필요하다. 마지막으로, 상황을 미리미리 새롭게 구성해 보기를 해본다. 막연한 생각이나 닥쳐서 하는 생각이나 행동보다 미리 예상해 보면 좀 더 현실적인 판단을 할 수 있게 된다.

제5절 프레이밍 효과

1. 의의

다음 질문에 대한 자신의 응답을 살펴보자

질문 : 햄버거를 구입하고자 한다. A사의 햄버거는 고기의 육즙이 풍부하며 부드러운 맛을 자랑으로 한다. 햄버거의 75%가 기름기를 포함하고 있는 쇠고기로 만들어져 있다. 반면 B사의 햄버거는 기름기 없는 웰빙식 햄버거를 자랑으로 한다. 햄버거의 25%가 순 살코기로 이루어져 있다. 당신은 어떤 햄버거를 선택할 것인가?

프레이밍 효과에 대한 테스트는 정답이 없다. 위의 문제는 A사와 B사의 햄버거는 같은 수준의 기름기가 포함되어 있다. 대부분 사람은 둘 중 하나를 선택하였을 것이다. 둘 사이에 별다른 선호를 보이지 않았다면 프레이밍에 의해 의사결정이 흔들리지 않았다는 것이다. 만약 B사를 선택하였다면 이는 프레이밍에 사로잡힌 것이 된다. 바로 A나 B는 기름기가 똑같이 75%인 같은 품질의 쇠고기이기 때문이다.

주식시장이 폭락한 뒤 일정 시간이 흘러 안정된 움직임을 보이면 대부분 사람은 언제 폭락이 있었냐는 식으로 주식시장을 바라본다. 사람들은 먼 과거보다 비교적 가까운 과거의 기억에 한층 더 강한 영향을 받는다. 바로 익숙함 때문이다. 만약 주가가 계속해서 안정된 추이를 보이면, 그 상황에 익숙해져 먼 과거에 발생했던 폭락사태는 일어나지 않을 것이라고 느낀다. 이런 상황에서는 드문 현상이 일어났을 때의 일이 기억 속에서 멀어지기 때문에 사람들은 그 확률을 거의 무시하는 경향을 보인다. 이처럼 사람들은 드문 현상의 발생확률을 어떤 유형의 것은 항상 과대평가하고, 다른 유형의 것은 항상 과소평가하게 된다. 이처럼 어떤 문제의 어디에 초점을 맞추고 어떤 틀로 파악하느냐에 따라 전혀 다른 답이 나오는 것을 틀짓기 효과 또는 프레이밍 효과(framing effect)라고 한다. 투자시장에서 이런 대표적인 현상이 이익과 손실의 인식 차이다. 심리학자의 연구결과에 의하면 사람들은 일반적으로 손실보다는 이익에 더욱 민감하며, 손실에 대해서는 조금 더 위험한 선택을 한다는 것이다. 그들은 동일한 100만 원의 손실과 이익이라면 사람들은 손실의 크기를 이익의 크기보다 2배쯤 크게 느낀다는 것을 밝혀냈다. 대체로 투자자는 원금은 지켜야 한다는 생각에, 이익의 구간은 견디려 하지만 손실은 받아들이기 어렵다고 느낀다. 인간은 리스크를 회피하진 않지만, 그에 상응한 이익과 손실을 동일하게 보지 않는다는 것이다. 특히 신중한 성격보다는 본능이나 직관으로 투자하는 사람에게 프레이밍 효과가 더욱 크게 나타난다고 한다. 실제 투자에서 똑같은 상황을 두고도 투자자들이 각기 다른 태도를 보이는 이유가 여기에 있다. 따라서 정형화된 형식의 투자기법은 모두에게 적용될 수 없다.

프레이밍 효과가 왜 생기는가에 대한 대표적인 이론이 프로스펙트 이론(Prospect theory)이다. 이는 사람들이 이익과 손실을 평가할 때 서로 다른 평가 기준을 가진다는 것이다. 게다가 손실은 동일한 크기의 이익보다 훨씬 더 뚜렷하게 인지된다는 것이다. 이런 작용은 기억뿐 아니라 앞날에 대한 계산에서도 나타난다. 가령 도박에서 100만 원을 잃고 나서 100만 원을 딴 사람은 딴 100만 원보다 잃었던 100만 원을 놀랄 만큼 더 뚜렷이 기억한다. 사람은 앞날에 대한 이익과 손실을 바라볼 때도 이런 식으로 행동한다. 즉 투자를 결정할 때 100만 원의 손실 예상은 100만 원의 이익 예상보다 감각적으로 더 강하게 다가온다. 이런 상황에서 투자자는 장기적 이익의 가능보다는 단기적 손실의 위험에 더 무게를 두기 때문에 종종 좋은 기회를 놓치곤 한다.

2. 사례

사례 1. 김충실 씨는 월 100만 원인 적립형 펀드에 가입하고 5년간 불입했다. 돈을 찾으려고 보니 원금 6,000만 원, 수익 4,000만 원으로 모두 1억 원이었다. 연 19% 큰 수익을 올린 것이다. 그런데 시장에서는 주가가 지속 상승하여 종국에는 3,000포인트까지 갈 것이라는 긍정적인 소문이 조금씩 생겼다. 그는 돈을 찾을 수가 없었다. 만약 3,000포인트가 되면 1억 원이 1억 5천만 원 될 것이기 때문이다. 이번 기회를 최대한 활용해야 한다. 결국, 그는 보유하기로 했다. 그리고 1년이 지난 지금 그의 자산은 원금 수준인 6,000만 원이 되어 있었다. 주가는 1,500포인트를 밑돌고 1,000포인트까지 내릴 수 있다는 전망이 나오고 있었다. 그는 원금이 손실 나는 것을 참을 수 없어 결국 환매하고 말았다.

> 사례 2. 김적립 씨는 작년 말에 월 100만 원 적립형 펀드에 가입했다. 이때 주변 분위기는 적립형 펀드가 돈 버는 방법의 대세이며, 은행에 정기적금에 가입하면 이상한 사람처럼 여겨졌다. 그런데 가입 이후 한 번도 원금을 회복하지 못했다. 자신이 결국 상투에 가입했다고 생각하니 도저히 원금을 회복하기에는 불가능해 보였다. 그런데 시장이 점차 회복하더니 드디어 원금이 회복되었다. 그동안 마음고생과 함께 상투에 가입한 것을 생각하고 이제 찾기로 하였다. 주가는 상승추세에 있었지만, 다시 하락하여 원금이 손실 난다면 도저히 자신을 용서할 수 없을 것 같았다.

3. 무엇을 알 수 있는가?

위의 두 사례는 투자자들이 원금손실에 대해 어떻게 받아들이는지를 보여준다. 대체로 투자자는 원금은 지켜야 한다는 생각을 하게 되고, 이익의 구간은 견디려 하지만 손실은 받아들이기 어렵다. 이러한 태도에는 이득과 손실만 영향을 미치는 게 아니다. 나이가 많고 적음, 부자와 가난한 사람, 소속된 집단의 성향, 국민성, 그리고 초기 투자의 성공 여부 등도 영향을 미친다. 실제 투자에서 똑같은 상황을 두고도 투자자들이 각기 다른 태도를 보이는 이유가 여기에 있다. 프레이밍 효과가 중요한 이유는 즉시 이익과 손실에 영향을 끼치기 때문이다. 투자의 궁극적인 목적인 이익추구에 직결되는 행위이기 때문에 가장 관심을 두고 접근해야 할 영역이다. 따라서 프레이밍이 왜 발생하고 이를 극복하는 방법에 대하여 정확하게 인식하고 철저히 준비해야 한다. 목표수익 설정과 손절매 원칙 준수가 그중 하나이다.

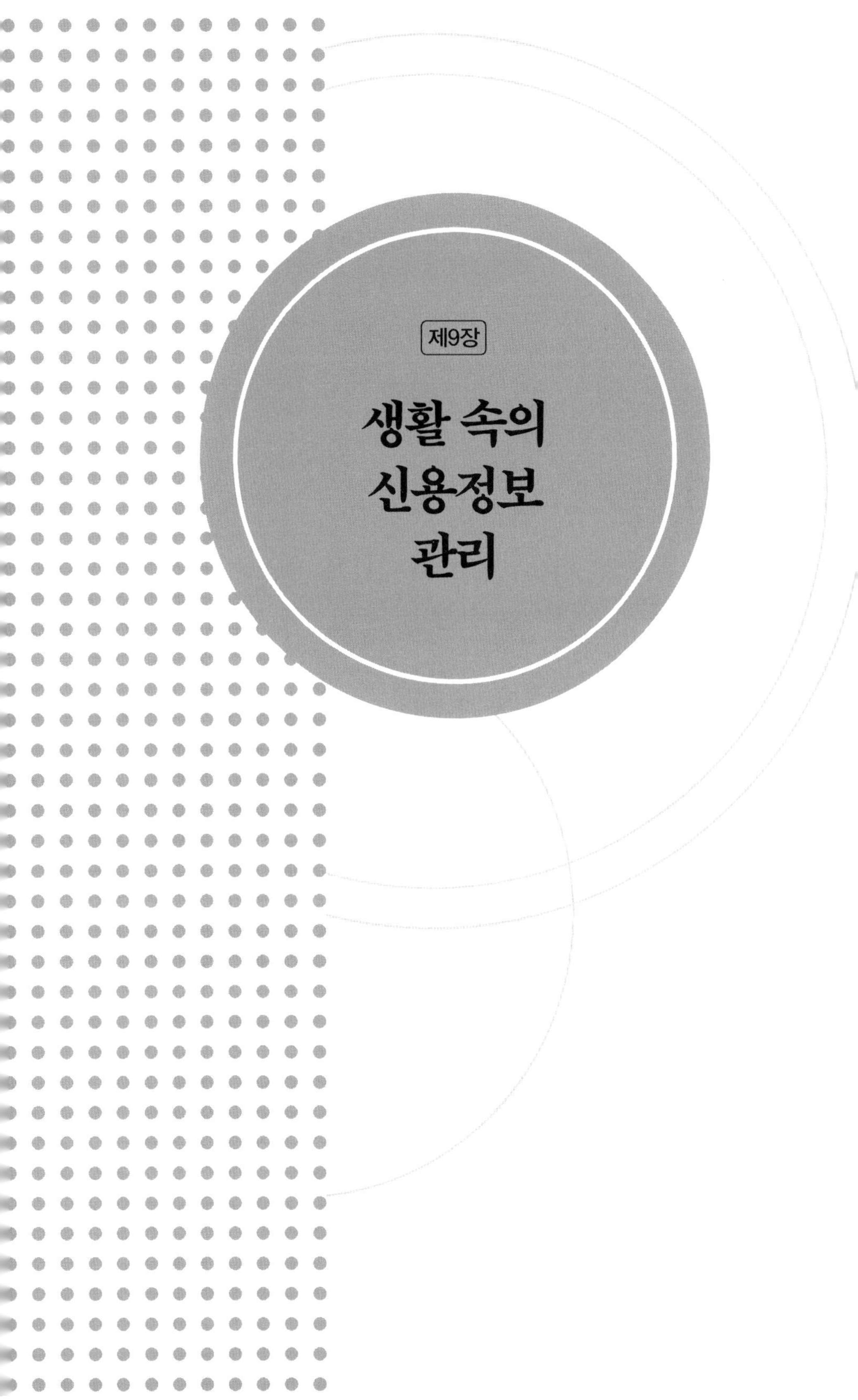

제9장

생활 속의 신용정보 관리

제1절 신용정보와 신용평가

1. 신용의 의미

신용은 미래의 예상소득을 현재 시점에서 미리 차용하여 소비할 수 있는 능력을 말한다. 그런데 개개인의 미래소득이 다르므로 사람마다 신용이 다를 수밖에 없다. 개인이 사용할 수 있는 신용한도는 개인의 현재 소득과 미래 예상소득의 현재가치 합계이며, 이 신용한도 내에서 신용이 발생한다. 개인의 신용유형은 크게 세 가지로 나뉜다. 첫 번째 유형은 은행 등 여신기관으로부터 가계소요 자금을 차입할 수 있는 대출 신용을 말한다. 두 번째 유형은 재화와 서비스를 구매한 후 그 대금을 일정 기간 나누어 지급하는 할부구매 등의 판매신용을 말한다. 세 번째 유형은 판매신용의 포괄적인 개념으로 관리비, 통신서비스 등 미래의 일정 시점에서 결제되는 서비스 신용을 말한다.

2. 신용정보

국내 신용정보법은 개인신용 정보를 개인에 관한 신용거래정보, 신용도 판단정보, 신용거래 능력정보, 공공 기록정보, 개인신용 평점 정보, 그리고 이들과 결합한 개인식별정보 등 6가지로 구분하고 있다. 신용거래정보란 신용정보 주체의 거래내용을 판단할 수 있는 정보를 말하는데, 대출이나 보증거래 및 예금거래 등에 관한 정보가 해당된다. 신용도 판단정보는 신용정보 주체의 신용도를 판단할 수 있는 정보를 말하는데, 연체나 부도 등의 정보가 해당된다. 신용거래 능력정보란 신용정보 주체의 신용거래 능력을 판단할 수 있는 정보를 말하는데, 개인의 재산이나 채무총액 등에 관한 정보가 해당된다. 공공 기록정보란 법원의 재판이나 행정처분 또는 조세 등과 관련된 정보를 말한다. 개인신용 평점 정보는 개인의 신용상태를 평가하기 위해 새로이 만들어지는 정보로서 점수나 등급으로 표시된 정보를 말한다. 개인식별정보란 다른 신용정보와 결합하여 신용정보 주체를 식별할 수 있는 정보를 말하는데, 개인의 성명이나 주민등록번호 등이 해당된다.

개인신용정보는 이용할 가치가 있는 정보이면서 동시에 보호할 필요가 있는 정보이기도 하다. 금융기관이나 기업 등이 개인 고객과 거래할 때 고객에 대한 신용정보를 잘 파악할 수 있어야 금융거래나 상거래의 신뢰성이 확보되어 건전한 거래환경이 조성될 수 있다. 해당 개인 입장에서는 신용평점이 좋으면 그만큼 낮은 금리로 대출받을 수 있기 때문에 개인신용정보의 이용가치는 크다. 반면에 신용정보 파악 대상이 되는 개인은 이용되는 신용정보가 잘 관리되고 있는지가 관심 대상이 된다. 만약에 개인신용정보가 잘 관리되지 못하여 유출된다면 그런 정보가 금융사기나 기타 범죄에 이용될 수도 있고, 개인의 비밀이 노출되어 사생활 침해를 일으킬 수도 있어 해당 개인이 피해를 볼 수 있다. 이런 점에서 개인신용정보의 보호도 이용에 못지않게 중요하다.

3. 신용평가

이는 개인신용 평가기관이 개인의 채무상환능력과 채무상환 의지를 평가하여 개인의 신용평점을 산출하고 개인의 신용등급을 부여하는 것을 말한다. 신용평점과 등급은 개인의 신용에 관한 모든 정보를 종합하여 계산한 신용도를 숫자로 나타낸 것으로서, 은행, 보험사, 신용카드사 등의 금융회사에서 고객의 대출한도와 금리 등을 정하기 위한 참고자료로 사용된다. 신용평점은 신용조회회사가 개인에 대한 신용정보를 수집한 후 이를 통계적 방법으로 분석하여, 향후 1년 이내에 90일 이상의 장기연체와 같은 신용위험이 발생할 가능성을 1점에서, 1,000점으로 수치화한 지표이며, 평점이 높을수록 연체가 발생할 불량률이 낮다는 것을 의미한다. 신용평점 계산에 반영되는 항목은 연체 건수, 총대출잔액, 신용카드 한도 소진율, 신용거래 기간 등이 있다. 연체가 없고, 대출 잔액이 적고, 신용카드를 한도의 30% 이내로 적게 쓰고, 오랜 기간 신용거래를 해왔으면 높은 신용평점을 받을 수 있다.

〈표〉 신용평가 시 반영요소

긍정적 반영요소	부정적 반영요소
- 대출금 상환 이력	- 대출금 연체
- 신용카드 사용금액 및 기간	- 신규대출 및 대출 건수 증가
- 연체상환 및 연체상환 후 경과 기간	- 제2금융권 대출
- 통신비 · 공공요금 성실납부 실적	- 과도한 현금서비스 이용

출처 : 이하일, 「알기 쉬운 실용금융」, 2020, p.532

신용등급은 1~10등급까지 분류하며 2020년부터 등급제에서 점수제로 전환되었다. 통상 1~3등급은 우량등급으로 부채를 갚지 못할 가능성이 매우 낮은 사람들이다. 4~6등급은 연체 가능성이 상대적으로 높으며 일부는 단기

〈표〉 개인 신용평점 산출(예)

평가 항목	배점 구간	배점
연체 건수	0건	300
	1건	80
	2~5건	20
	5건 이상	0
총대출잔액	1천만 원 미만	200
	1~5천만 원	100
	5천만 원 이상	0
신용카드(한도) 소진율	0~30%	300
	30~90%	200
	90% 이상	50
신용거래 기간	20년 이상	200
	10~20년	100
	10년 미만	0

출처: 한국핀테크지원센터, 「헬로, 핀테크(개인신용정보관리 및 활용)」, 2021, p.126

적으로 연체 경험이 있거나 비우량 금융회사로부터 대출받은 경험이 있는 경우이다. 7~10등급은 저신용자로 연체 경험을 여러 번 가지고 있으며 부실위험이 크다고 할 수 있다.

〈표〉 신용등급과 신용평점 분류기준

신용등급	신용평점	분류
1등급	942~1,000점	우량 신용자
2등급	891~941점	
3등급	832~890점	
4등급	768~831점	보통 신용자
5등급	698~767점	
6등급	630~697점	
7등급	530~629점	저신용자
8등급	454~529점	
9등급	335~453점	
10등급	0~334점	

출처: 한국핀테크지원센터, 「헬로, 핀테크(개인신용정보관리 및 활용)」, 2021, p.127

제2절 개인의 신용관리

1. 신용관리 방안

기본적으로 주거래은행을 만들어 거래실적을 많이 올리면 대출받을 때 금리와 한도에서 유리하다. 이는 개인의 신용평가 시 해당 은행과의 거래실적이 중요하게 반영되기 때문이다. 따라서 신용카드 대금결제, 급여 이체, 공과금 이체 등 금융거래를 1개 금융회사로 집중하는 것이 유리하다. 또 마이너스통장에서 단기간에 현금서비스를 여러 번 인출하면 신용점수가 떨어진다. 마이너스통장 한도가 줄어들수록 신용조회회사가 고객이 절박한 상황에 있는 것으로 오인하게 만들어 연체 가능성이 크다고 판단하기 때문이다. 따라서 신용카드의 현금서비스는 꼭 필요한 경우에만 이용한다. 더불어 자동이체를 최대한 이용한다. 각종 공과금, 대출금, 통신요금은 자동이체를 이용해야 부주의에 의한 연체를 방지할 수 있다. 주거래은행은 자동이체 고객을 선호하므로 신용평점도 올릴 수 있다. 만약 통장 잔액이 없다면 연체될 수 있기 때문에 이를 주기적으로 확인해야 한다. 한편, 건강보험료, 통신요금, 신용카드는 단 하루도 연체해서는 안 된다. 일정 금액 이상의 연체정보는 금융기관들이 공유하기 때문에 연체 시 불이익을 받을 수 있기 때문이다. 그리고 연체기간이 짧더라도 연체기록이 쌓여 신용등급이 낮아질 수 있기 때문에 연체하지 않는 것이 무엇보다 중요하다. 합리적인 금융소비자는 자신의 주어진 소득의 범위 내에서 지출하고 계획적인 소비생활을 한다. 그러나 대부분 금융채무 불이행자는 자신의 주어진 소득보다 더 많은 소비지출을 하고 있다. 절약하는 것이 기본이고 현명하고 계획적인 소비생활만이 빚으로부터 멀어지는 길이다.

2. 개인정보 관리방안

대한민국 국민 대부분은 자신의 개인정보, 신용정보가 유출되어 불순한 의도를 가진 자에게 넘어가서 소중한 재산이 강탈당하는 일이 발생하지 않을까 우려하고 각종 스팸 문자 및 보이스피싱 등에 사용되지 않을까 걱정한다. 그런데도 대부분 사람은 특정 서비스를 이용할 때마다 정보 활용에 동의하는 수많은 팝업창과 마주하며 거기 쓰여 있는 깨알 같은 글자들을 제대로 읽어보지도 않은 채 기계적으로 '동의함'이라는 단추를 누른다.

개인정보 유출이란 고의 · 과실 여부를 불문하고 개인정보처리자의 관리 범위를 벗어나 개인정보가 외부에 공개, 제공, 누출, 누설된 모든 상태를 말한다. 일단 개인정보가 유출되었음을 알게 되었을 때는 통지의무가 발생하며 유출된 개인정보의 수량, 종류, 시기 등은 따지지 않는다. 따라서 단 1건의 개인정보가 유출되었더라도 해당 정보 주체에게 그 사실을 통지해야 한다. 개인정보 침해에 따른 피해는 다양하다. 먼저 개인의 경우 정신적 피해뿐 아니라 명의도용, 보이스피싱에 의한 금전적 손해, 유괴 등 각종 범죄에의 노출 등을 들 수 있다. 기업의 경우는 기업의 이미지 실추, 소비자단체 등의 불매운동, 다수 피해자의 집단적 손해배상에 따른 타격 등이 있다. 이처럼 광범위한 개인정보 유출에 따른 피해를 막기 위해서는 무엇보다 정보유출을 예방하는 것이 중요하다. 일례로 2014년 약 1억 9,600만 건의 개인정보 및 신용정보가 유출된 카드 3사 신용정보 유출사태는 역대 최대의 개인정보 유출 사건으로 우리 사회에 엄청난 파문을 일으켜 개인정보 및 신용정보와 관련한 규제를 강화하게 된 계기가 되었다. 그런데 이 사건은 아이러니하게도 외부 해킹으로 개인의 신용정보가 유출된 것이 아니라, 카드 3사에 소속된 용역직원이 고의로 신용정보를 빼낸 것이다.

3. 신용카드 사용 시 유의사항

1) 필요한 카드만 발급받아 사용

잘 사용하지 않으면서 여러 장의 카드를 소지하고 있으면 분실과 도난에 따른 부정 사용 위험이 발생할 수 있기 때문에 꼭 필요한 카드만 발급받아 사용하는 것이 카드를 잘 활용하는 첫걸음이다. 그리고 신용카드를 선택할 때 자신의 소비성향과 할인 혜택 등을 고려할 필요가 있다.

2) 카드의 이용대금 결제일 준수

카드이용금액 연체 시 결제금액 외의 연체이자를 부담하고 신용도 하락으로 한도감액, 금리 인상, 카드사용 금지의 불이익 등을 받을 수 있다. 다른 카드사에서 발행한 카드라도 연체되면 카드사 간 연체정보를 공유하여 신용평가 시 불이익을 받을 수 있어 카드연체가 발생하지 않도록 유의해야 한다.

3) 할부이용 기간별 수수료 확인

할부이용 시 기간 구간별로 동일한 금리가 적용되어 할부로 결제 시 개월 수를 잘 선택하면 수수료를 절약할 수 있다. 따라서 할부이용 전에 카드사별 할부이용 기간별 수수료 체계를 확인할 필요가 있다. 카드사별로 제공하는 무이자 할부가맹점도 사전에 파악하여 무이자할부를 적극적으로 활용하면 좋다.

4) 합리적 소비는 가족 카드 이용

본인의 신용으로 배우자, 부모, 자녀 등 가족들이 발급받는 가족 카드는 단일계좌로 청구서 발송과 결제가 통합되어 가족의 합리적 소비계획이 가능하며, 가족 카드 사용금액이 본인 사용금액과 합산되어 청구된다. 가족 카드 사용으로 발생한 포인트도 합산할 수 있고 가족회원 간의 상호 양도도 가능하다.

5) 현금서비스는 가급적 선결제

현금서비스나 카드론 이용금액을 결제일 이전에 미리 결제하는 경우 결제 시점까지의 이자만 부담하게 되므로 자금 여력이 있는 경우 선결제하는 것이 고금리의 이자 부담을 줄일 수 있다. 이 경우 카드사 콜센터에 전화하여 중도 상환을 요청하거나 인터넷, 모바일 앱으로 신청할 수 있다.

6) 세이브 포인트 활용은 신중히

세이브 포인트(선지급 포인트)는 할인 혜택이 아니라 현금으로 갚아야 할 부채이며 매월 의무적으로 상환금액이 정해져 있다. 이는 상환 부담이 분산되지만, 카드 이용실적이 부족하면 미리 할인받은 금액을 현금으로 상환해야 하고 현금으로 상환 시 할부수수료를 부담하며 연체 시 고금리의 연체이자를 내야 한다.

7) 리볼빙 결제는 단기간만 이용

리볼빙 결제는 이용자의 자금 사정에 따라 매월 납입 비율을 달리하여 상환할 수 있어 연체 없이 신용관리가 가능하다. 그러나 리볼빙도 일종의 대출이며 장기간 이용 시 신용도에 부정적인 영향을 미칠 수 있고, 최소 결제 비율을 선택하면 상환 부담이 계속해서 늘어나므로 이용을 신중히 할 필요가 있다.

제3절 채무조정 제도

1. 의의

채무불이행은 2005년 4월 이전까지 사용되었던 신용불량 용어에서 대체되었다. 이는 금융거래 등 상거래에서 발생한 결제대금 또는 대출금 등의 채무에 대하여 정당한 사유 없이 약정된 기일 내에 변제를 이행하지 않는 행위를 말한다. 만약 채무불이행의 해당 요건이 되면 별도의 통보절차 없이 즉시 해당 기관에 등록된다. 채무불이행을 해결하는 우선적인 방안은 해당 금융기관에 연락하여 담당자와 상담하는 것밖에 없다. 만약 거래 사실이 없음에도 채무 불이행자로 등록된 경우, 해당 업체에 문의하여 즉시 정정 요청을 해야 하며, 정정 결과에 불만이 있을 때는 금융감독위원회에 시정요청서를 제출한 다음 후속 절차를 밟으면 된다.

채무조정제도는 채무감면이나 상환일정의 조정 등을 통해 과다채무자의 조속한 경제활동 복귀를 지원하는 제도로서 성격에 따라 재건형에 해당하는 채무조정제도와 청산형에 해당하는 개인파산제도, 운영 주체에 따라 신용회복위원회 등에서 운영하는 사적 구제제도와 법원에서 운영하는 공적 구제제도로 구분한다.

2. 종류

1) 사전채무조정(프리워크아웃)

이는 실직, 휴 · 폐업, 재난, 소득감소 등으로 신용카드 대금이나 대출 원리금의 상환 부담이 과중하면 이자율 인하, 상환 기간 연장을 통해 금융채무 불이행자로 전락하지 않도록 사전에 지원하는 제도이다. 동 제도는 연체 기간이 90일 이내인 단기 연체채무자, 총채무액 15억 원(담보채무 10억 원, 무담보채무 5억 원) 이하인 자가 지원할 수 있으며, 지원내용은 약정이자율 50%까지 이자율 인하, 무담보채무는 최장 10년, 담보채무는 최장 20년 이내에서 분할 상환할 수 있다.

2) 신용회복위원회 지원

이는 개인이나 개인사업자 중 협약 등에서 규정하는 일정 요건을 갖춘 과중 채무자의 금융채무를 대상으로 신용회복위원회가 한꺼번에 상환 기간의 연장, 분할상환, 이자율 조정, 변제기 유예, 채무감면 등의 채무조정 수단을 통해 개인 연체자가 손쉽게 경제적으로 재기할 수 있도록 지원하는 제도이다.

3) 개인 회생

이는 재정적 어려움으로 파탄에 직면하고 있으나 미래에 계속적으로 반복하여 수입을 얻을 가능성이 있는 개인 채무자에 대해 법원이 채권자 등 이해관계인의 법률관계를 강제로 조정하여 채무자의 효율적 회생과 채권자의 이익을 도모하기 위해 마련된 제도이다. 이의 대상자는 사채를 포함한 총채무액이 15억 원 이하인 채무자가 신청할 수 있고 법원은 채무자가 가용소득으로 일정 기간(5년 이내) 정기적으로 채무를 변제하는 내용의 변제계획을 작성, 이의 심사를 통해 승인 여부를 결정한다. 이후 법원이 강제로 채무를 조정하고 채무자가 3~5년간 채무를 변제하면 잔여채무는 면제된다.

4) 소비자파산

이는 봉급생활자나 주부, 학생 등과 같이 비 사업자의 파산을 의미하는 것으로, 소비자가 부채상환을 감당할 수 없는 지불불능 상태에 빠졌을 때 법원이 이를 인정하여 채무이행을 면책해 주는 제도로 우리나라는 1997년 외환위기와 함께 부각되었다. 한편, 소비자파산은 채무자가 소비자로서 과다한 채무를 지게 된 경우에 채무자가 스스로 파산신청을 하는 자기파산과, 채권자가 채무자에 대하여 파산신청을 하는 경우로 나뉜다.

제4절 마이데이터

1. 도입배경

2020년 1월 데이터 3법이 국회를 통과했다. 데이터 3법의 핵심은 가명 정보 도입이다. 국회는 개인을 식별할 수 없도록 비식별 처리를 하고 가명 정보를 만들어서 이 데이터는 개인의 동의 없이 활용할 수 있게 했다. 안전하게 비식별 처리된 가명 정보는 기존에 개인정보 문제로 활용할 수 없었던 여러 데이터를 기업들이 새로운 서비스나 기술, 상품을 개발하는 데 활용된다. 참고로, 데이터 3법은 '개인정보 보호법', '신용정보의 이용 및 보호에 관한 법률(신용정보법)', '정보통신망 이용 촉진 및 정보보호 등에 관한 법률(정보통신망법)'의 개정안을 말한다.

마이데이터 사업자는 금융권이나 공공기관에 산재한 고객의 여러 신용정보를 통합해 일괄적으로 조회 및 관리할 수 있게 하는 서비스를 제공한다. 마이데이터 사업자는 이 정보로 고객이 자신의 신용을 관리할 수 있게 돕고, 금융상품을 추천하는 등 여러 서비스를 제공할 수 있다. 비금융정보로 신용평가를 하면 금융 이력이 부족해서 신용평가가 불가능했던 사람도 가능해진다. 현재 개인의 신용평가는 카드, 대출과 같은 금융정보를 중심으로 이뤄진다. 비금융정보는 사회초년생이나 주부 등 금융기록이 부족한 소비자도 통신료나 전기, 가스요금, 쇼핑 내역 등을 활용해 신용평가를 받을 수 있다. 따라서 이들의 금융사 거래조건도 개선될 수 있다.

2. 활용방안

마이데이터 사업으로 다양한 데이터를 활용할 수 있게 되었다. 기본적으로 고객의 금융상품 사용현황을 모두 받아볼 수 있는데, 계좌, 대출, 카드, 보험, 보험대출, 증권계좌, 금융투자상품, 전자지급수단 등 사실상 모든 금융정보가 대상이다. 이를 통해 마이데이터 사업자는 다양한 자산관리서비스를 제공할 수 있게 된다. 예컨대 저축이나 재테크 방법을 제공할 수 있고, 절세방법이나 카드사용 시 혜택받는 방법 등을 알려줄 수 있다. 또 대출이자를 내거나 보험료를 납부하거나 세금을 내야 할 때 미리 알려주는 것도 가능하다.

마이데이터를 이용하여 다양한 금융상품을 추천할 수도 있다. 예를 들어, 고객의 현재 소비습관이나 금융서비스 이용정보를 토대로 가장 큰 혜택을 받을 수 있는 상품을 추천한다. 미래 현금흐름을 추정하고 생애주기별로 필요한 상품을 제시할 수도 있다. 특히 대출상품의 경우 고객이 충분한 대출한도를 보장받고 있지 못하거나 높은 금리를 부담하고 있다면 다른 대출상품으로 갈아탈 것을 권할 수도 있다. 보험상품은 고객이 가입 중인 보험을 분석해서 납입액이 더 저렴하거나 보장범위가 넓은 상품을 권할 수 있다.

향후 마이데이터 사업 범위가 금융에서 건강, 의료, 제조 등으로 넓혀진다면 제공 가능한 사업 범위는 훨씬 다양해진다. 예를 들어 바이오 정보, 보험정보 등을 연계하면 스마트 헬스케어 사업이 가능해지고, 소비정보와 제조정보를 연계해 스마트공장 사업을 착수할 수도 있다. 또 자산정보와 거주데이터를 연계하면 매물상담과 주택대출 상품연계도 가능하다.

한편, 마이데이터로 인해 개인정보 침해 가능성도 커질 것이다. 만약 사용자가 마이데이터 서비스를 여러 곳에서 이용할 경우, 굉장히 귀찮아지는 일이 발생할 수 있다. 예를 들어 항공사에서 카드결제를 했다고 하자. 이때 은행에서는 '여행을 가기 위한 예산을 설정해보고 필요한 경우 저렴한 신용대출을 받아봐라', 카드사에서는 '여행할인 혜택이 있는 카드를 발급해 보라', 보험사에서는 '여행자보험 상품에 가입하라', 핀테크 서비스에서는 '이 모든 걸 쉽게 비교해 보라'라는 압박성(?) 메시지가 동시다발적으로 날아올 수 있다. 또한, 마이데이터 서비스에서 고객 정보가 유출되거나 고객 계정 정보를 해킹당하면 그 피해는 엄청날 것이다.

3. 관리방안

개인 관련 데이터 산업은 고객 정보 수집 및 처리 과정에서 개인정보보호 및 보안 위험에 노출되어 있으며, 특히 데이터 이동에 필요한 호환성은 데이터보안 침해의 위험을 증폭시킬 수 있다. 또한, 개인정보 이동권의 요구에 따라 금융기관에서 제3자로의 데이터 전송과정에서 정보유출 및 프라이버시 침해위험이 있다. 이에 OECD는 2013년에 프라이버시 보호를 위해 개인 데이터에 대한 수집 제한의 원칙, 데이터 품질 원칙, 목적 명확화의 원칙, 이용 제한의 원칙, 안전성 확보의 원칙, 공개의 원칙, 개인 참여의 원칙, 책임성의 원칙 등의 가이드라인을 제시한 바 있다. 해당 기업은 데이터 산업의 활성화 과정에서 발생할 수 있는 개인신용정보의 유출 및 오남용 방지를 위해 내부 관리체계 또는 내부통제를 강화해야 한다. 또한, 사고 발생 시 이해관계자 간 법적 책임 관계 등에 대해서도 명확히 해야 하며 개인정보를 유출하거나 규정을 위반한 기업에 대한 합리적 수준의 처벌 규정도 마련해야 한다.

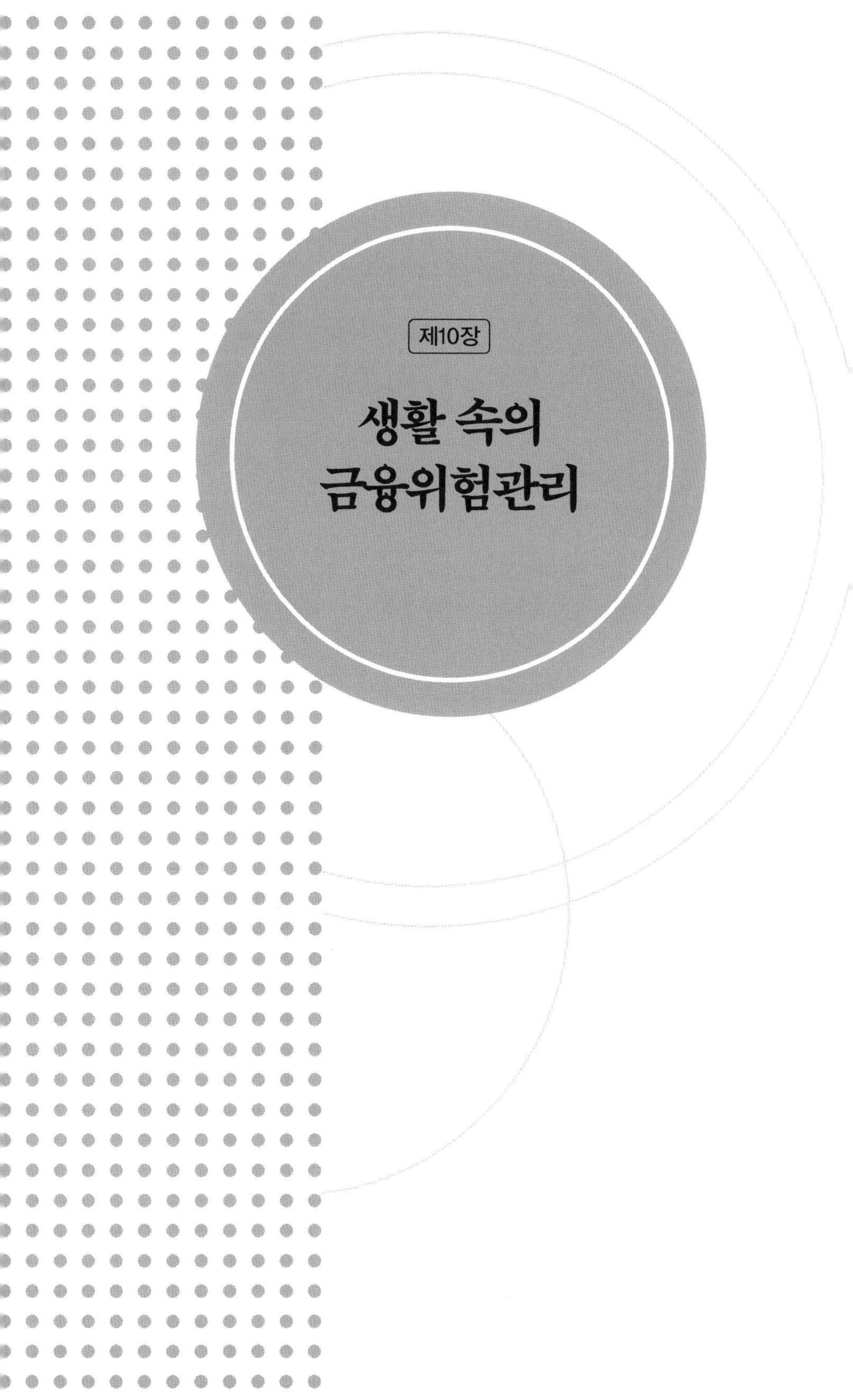

제10장

생활 속의 금융위험관리

제1절 가상자산의 사기위험

1. 대표적인 사기유형

"10분 만에 1,000만 원 날려"…

"저 같은 피해자가 없기를 바라는 마음에서 매매기록을 공유합니다. 단 10분 만에 1,000만 원을 잃었습니다." 인공지능 매매기법을 활용해 비트코인에 투자하면 고수익을 올릴 수 있다며 투자를 권유하는 카카오톡 오픈 채팅방에 개미투자자가 올린 글이다.

특정 코인을 미리 매수해 두는 것을 '작전'이라 하고 작전을 수행하는 큰손들을 '세력'이라 하며 이러한 작전을 꾸미는 메신저나 모임을 '펌핑방(펌핑세력)'이라 한다. 펌핑은 대체로 여러 단계로 나뉘어 진행된다. 우선 세력의 측근이 가장 먼저 매수하고, 그다음 VVIP방에서 매수한다. 이후 VIP방에서 매수하고 나면 수천 명 이상이 있는 무료방에 매수하라고 알리며 초보 투자자가 고점에 살 때 세력들은 매도해 수익을 취한다.

'저희를 믿고 매수하세요', '내부 비공개 정보인 큰 호재를 입수했습니다', 'OO분 뒤 빅 시그널을 발표합니다' 등 펌핑방에서 자주 쓰는 문구들이 있다. 기본적으로 이런 달콤한 유혹에 현혹되지 말아야 한다. 가상자산 시장에서 특정 종목을 추천하고 특정 가격대에 매수 · 매도를 유도하는 리딩 행위나 시세를 조종하는 행위는 처벌하기 어렵다. 가상자산이 제도권에 편입되지 않아 이를 처벌할 법 조항이 마련돼 있지 않기 때문이다.

2. 실제 범죄사례

사례 1. 비트코인/미국달러 거래 시세의 상승 또는 하락에 베팅하는 도박사이트를 개설하여 운영한 사건 (대구지방법원, 2020년)

인터넷 사이트를 개설한 후 회원을 모집하였고, 회원들은 환전과 출금이 가능한 게임머니를 발급받을 수 있도록 하였다. 비트코인/미국달러 거래 시세 차트를 사이트에 게시하고, 회원들은 2분 단위로 거래 시세 차트를 보고 자동 선택하게 하여 보유하고 있는 사이버머니를 최소 10,000원에서 최대 5,000,000원까지를 해당 차트를 기준으로 매수(상승) 또는 매도(하락)를 선택해 베팅할 수 있도록 하였다. 2분이 경과되면 종료 시점의 차트 등락 조건에 따라 승패를 결정하여 회원이 이겼을 경우 '실현'이라고 명칭하고 수수료 10%를 제외한 베팅금액의 1.9배를 지급하고, 회원이 패하였을 경우 '실격'이라고 명칭하며 베팅금액 전부를 사이트 운영진 측에서 가져가는 방식으로 운영하였다. 이런 도박사이트 운영으로 회원들로부터 받은 금액은 약 516억 원이었다.

→ 이 사건은 FX 마진거래와 헷갈리도록 소개하였기 때문에 회원들은 자신들이 도박하는 것인지 모르고 단순히 FX 마진거래를 하는 것으로 오인하고 있었다. 여하튼 회원들이 입금한 돈, 피고인들이 소유하고 있는 비트코인 지갑 2개 및 보유 수량, 사무실에 보관 중이던 현금 모두 몰수되었다. 즉, 도박인 줄 몰랐던 회원들은 뜻밖에 막대한 손해를 입게 되었다.

사례 2. 인공지능프로그램을 이용한 비트코인 거래로 수익을 창출하여 지급하는 온라인 상품을 미끼로 한 투자 사기 사건 (울산지방법원, 2019년)

피고인은 소개받아 알게 된 사람들에게, "전 세계에 체인점이 있는 회사가 있는데, 파나마 본사에 있는 에어봇 슈퍼컴퓨터가 비트코인을 채굴하여 수익을 창출한다. 비트코인 1계좌당 120만 원인데, 1계좌당 매일 4 내지 10달러의 배당금을 지급하니, 6개월 정도면 원금의 2배 정도의 고수익을 올릴 수 있다. 또한, 다른 투자자를 소개하면 수당을 준다."라고 설명하며 투자를 받았다. 그런데, 사실 위 회사가 에어봇에 의한 비트코인 거래로 지속적으로 고수익을 지급해 줄 수 있는지 자체가 불분명하였고, 회사 사이트에서 달러 또는 비트코인으로 표시되는 수익은 소위 포인트에 불과하여 그 자체로는 아무런 가치가 없었다. 피고인은 피해자들로부터 투자받은 금액을 위 회사 본사로 송금하지 않고 피해자로부터 받은 투자금으로 종전 투자자들에게서 소위 포인트를 구입하여 피해자에게 그 포인트를 지급하는 소위 돌려막기를 할 생각이었다.

→ 최근 비트코인 투자에 관심이 고조되면서 비트코인과 다단계 영업구조, 수익금 돌려막기가 혼합된 사기 사건이 다수 발생하고 있는데 이는 이른바 폰지사기라는 전통적인 투자사기 수법에 단순히 비트코인만 추가한 것이다.

제2절 디지털 평판위험

1. 평판의 의미

평판이란 간단히 나에 대한 다른 사람들의 평가를 말하는 데 좋은 게 아니면 보통, 심하면 나쁘게 평가하는 것 중의 하나이다. 개인이든 기업이든 평판은 아주 중요한 무형자산이고 돈으로 살 수 없을 만큼 중요하다. 특히 디지털과 네트워크로 연결된 지금의 세상에서는 어디에 사는 누구든지 개인정보를 공유할 수 있게 됨에 따라 평판은 아주 중요한 자산이 되었다. 결국, 평판이 좋으면 사회적으로나 경제적으로나 항상 편안하게 삶을 영위할 수 있다. 문제는 이런 사실을 누구나 인식하고 있다는 것이다. 그런데도 사람마다 평판이 다른 이유는 무엇일까. 평판은 본인이 판단하는 것이 아니라 타인이 판단하기 때문이다. 이제는 디지털기술의 발달로 개인의 평판 정보가 광범위하게 퍼져 어디서든 손쉽게 접할 수 있고, 사라지지 않을 수도 있다. 최근 빅데이터의 활용기술이 발달하면서 개인이나 기업, 심지어 국가까지도 방대한 양의 수집데이터를 통해 알아낸 정보를 분석해서 개인의 업무 능력과 경제력, 건강과 취미에 이르기까지 거의 모든 것에 관한 평판을 참고해서 평판점수를 매긴다고 한다. 취업을 할 수 있을 것인가, 대출을 받을 수 있을 것인가, 마음에 드는 상대와 데이트할 수 있을 것인가가 모두 이 점수에 달려 있다.

2. 디지털 평판의 중요성

SNS의 하나인 카톡은 이미 일상적인 생활패턴으로 자리 잡았다. 우리가 보낸 카톡에는 내 생각과 아이디어, 상대방에 대한 나의 감정들이 고스란히 담겨있다. 통신회사는 마음만 먹으면 내가 어느 날 누구와 통화했는지, 어느 장소에 갔었는지도 알 수 있다. 신용정보회사는 내가 신용불량자인지 또는 무엇 때문에 신용등급이 하락했는지 자세히 파악하고 있다. 내가 자주 가는 치과병원은 언제 치과 검사가 필요한지 어떤 치아가 문제가 될 것인지 미리미리 분석해서 고객에게 알려준다. 정부는 내가 우수납세자인지, 세금 체납자인지 알고 있으며, 어디에 살고 있고 어디로 이사했는지도 알고 있으며, 어느 날 어떤 지하철을 타고 어디로 갔는지도 알 수 있다. 기업의 마케팅 담당자는 내가 어느 날 어느 백화점에서 어떤 물건에 관심을 보였고, 어떤 상품에 관심 있는지 나를 관찰했을 수도 있다.

지금은 어떤 단어든 입력만 하면 검색이 되는 시대다. 내가 쓴 단순 글이 언론에 기사화되면서 뜻하지 않는 행복과 불행을 겪는 시대이기도 하다. 세상에 데이터가 차고 넘치지만 이를 눈여겨보지 않고 지나치는 경우가 허다하다. 내가 모르고 지나치거나 내가 모르는 정보를 통해 누군가가 나를 알고 평가하고, 심하면 나를 공격하는 데 이용함으로써 사회생활 자체도 못 할 수 있다.

대체로 온라인상에서 평판이 형성되고 확산할 때는 '신뢰와 불신의 비대칭 원칙'이 작동한다고 한다. 즉 신뢰를 쌓는 데는 오랜 시간이 필요하지만 단 한 번의 실수가 불신을 초래하기 때문이다. 예컨대 처음 만난 사람이 믿을 만한 행동을 한 번 했다고 해서 신뢰가 쌓이지는 않지만, 초면에 불신할 만한 행동을 하면 그 사람은 아예 믿지 못할 사람이 되고 만다. 믿을 만한 일은 시간을 두고 여러 차례 반복되고 심화할 때 비로소 신뢰로 이어진다. 흔히들 세간에서는 '좋은 평판을 얻는 데는 20년이 걸리지만, 그 평판을 무너뜨리는 데는 5분도 안 걸린다.'라고 한다.

3. 관리방안

혈연과 지연, 학연으로 얽히고 얽힌 한국사회에서는 개인이라 해도 두세 사람만 통하면 평판이 대부분 드러난다. 평판은 하루아침에 형성되지 않으며, 한번 형성된 평판은 개인이든, 기업이든, 국가든 오래 이어지면서 발전되거나 퇴보하는 과정을 거친다. 사람들 사이의 신뢰와 불신은 상호적이다. 내가 남을 신뢰하면 그 사람도 나를 신뢰하며, 내가 불신하면 상대편도 마찬가지다. 따라서 남의 신뢰를 얻고 좋은 평판을 유지하기 위해서는 우선 남이 나를 보았을 때 믿을 만한 언행을 해야 하고, 남을 믿어주려고 노력해야 한다. 이는 마치 남에게 사랑받으려면 우선 남을 사랑하고 남들이 보기에 사랑할 만한 언행을 해야 하는 것과 비슷한 이치다. 긍정적인 평판의 첫 번째 단추는 바로 타인 관점에서 바라보는 배려에서 출발한다. 〈능력보다 큰 힘, 평판〉이란 저서를 쓴 하우석 교수는 좋은 평판은 자기관리를 어떻게 하느냐에 달려 있다고 한다. 그는 자기관리를 잘하는 사람이 대체로 사생활 평판에도 문제가 없다고 한다. 또한, 자기관리를 잘하기 위해서는 다음과 같은 요소를 염두에 두고 생활해야 한다고 주장한다.

> 지적 능력의 향상, 좋은 습관들이기, 시간 관리, 고상한 취미 생활, 내면의 충실함, 자기통제, 감정조절, 외모관리

제3절 사이버 범죄위험

1. 의의

사이버범죄는 단시간에 피해가 확산되며, 피해자가 피해를 알지 못한 상태에서 발생하고, 피해 복구가 불가능하거나 설령 가능하더라도 상당한 시간이 있어야 하는 중대한 범죄행위이다. 이는 크게 정보통신망 침해범죄, 정보통신망 이용범죄, 불법 콘텐츠 범죄의 세 가지로 요약할 수 있다.

첫째, 정보통신망 침해범죄는 정당한 접근 권한 없이 또는 허용된 접근 권한을 넘어 컴퓨터 또는 정보통신망에 침입하거나 시스템 · 데이터 프로그램을 훼손 · 멸실 · 변경한 경우 및 정보통신망에 장애를 발생하게 한 경우를 말한다. 이에는 해킹, 서비스거부 공격(DDoS 등), 악성 프로그램 전달 · 유포, 컴퓨터 등 장애 업무방해의 범죄가 있다. 둘째, 정보통신망 이용범죄는 정보통신망을 범죄 수단으로 이용하는 경우를 말하며, 인터넷 사기, 인터넷쇼핑몰 사기, 게임사기, 랜섬웨어, 사이버 금융범죄(피싱, 파밍, 스미싱, 메모리해킹, 몸캠피싱 등), 개인 · 위치 정보 침해, 사이버 저작권침해, 스팸메일 등이 해당한다. 셋째, 불법 콘텐츠 범죄는 정보통신망을 통하여 법률에서 금지하는 재화, 서비스 또는 정보를 배포 · 판매 · 임대 · 전시하는 경우를 말하며, 사이버 음란물, 사이버도박, 사이버 명예훼손 · 모욕, 사이버 스토킹 범죄 등이 해당한다.

2. 특성

사이버범죄는 대상이 특정되지 않고 온라인의 익명성을 이용하는 것이 특징이다. 따라서 현재와 같은 사이버 환경에서는 평범한 개인들도 누구든지 소중한 권리를 침해받거나 자신도 모르는 사이에 타인의 권리를 침해하는 범죄자가 될 수도 있다. 이의 특성을 요약하면 다음과 같다. 우선, 범행의 주체를 밝히기가 사실상 곤란한 경우가 많다. 이는 사용자 ID와 패스워드만 가지면 어떠한 범행도 가능하고 실명 사용을 강제할 방법도 존재하지 않기 때문이다. 다른 사람의 ID와 비밀번호를 도용하여 범행을 저지를 때에는 완전범죄가 가능할 수도 있다. 두 번째, 한 사람 혹은 극소수 인원의 간단한 조작이나 속임수에 의해 가공할 피해가 유발될 수 있다. 혼자서 동시에 세계 각지의 여러 대상을 상대로 금지 물품을 판매할 수도 있고 판매사기극을 연출할 수도 있다. 여러 나라가 경쟁적으로 '사이버 부대'를 창설하는 이유는 간단한 수법의 사이버테러로 국가기반시설이 무용지물로 전락할 수도 있기 때문이다. 세 번째, 범행현장이 별도로 존재하지 않는데 이는 수법은 있으나 현장은 없는 경우가 많다는 것이다. 금융기관의 전산망에 침입해 다른 사람의 예금을 지정하는 가명계좌로 이체하고 사라지는 경우 등이 대표적인 본보기이다. 비슷한 범행이 동시다발적으로 혹은 반복적으로 이루어진 경우는 범행현장을 특정하기가 원천적으로 불가능하다. 네 번째, 범행의 흔적을 확인할 수 없는 경우도 많다. 이는 전자자료로 저장된 컴퓨터 자료를 복사 또는 변조하거나 전부 또는 일부를 없애 버려도 아무런 흔적이나 표시가 남지 않기 때문이다. 더구나 컴퓨터 자료를 단지 복사만 할 경우는 아무런 흔적이 남지 않는다. 다섯 번째, 사후적으로 범죄혐의를 입증하기가 어려운 경우가 많다. 컴퓨터는 단시간에 방대한 양의 자료를 처리하는 특성이 있으므로 자료를 조작하더라도 이를 입증하기가 매우 어렵다.

3. 지능형 범죄유형

최근에는 정보통신기술의 발달에 따라 사이버범죄 유형도 빠른 속도로 진화하면서 지능형 범죄가 지속해서 늘고 있다. 특히 피싱 공격은 공격대상별로 맞춤형 악성코드로 나타나고 있는데 스피어피싱(Spear Phishing) 공격과 지능형 지속위협 공격, 랜섬웨어(Ransomware)가 대표적이다. 스피어피싱은 첨부파일이나 악의적 링크를 통하여 대상 컴퓨터 등 정보통신망을 악성코드에 감염시키는 수법이다. 주로 국가기관이나 회사의 기밀자료를 수집하거나 유출하기 위한 원격접속 공격이다. 지능형 지속위협 공격은 특정 조직 PC를 장악하여 서버나 데이터베이스에 접근하여 정보를 탈취하거나 파괴하는 악성 행위이다. 한편, 일명 사이버 인질범인 랜섬웨어는 컴퓨터에 저장된 문서 등을 암호화하고 비트코인 등의 대가를 요구하는 사이버 공격이다. 따라서 피싱 공격을 당하지 않기 위해서는 무엇보다 개인정보보호 등 정보보호를 철저히 하고, 발신이 불명확한 메일이나 신뢰가 불확실한 파일은 경계해야 하는 등 보안의 생활화가 필요하다.

참고문헌

1. 국내 전문서적

김상현 · 오세환 · 이새롬 · 김태하, 「핀테크와 금융혁신」, 홍릉과학출판사, 2019.

김학은, 「화폐와 금융(불확실성의 경제학)」, 박영사, 2007.

방영민, 「금융의 이해」, 법문사, 2010.

심준식 · 우재현, 「빅데이터, 인공지능을 만나다」, 한국금융연수원, 2021.

서영수, 「최신 금융보험의 이해」, 교문사, 2010.

서영수, 「금융과 리스크관리」, 교문사, 2012.

서영수, 「투자 리스크관리 길잡이」, 이담북스, 2013.

서영수, 「생활금융 리스크관리」, 울림, 2021.

이하일, 「알기 쉬운 실용금융」, 박영사, 2020.

임홍순 · 곽병권 · 박재훈, 「인공지능 인사이트」, 한국금융연수원, 2020.

전지연, 「사이버범죄론」, 박영사, 2021.

주소현, 「재무설계를 위한 행동재무학」, 한국FPSB협회, 2009.

한국핀테크지원센터 , 「헬로, 핀테크(입문)」, 「헬로, 핀테크(금융플랫폼 · 금융데이터)」, 「헬로, 핀테크(자산관리 · 보험)」, 「헬로, 핀테크(지급결제 · 송금)」, 「헬로, 핀테크(보안인증 · 블록체인)」, 「헬로, 핀테크(지급결제 · 송금)」, 「헬로, 핀테크(개인신용정보관리 및 활용)」,한국핀테크지원센터, 2021.

2. 국내 일반서적

강민정, 「리모트 워크: 언택트 시대 어떻게 일해야 하는가?」, 북샵, 2020.

김강원, 「KaKao와 Naver는 어떻게 은행이 되었나」, 미래의 창, 2020.

김규록 · 권오성 · 문성제, 「현명한 금융투자 Ⅰ, ELS · ETF · ETN」, 전국투자자교육협의회, 2019.

김동현 · 마정산, 「비대면 비즈니스 트렌드」, 정보문화사, 2020.

김태현, 「해외 ETF 백과사전」, 스마트비즈니스, 2020.

김현기, 「실전! 투자행태학」, 한스컨텐츠, 2010.

류종현, 「역발상전략 행동경제학」, 한국주식가치평가원, 2015.

매경이코노미, 「코린이를 위한 코인의 모든 것」, 매경출판, 2021.

매경이코노미, 「메린이를 위한 메타버스의 모든 것」, 매경출판, 2021.

박경수, 「언택트 비즈니스」, 포르체, 2020.

박대호 · 황동규 · 찰리, 「초보자도 고수되는 가상화폐 완전정복」, 북오션, 2021.

박희용 · 장종희 · 양나영 · 김세진, 「언택트시대 생존방법」, 정보문화사, 2020.

수미숨(상의민) · 애나정, 「미국주식 처음 공부」, 이레미디어, 2021.

송동근, 「멘탈투자」, 행간, 2009.

안세익, 「변호사가 알려주는 비트코인 그리고 범죄」, 부크크, 2021.

안석훈, 「무조건 돈 버는 주식투자, ETF가 답이다」, 예문, 2018.

유민호 · 임동민 · 아곤 · 한서희, 「NFT 투자의 정석」, 한스미디어, 2022.

유인금 · 김정태, 「한눈에 보는 파생상품」, 팜파스, 2008.

이근주, 「핀테크 에센셜」, 도서출판 블록체인, 2020.

이영환, 「위험의 경제학」, 율곡프레스, 2006.

이임복, 「NFT, 디지털자산의 미래」, 천그루숲, 2022.

이진재 · 진경철, 「처음 만나는 금융공학」, 에이콘, 2016.

인호 · 오준호, 「부의 미래, 누가 주도할 것인가」, 미지biz, 2020.

정순채, 「사이버 산책」, 도서출판 정일, 2019.

정홍기, 「주식, 심리기법을 알면 이긴다」, 이가출판사, 2021.

주종민, 「메타버스 －가상세계와 새로운 부의 탄생」, 광문각, 2022.
최운화, 「거대한 착각」, 이콘, 2009.
하우석, 「능력보다 큰 힘, 평판」, 한스미디어, 2008.
한국경제TV 보도본부 방송제작부, 「포스트 코로나 주식투자」, 베가북스, 2020.
현경민 · 박종일 · 김성진 · 길진세 · 박장배, 「왜 지금 핀테크인가」, 미래의창, 2015.
홍기훈, 「NFT 미래수업」, 한국경제신문, 2022.
홍지윤, 「생애처음 비트코인」, 북스타, 2021.
황호봉, 「해외주식 투자지도」, 원앤원북스, 2021.

3. 번역서적

구라쓰 야스유키, 강신규 옮김, 「세계 금융 어떻게 볼 것인가」, 한스미디어, 2008.
나심 니콜라스 탈레브, 차익종 옮김, 「블랙스완」, 동녘사이언스, 2008.
마카베 아키오, 김정환 옮김, 「투자자를 위한 경제학은 따로 있다」, 부키, 2011.
밀턴 프리드먼, 김병주 옮김, 「화폐 경제학」, 한국경제신문, 2009.
버튼 G. 맬킬, 이건 、김홍식 옮김, 「시장변화를 이기는 투자」, 국일증권경제연구소, 2009.
베서니 맥린 · 조 노세라 지음, 윤태경 · 이종호 옮김, 「모든 악마가 여기에 있다」, 자음과 모음, 2011.
브누아 B. 만델브로트 · 리처드 L. 허드슨 지음, 이진원 옮김, 「프랙털 이론과 금융시장」, 열린 책들, 2010.
비난트폴 외, 박병화 옮김, 「사고의 오류」, 율리시즈, 2015.
에가와 유키오, 김형철 편역, 「21세기 경제 괴물 서브프라임의 복수」, 선암사, 2008.
오바타세키, 정택상 옮김, 「버블경제학」, 이아소, 2009.
윌리엄 H. 그로스 지음, 박준형 옮김, 「채권투자란 무엇인가?」, 이레미디어, 2011.
윌리엄 번스타인, 박정태 옮김, 「투자의 네 기둥」, 굿모닝북스, 2009.
찰스 R.모리스, 송경모 옮김, 「미국은 왜 신용불량 국가가 되었을까?」, 예지, 2008.
천즈우, 조경희 · 한수희 옮김, 「자본의 전략」, 에쎄, 2009.

칼월렌람, 이진원 옮김, 「주식투자의 군중심리」, 웅진씽크빅, 2008.

4. 기타

매일경제, 「매경춘추」,2022.6.27

매일경제, ‘10분 만에 1,000만 원 날려’, 2021년 4/20일 자 A4

장경영의 Money 읽기, ‘암호화폐든 주식이든 나만의 원칙을 세워라’, 한국경제 2021년 5/7일 자

금융감독원 : http://www.fss.or.kr/

한국금융연구원 : http://www.kif.re.kr

한국은행 : http://www.bok.or.kr

디지털 생활금융

초판인쇄 2023년 06월 09일
초판발행 2023년 06월 09일

지은이 서영수
펴낸이 채종준
펴낸곳 한국학술정보(주)
주 소 경기도 파주시 회동길 230(문발동)
전 화 031-908-3181(대표)
팩 스 031-908-3189
홈페이지 http://ebook.kstudy.com
E-mail 출판사업부 publish@kstudy.com
등 록 제일산-115호(2000. 6. 19)

ISBN 979-11-6983-412-4 93320